KB239033

비정규 교수,
벼랑 끝 32년

비정규 교수,
벼랑 끝 32년

김동애 외 31인 지음

이후

차례

2부 우리는 소망한다,
비정규 교수의 교원 지위 회복을!

3부 비정규 교수 문제의 해법은?

4부 벼랑 끝 32년, 희망을 다시 쓰자

■ 일러두기

1. 이 책에서 쓰고 있는 '시간강사'는 대학 내 강사에 국한되는 용어다.
2. '시간강사' 용어보다는 '비정규 교수'라는 용어를 주로 쓰려고 노력했으나, 각 글의 저자
   들이 시간강사, 강사 등의 용어를 직접 쓴 경우에는 굳이 고쳐 쓰지 않았다.
3. 책에 쓴 사진 저작권은 다음과 같다.
   김영곤 ⓒ 15쪽, 30쪽, 90쪽, 128쪽, 182쪽, 234쪽, 255쪽, 262쪽, 293쪽
   이광수 ⓒ 17쪽, 26쪽, 33쪽, 43쪽, 62쪽, 69쪽, 71쪽, 93쪽, 102쪽, 112쪽, 115쪽, 120쪽, 124쪽,
      141쪽, 147쪽, 151쪽, 152쪽, 156쪽, 157쪽, 163쪽, 194쪽, 200쪽, 204쪽, 215쪽, 228쪽, 244쪽,
      246쪽, 282쪽, 297쪽, 314쪽, 318쪽, 325쪽

비정규 교수가 "쏘아 올린 작은 공"

지난해 2월 한경선 선생님이 돌아가셨다. 〈한국비정규교수노동조합 교원법적지위쟁취특별위원회〉에서는 일반인에게 비정규 교수 문제를 알리기 위해 기획안을 만들어 주간지와 일간지에 연재가 가능한지를 타진했다. 그러나 시간만 지연되고 여의치 않았다. 이 사실을 듣고 이광수 교수가 인터넷 신문 〈프레시안〉에 연재할 수 있게 도와 주셨다. 필진을 정하여 원고를 청탁했다. 원래 계획은 8월 말까지 원고를 모두 모아 9월 초부터 매주 2회를 실으려 했으나 원고 진행이 생각대로 되지 않아 일단 3분의 1이 모아진 10월 21일부터 화요일과 목요일, 주 2회로 「벼랑 끝 31년, 희망 없는 강의실」이라는 연재를 시작하였다. 그리고 올해 2월 6일, 30회까지 무사히 끝냈다.

우선 무엇보다 바쁘신 가운데 기꺼이 원고를 써 주신 서른두 분의 필자에게 깊이 감사드린다.

비정규 교수의 교원 지위 회복을 위한 고등교육법 개정 법안 통과를 촉구하는 서명을 받은 적이 있다. 한 분 한 분에게 다가가 서명을 부탁할 때 간혹 싸늘하게 완강히 거부하는 분들보다 더 씁쓸하고 안쓰러웠던 장면은 서울역 대합실에 앉아서도 책을 펴들고 절박하게 강의 준비를 해야 하는, 비정규 교수로 보이는 분들의 '가장한 무관심'이었다. 이것이 현실인데 필자들은 원고료도 없는 원고를 써 주시고 늘 농성에 함께하지 못함을 미안해한다. 이제 이 내용을 모아 책으로 펴내 많은 분들에게 알리고 함께 해결하고자 한다.

이 책에는 비정규 교수, 정규 교수, 대학생, 유학생, 학부모, 언론인, 종교인, 평론가, 변호사 등 비정규 교수의 교원 지위 회복을 지지하는 이들의 다양한 시각과 안타까움이 담긴 목소리가 모두 4부로 나뉘어 실린다.

이 책은 대략 비정규 교수의 실태와 현실, 외국의 비정규 교수 정책은 어떠한지 무엇이 문제이고 어떻게 싸워 왔고 또 어떻게 싸울 것인지에 관한 일관된 주장을 담고 있다. 결국 대학이 애써 '숨긴 것은 드러나게 마련이고 감춰진 것은 알려지기 마련'이니, 그것은 곧 비정규 교수의 교원 지위 회복이다. 사회적 의제로 떠오르면 소낙비처럼 관심이 쏟아지다 바로 잊혀지는 과정이 수차례 반복되던 일이 이제는 끝나고 18대 국회에서는 반드시 고등교육법 개정이 이루어졌으면 한다.

국가(정부, 국회)가 대학과 함께 비정규 교수의 교원 지위 회복을 대학 교육의 지상 과제로 보고 해결할 때까지 싸움의 끈을 결코 놓지 않을, 여러 회유와 어떤 저지에도 담담하게 또는 당당히 맞설 수 있는 동지들, 1,500여 명의 조합원, 13만 5천 명의 비정규 교수, 학생, 학부모, 그리고 후원하시는 분들께 이 책이 힘이 되었으면 한다.

마지막으로 이 책을 고 한경선 박사를 비롯, 죽음으로 부당함을 말한 비정규 교수들에게 바친다. 이 책이 비정규 교수가 "쏘아 올린 작은 공"이 되어, 1970년대 "난장이가 쏘아 올린 작은 공"처럼 많은 이들에게 읽혀지고 성찰의 계기가 되길 바란다. 더 나아가 '죽은 대학 강사의 사회' 변화뿐 아니라 한국 사회 변화의 실천에 도움이 되었으면 한다.

이 기획에 많은 도움을 주신 이광수 교수님과 강수돌 교수님, 그리고 이 기획을 연재해 주셨던 〈프레시안〉과 출판을 결정해 주신 이후 출판사에 감사드린다.

―2009년 4월, 천막 농성 600일에 즈음하여
전 한국비정규교수노동조합 교원법적지위쟁취특별위원회 위원장
김동애 드림

1부
대한민국 비정규 교수의 오늘

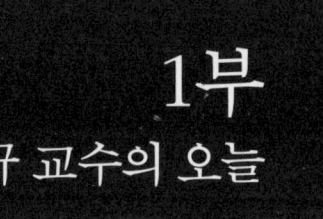

눈물조차 말랐다
―시간강사의 끝없는 절망

01

김영호 | 언론개혁시민연대 대표

국회의사당 건너편 국민은행 앞에는 농성 천막 하나가 외로이 자리를 지키고 있다. 2008년 10월 10일로 꼭 4백 일째를 맞았다. 국회가 대학 강사의 교원 지위 회복을 위한 고등교육법 개정안을 통과시켜 주기를 바라는 〈한국비정규교수노동조합〉의 노숙 농성장이다. 계절이 네 차례나 바뀌었고 또 한 번 바뀌는 중이다. 1년 전 늦더위가 극성을 부릴 때 시작했는데 다시 겨울의 문턱을 넘어섰으니 또 칼바람을 맞으며 밤을 지새워야 할 판이다. 그동안 17대 국회가 마감하고 18대 국회가 개원했지만 눈길조차 주지 않았다. 그래도 이번 정기국회에 실낱같은 희망을 걸고 오늘도 기다린다.

김영호는 『한국일보』에서 견습 기자로 기자 생활을 시작했다. 1974년 기자 노조를 설립하는 데 앞장섰고 1980년 신군부에 의해 해직되었다. 현대 그룹 계열사에서 수출부장을 지내다 언론계로 복귀하여 『세계일보』 논설위원을 거쳐 편집국장을 지내다 또 해직되었다. 지난 10년 동안 여러 신문에 정기적으로 기고하고 있으며 언론 운동에 동참하고 있다.

잊을 만하면 대학의 시간강사가 스스로 목숨을 끊었다는 소식이 들린다. 1998년 이후 벌써 일곱 번째다. 대학 강사들이 왜 죽음을 선택했는지 뉘라 알랴마는 그 죽음들은 시간강사라는 직업의 슬픈 사연을 말하고도 남는다. 지난 2월, 멀리 미국 땅에서 농성장으로 비보가 날아와 같은 처지에 있는 이들을 슬프게 했다. 어느 시간강사가 스스로 삶을 마감했다는 소식이었다. 유서에는 "제가 삶을 마감하면서 이 글을 쓰는 것은, 더 이상은 이와 같은 비극이 일어나길 원하지 않기 때문"이며 "그럴듯한 구호나 정책만으로는 해결될 수 없는, 진정한 반성과 성찰 없이는 결코 극복할 수 없는" 일이라는 문구가 들어 있었다.

이어 "귀국 초에는 (…) 학교에 자리를 잡을 수 있으리란 마음으로 하루를 쪼개어 고시원과 독서실을 전전하며 토요일이든 일요일이든 열심히 논문을 쓰며 보냈다."고 말했다. 순수한 열정으로 치열하게

2008년 2월 27일 대학 시간강사 문제에 목숨을 끊어 항거한 고故 한경선 비정규 교수.

산 인생의 한 단면이다. 유서는 "하지만 (…) 다른 무언가가 이에 결정적 영향을 미치고 있음을 깨닫는 데는 얼마간의 시간이 필요했다."고 이어졌다. 교수 임용을 둘러싼 대학 사회의 비리와 모순을 몸으로 보고 느낀 절망과 환멸의 토로다.

시간강사도 대학에서 학생을 가르치고 지도하며 학점도 준다. 전임 교수와 똑같은 일을 하고 있다. 실제 7만여 명의 대학 강사가 이 나라 대학 강의 절반가량을 맡고 있다. 강사의 비율이 대학에 따라 적게는 40퍼센트, 많게는 70퍼센트에 이른다. 예술 계통은 80퍼센트에서 90퍼센트나 된다. 학생들은 시간강사를 "교수님"이라고 부르지만, 현실은 그렇지 않다. 대학이 이들을 교수로 보지 않는 것이다. 고등교육법이 이들을 대학 교원으로 인정하지 않기 때문이다. 박사 학위를 가졌다는 이유만으로 비정규직 보호법에서도 제외된다. 강의료로 연간 받는 돈은 전임강사 임금의 고작 10퍼센트 수준이다.

1977년까지는 이들도 교육법에 따라 교원 지위를 갖고 있었다. 그런데 박정희 유신 정권이 1977년 10월 24일에 교육법 개정을 통해 강사를 교원에서 제외시켰다. 당시 젊은 지식인들이 유신 체제에 비판적이자 이들을 제도권에서 쫓아내기 위한 술책이었다. 교수 사회를 체제에 순응시키려고 교수 재임용 제도를 도입하면서 이와 함께 전임강사와 강사를 분리시켜 강사들의 법적 지위를 박탈했던 것이다. 이어 전두환 제5공화국 정권이 강사 세 명을 전임 교수 한 명으로 인정해 주는 바람에, 이른바 "시간강사"가 양산되었다. 30년 전 군사 독재 정권이 저지른 악행을 바로잡아 달라고 하는데도 정치권과 대학이 한통속이 되어 눈을 감고 있는 것이다.

석사, 박사를 받았다고 해서 교수라는 영광의 문이 저절로 열리는 것은 아니다. 배경이 좋거나 돈이 많지 않다면 말이다. 그동안 많은 엉터리 교수들이 숱한 물의를 일으켰다는 사실을 이 사회는 너무나 잘 안다. 교수 지망생이 전임 교수가 되기 위해서는 대개 시간강사라는 관문을 거치게 된다. 그런데 한 대학에서 5년 넘게 강의할 수 없으니 무작정 시간만 보내며 기다린다고 해서 교수가 되는 것도 아니다. 교수가 되기까지는 고난과 고통의 긴 역정이 따른다.

시간강사는 정말 고달픈 신세다. 강의료를 시간당 쳐 준다고 해서 강사 앞에 "시간"이란 딱지를 붙여 "시간강사"라고 부른다. 강의료는 보통 시간당 4만 원 전후다. 최고 5만 5천 원을 주는 곳이 있지만 그 절반도 안 주는 곳 또한 적지 않다. 한 학기에 3학점짜리 강의를 맡으면 보통 일주일에 세 시간을 강의한다. 대학에 따라서는 세 시간 연속

ⓒ 이광수

대학 강사는 교육과 연구에서 전임 교수와 똑같은 일을 담당한다. 하지만 그 지위와 처우의 차이는 일반인은 상상하기 힘들 정도다.

강의를 허용하지 않기 때문에 일주일에 두 번 나눠서 강의해야 한다. 대학에 두 번 오가다 보면 교통비도, 시간도 그만큼 더 나간다. 그렇게 해서 한 달에 받는 돈은 시간당 4만 원이라 쳐도 48만 원에 불과하다. 그나마 방학 기간에는 강의가 없으니 강의료를 받지 못한다. 1년에 넉 달은 일감이 없어 공치는 셈이다. 한 학기 가르쳐 봤자 적게는 100만원, 많게는 200만 원쯤 받는 셈이다. 2008년 국민 기초 생활 보장 최저생계비(4인 가족 기준)가 월 126만 5,848원이다. 시간강사들의 생활이 얼마나 처참한지 따로 말할 필요가 없다.

게다가 다른 비정규직은 해고 통지라도 받지만 대학 강사는 다음 학기에도 강의를 맡으라는 구두 통지가 없으면 그것으로 끝이다. 산업재해보험, 고용보험, 건강보험, 국민연금 등 4대 보험 혜택을 주는 대학은 거의 없다. 대법원이 대학 강사를 "근로자"로 판결했지만 대학도 정부도 들은 척도 않는다. 전임강사와 달리 성과급, 교재비, 복사비는 물론 연구 지원비도 초과 강의료도 없다. 연구 공간이나 도서관, 연구 기자재를 이용하는 데도 차별을 받는다.

한 대학에만 매달려서는 굶어 죽을 판이다. 그런 까닭에 많은 강사들이 책 보따리를 끼고 이 대학, 저 대학으로 뛴다. "보따리장수"라는 자조적인 말도 그래서 나왔다. 적어도 세 개 대학은 맡아야 입에 풀칠이라도 하는데, 그것이 또 여간 어려운 일이 아니다. 평균 강의 시간이 주 4.2시간이라는 교육과학기술부 자료가 그 어려움을 말해 준다. 수도권 대학이라면 몰라도 지방 대학에 강의를 다니려면 하루해가 모자란다. 새벽부터 설쳐야 밤늦게 집에 돌아온다. 강의료를 받아 봤자 교통비에 밥값을 빼면 남는 게 별로 없다. 말 그대로 빈손이지만 임용 기회를 기대하며 오늘도 고속버스나 열차에 몸을 맡기고 달린다.

강의를 맡고 싶다 해도 쉽게 얻을 수 없다는 것이 더 큰 문제다. 연줄이 잘 닿아 끌어 주고 밀어 주는 선후배들이나 스승이 있어야 강의를 얻을 수 있다. 그렇지 않다면 단 한 개의 강의도 맡기 어렵다. 시간강사는 고용 계약 따위가 없다. 그저 어느 과목을 맡겠느냐는 제의가 있어 좋다고 대답하면 그것으로 한 학기를 맡는다. 한 학기라고 하지만 넉 달만 가르치고 방학 두 달 동안은 돈이 안 나온다. 학생도, 교수도, 교직원도 방학을 기다리지만 시간강사는 방학이 반갑지 않다.

일은 강의로만 끝나지 않는다. 골치 아픈 과목은 흔히 강사 몫으로 돌아온다. 강의를 준비하려면 돈 한 푼 못 버는 방학 내내 책과 씨름을 해야 한다. 수강생이 많으면 채점도 쉬운 일이 아니다. 절대평가가 아니고 상대평가라면 채점도 여간 골치 아픈 작업이 아니다. 강의 준비와 성적 평가에 많은 시간이 들어가지만 이런 노력에는 아무 대가가 없다. 그나마 다음 학기에 그 강의를 다시 맡지 못하게 되면 없는 돈에 연구 서적을 사서 열심히 준비한 강의 교재를 언제 다시 쓰게 될지 모른다. 아무 소용이 없을 수도 있다.

푼돈에 매달려 처자식을 돌보며 살자니 앞날이 캄캄하다. 좌절과 실의와 싸우며 하늘의 별을 따는 심정으로 교수의 꿈을 키워 가며 기다려 보지만 희망이 절망으로 돌아오는 듯하다. 교수 채용을 빌미로 거래된다는 억대의 뒷돈 이야기는 이제 공공연한 비밀이다. 어제오늘 들려온 소리도 아니다. 수십 년간 자라 온 뿌리 깊은 고질병이 숨통을 죄는 좌절감으로 돌아온다. 석사, 박사를 받느라 젊음을 불살랐으니 진로를 바꾸려고 해도 이미 늦었다. 내일도 또 책가방을 매야 하는 처진 어깨가 마냥 무겁기만 하다.

시간강사의 처우 개선은 오랫동안 논의되어 왔다. 이 문제에 대해서는 대학이나 교육 당국, 정치권도 다 잘 알고 있다. 그런데도 누구 하나 진지하게 해결하려는 모습을 보인 적이 없다. 대학은 한결같이 재정 기반이 취약하다고 말한다. 등록금을 해마다 올려 "등록금 천만 원 시대"라고 말하는데도 말이다. 전국 어딜 가나 대학은 공사 중이다. 돈이 없다면서 이상하게 여기저기 건물은 잘도 올라간다. 2006년 기준으로 사립대학 누적 적립금이 6조 8,503억 원이나 된다. 또 많은 대학이 땅 부자다. 그 엄청난 정부 예산은 다 어디로 가는지 모르겠다. 각종 연구 프로젝트와 관련해 예산이 방만하게 쓰인다는 말을 자주 듣는다. 조교들에게 이 자료, 저 자료를 취합하라고 시켜 보고서라는 것을 만들고는 뭉칫돈을 꿀꺽한다는 이야기들 말이다.

사실상 시간강사가 대학 교육의 절반을 맡고 있다. 대학 교육의 주역이지만 잡급직이나 다름없이 대우한다. 남보다 더 열심히, 더 오래 공부한 대가가 좌절과 실의뿐인 현실에서 자학적이지만 "상아탑의 노예"라는 말이 실감나게 들린다. 이제는 정부가 실업 문제 해결이라는 차원에서라도 나서야 한다. 대학의 이러한 구조적 모순을 해결하지 못한 역대 정권은 교육 개혁에 실패할 수밖에 없었다. 야만적 착취 구조를 방치한 채 어떻게 대학 교육이 발전하고 세계 유수의 대학과 경쟁할 수 있겠는가? 나라 안에서는 큰소리치지만 어느 대학도 세계 100대, 200대 대학에 끼지 못하는 까닭이 여기에 있다. 죽은 대학 강사의 사회, 이것은 이 나라의 수치다. 18대 국회는 그들의 절규에 귀를 기울이기를 바란다.

대학 수업의 절반은 '유령'의 몫

하재철 | 영남대학교 비정규 교수

02

올해 추석은 정말 그 어느 때보다 명절 같지 않았다. 그렇게 느끼는 데는 추석이 예년보다 한 달가량이나 앞서 있으면서 날씨도 무더웠고 마침 추석 당일이 일요일과 겹치는 바람에 연휴가 짧았던 탓도 있겠지만 그보다는 이 원고의 마감일을 한참이나 넘겨 버린 탓이 더 컸다. 9월에 마무리하기로 한 글을 추석이 코앞까지 다가왔는데도 윤곽조차 잡지 못했으니 오죽했을까.

사실 7월 중순경에 '시간강사의 잇단 죽음들'을 주제로 원고를 청탁 받았을 때는 이렇게까지 글을 미루게 될 줄 몰랐다. 오히려 부담 없이 생각했던 것이 사실이다. 그도 그럴 것이 일 년이 채 안 되는 기간에 잡지와 신문, 인터넷 포털 사이트에 발표한 네 편의 글들과 똑같은 주제로 다시 한 번 더 글을 써 달라고 하니 부담을 가질 이유가 도

하재철은 독문학 박사로 〈한국비정규교수노동조합〉 영남대 분회 사무국장을 맡고 있다.

대체 없었다. 자료도 있겠다, 그냥 쓰기만 하면 되는 것이었다. 집필 기간 한 달은 충분하다 못해 넘쳐나 보였다.

하지만 막상 쓰려고 보니 이런 생각은 이만저만한 오산이 아니었다. 원고 마감일을 일주일쯤 앞두고 글을 쓰려고 앉았는데 아무 생각도 나지 않는 것이었다. 도대체 어떻게 된 건가, 갈피를 잡을 수 없었다. 제목을 정하지 못한 것은 차치하고라도 컴퓨터 자판의 글쇠 하나 건드려 보지 못한 채 몇 날이 흘렀다.

그러다 마침내 왜 글쓰기가 어려운지 알아냈다. 원인은 두 가지 정도로 좁혀졌다. 첫 번째는 똑같은 주제를 가지고 계속해서 우려먹었기 때문이었다. 재탕, 삼탕에 사탕까지 우려먹었는데 또 우려먹으려니, 이건 글쓰기에 신통방통한 재주를 가진 달인이 아닌 이상에는 녹록치 않은 일이었다. 들려줄 수 있는 이야기가 다 떨어졌다는 말이다.

그런데 똑같은 주제로 일 년 사이에 이 글을 포함해 다섯 편의 글을 쓴다는 것은 무엇을 뜻할까? 이는 '시간강사' 문제가 오래 묵은 문제이고, 그 핵심이 명확하며, 사회적으로도 시급히 해결해야 할 문제로 인식되고 있다는 것을 말해 준다. 그럼에도 정부나 대학 당국은 해결은커녕 해결의 의지조차 보이지 않고 있다는 것을 증명해 주는 것이다. 시간강사들에게 법적으로 교원의 지위를 부여하고 아울러 싼값으로 이들의 노동력을 뺏는 도적질을 그만하라고 끊임없이 떠드는데도 정부와 대학 당국은 모르쇠로 일관하면서 방치하고 있다는 것이다.

'시간강사', 혹은 '시간강사의 죽음'을 인터넷에 검색하면 수십여 편의 글과 기사, 댓글이 뜬다. 논조도 한결같다. 이대로 놔둬서는 안 된다는 것이다. '약은 약사에게 진료는 의사에게'처럼 학생은 선생에게 배워야 한다. 그러니까 선생 자격이 있는 사람에게 학생들을 맡겨야 하고, 거꾸로 말해 학생들을 가르치도록 강의를 맡겼으면 선생으로 인정해야 하는 것이 당연하다. 지금처럼 강의를 맡긴 사람들을 신분상으로나 경제적으로나 불안정한 시급 노동자로 계속 놓아두면 안 된다는 것이다.

예를 들자면, 학생들을 가득 태운 강의라는 버스를 운전하는 운전사로 앉혔으면 운전면허증도 주고 그에 상응하는 임금도 주어야 한다는 것이다. 운전은 하라고 해 놓고 면허증은 주지 않는 이런 경우가 어디 있는가. 그리고 학생들에게 차비는 비싸게 받으면서 정작 운전사한테 임금은 쥐꼬리만큼만 주다니. 운전사는 아무나 되나? 적어도 박사 과정 수료 이상의 학력을 가지려면 대학 입학부터 족히 10년은 공부해야 한다. 요즘은 박사 과정 수료로는 강의를 맡기 힘들다. 박사 학위가 있어야 한다. 그러면 15년에서, 길게는 20년까지 공부해야 한다. 그러니까 30대 중반은 넘겨야 겨우 몇 시간 강의를 받을 수 있다는 말이다.

그런데 〈전국 대학 교무처장 협의회〉 부회장으로 성균관대학교 교무처장인 박 모 교수 같은 분도 있다. 이분은 지난 2008년 4월 16일에 방송된 KBS 2 텔레비전 프로그램 〈추적 60분〉에서 비정규 교수, 즉 시간강사에게 교원 지위를 부여하는 것에 대해 대학 측 입장에서는 '절대 불가'라고 밝혔다. '시간강사는 검증되지 않은 사람들'이기 때문이라는 것이다. 그래서 "그들에게 교원의 지위를 법적으로 부여하면 평생직장, 나쁘게 말하면 철밥통 몇 만 개를 만드는 꼴이 되고, 이는 재정적으로도 불가능하지만 대학 교육과 연구의 질적 차원에서도 아주 위해적인 요소로 적절치 못하다고 판단"되기 때문이란다.

이 말을 듣자니 쓴웃음이 나왔다. 박 모 교무처장의 말이 무슨 말인지는 알겠다. 또 이것이 현재 우리나라 대학의 가장 큰 딜레마를 아주 잘 표현했다고도 생각한다. 그런데 이런 판단을 시간강사에게만 적용하는 것은 상당히 불공평한 것이라고 여겨져서 박 모 교무처장의 주장을 한번 톺아 봤다. 과연 이런 경험이, 이런 부정적인 판단이 어디서 나왔겠느냐는 것이다. '평생직장', '철밥통', '교육과 연구의 질적 차원에 아주 위해적인 요소'. 시간강사들에게 철밥통 한 번 쥐어 줘 본 적도 없기 때문에 박 모 처장의 판단의 대상은 시간강사가 아님이 분명하다. 그리고 대부분 대학의 본부 측이나 각 학과에서는 시간강사의 강의 평가 결과를 계속 모니터링하고 있고, 또 대개의 시간강사들은 강의를 맡기 전 어느 정도의 연구 성과를 내야 한다. 그러므로 이런 것은 시간강사에 대한 평가와는 거리가 있다. 그러면 과연 누가 판단의 대상이었을까? 교원이라는 철밥통을 갖게 되자 교육과 연구의 질적인 면이 위험스러울 정도로 저하된 사람들은 누구일까? 상상에 맡기겠다.

이 말보다 더 어이없는 말은 '시간강사는 검증되지 않은 사람들'이라는 말이다. 그래서 교원 자격을 줄 수 없단다. 검증되지 않은 사람들에게 교원 자격을 줄 수 없다는 데는 나도 백퍼센트 찬성한다. 아니, 줄 수 없는 것이 아니라 주어서는 안 된다. 하지만 박 모 교무처장의 말을 좀 고깝게 받아들이면, 다른 대학은 몰라도 적어도 성균관대학교에서는 검증되지 않은 사람들을 시간강사로 쓴다는 것인데, 맞는가? 성균관대학교 시간강사 여러분, 여러분들은 검증되지 않은 사람들이라는 데 동의하시는가? 성균관대학교 학생 여러분, 여러분들이 듣는 강의 중 절반 가까이는 검증되지 않은 사람들이 하는 강의라는 데 동의하시는가? 만약 동의하신다면 검증된 사람들에게만 강의를 맡기라고 본부 측에 요구해야 할 것이다. 등록금은 낼 만큼 냈는데 검증도 되지 않고 자격도 없는 사람들에게 강의를 듣고 학점을 받는다는 건 말이 안 되지 않는가? 이건 내가 무슨 말꼬리를 물고 생트집을 잡자는 게 아니다. 각 대학에서 강의 평가를 해 보면 정규직 교수들이나 비정규직 교수들이나 점수가 거의 같다. 연구력에서도 그렇다. 그런데도 교육과학기술부 관계자나 대학 본부, 그리고 많은 정규직 교수들은 박 모 교무처장처럼 이런 뿌리 깊은 편견과 계급의식에 젖어 있다. 이게 문제다.

교육에 종사하는 사람들이 이런 편견을 갖고 있으니까 일반 사람들도 똑같은 편견을 갖게 된다. 예를 들어 보겠다. 〈한국전력공사〉에 입사한 어떤 분이 2005년에 〈국가인권위원회〉에 진정을 제기했다. 내용은 "한국전력공사가 초임 호봉을 산정함에 있어 대학 전임강사의 경력은 80퍼센트 인정하고 업무 연관성이 없는 일반 기업체 경력에 대해서도 50퍼센트 인정하면서, 대학 시간강사의 경력은 인정하지 않는 것은 부당한 차별"이라는 것이었다. 〈국가인권위원회〉는 이 진정이 이유 있다는 판결을 내렸다. "진정인의 경우 약 2년 6개월에 걸쳐 주당 평균 약 25시간을 강의하여 사실상 전업으로 종사했음에도 시간강사에 대한 이해 부족으로 주 2시간 내지 3시간 종사자와 주 20시간 이상 생계 유지형 종사자의 경력을 똑같이 취급하여 이를 인정하지 않고 있는데, 이를 두고 사용자에게 주어진 인사 재량권을 정당하게 사용한 것이라고 볼 수는 없다고 판단"하였기 때문이라고 했다.

도대체 이해할 수가 없다. 시간강사는 유령인가? 똑같은 강좌를 전임 교수와 시간강사가 똑같이 한다고 했을 때 전임 교수의 강의만 경력으로 인정할 수 있고 시간강사의 강의는 경력으로 인정할 수 없다

대학 강사는 유령인가?

면, 시간강사의 강의는 뭐란 말인가? 또 그 강의를 듣는 학생들은 무엇이며, 그들이 받는 학점은 무엇이란 말인가?

한번 생각해 보자. 대학에게 학생은 자식과 같다. 그런데 자기 자식교육의 절반을 맡겨 놓은 시간강사들을 선생으로 존중해 주지 않는것, 그저 무자격 돌팔이 소모품 정도로 본다는 것, 다시 말해 자식을가르치는 선생으로 무자격 돌팔이를 고용한다는 것은 자식에 대한 애정이 없다는 것을 단적으로 보여 주는 것이다. 또 교육의 질 자체에도관심이 없다는 뜻이다. 학생들이 어떤 사람에게 어떤 양질의 강의를듣느냐는 것은 관심 밖이다. 그저 어떡하든 입학 정원 채워서 등록금받고 졸업시키는 행정적인 절차만을 진행시킬 뿐이다.

내가 이 원고를 쓰기가 힘들었던 또 다른 까닭은 더는 죽음을 거론하기가 싫어서였다. 지난 2008년 『녹색평론』 1, 2월호에 「대학의 아웃사이더, 시간강사」라는 제목으로 글을 실었다. 그 글의 처음 부분은 다음과 같다.

한 시간강사가 강의실을 나와 캠퍼스의 야산을 오른다. 그의 이름은 백 아무개다. 그는 심신이 너무 지쳐 있었다. 교수가 된다는 희망으로 수많은 밤과 낮을 책과 씨름했다. 그래서 30대 초반이라는, 인문학 분야에서는 남들에 비해 이른 나이에 박사 학위를 따는 성과도 이루었다. 강의를 맡으면서 교수님으로 따르는 학생들을 열정적으로 가르쳤다. 그에게는 밝은 미래가 약속되는 듯했다. 그러나 하루가 지나고 또 하루가 지나고 해가 바뀌면서 희망은 좌절로 이어졌다. 우선 시간강사와 연구원 생활로 겪는 경제적인 어려움이 컸다. 여기에 교원이 아닌 시간강사라는 신분에 쏟아지는 주위의 싸늘한 시선과 비아냥거림도 그를 비참하게 만들었다. 가족 앞에서는 얼굴을 들 수가 없었다. 한때는 가족들에게 이 세상 가장 자랑스러운 존재였을 테지만 이제는 천하에 무능한 자식이요, 가장이었다. 그는 대학 안에 있으면서도 사실은 대학 문밖에 있었고, 집에 있으면서도 집 밖에 있었다. 이는 이 나라 대학 시간강사 누구나 마찬가지다. 대학은 시간강사를 말 그대로 시급을 받고 강의를 하는 임시직 노동자로만 취급한다. 결코 그들을 대학의 한 구성원, 교육 주체로 인정하지 않는다. 굶주린 배를 쥐고 언 발로 서 있는 그들을 면전에 두고 매몰차게 문을 걸어 잠근다. 학생을 가르치는 자들에게 해당하는 '상식적인 일상'을 주기를 거부한다. 그러므로 시간강사들이 머물 수 있는 곳은 대학이 아니다. 짧은 강의 시간 외에 그들이 있을 곳은 강의실 밖, 대학 밖이다. 백 아무개는 자신이 쓰던 컴퓨터에 그 누구도 자기를 기억해 주기를 원치 않는다고, '아무도 아닌 자'가

되고 싶다고 적었다. 야산에 오르는 그의 가방에는 자기 몸을 지탱해 줄 수 있는 나뭇가지에 걸 끈이 들어 있었다. 봄을 지나 여름의 초입에 들어서는 2003년 5월 마지막 날의 일이었다.

　이것은 서울대학교 뒷산에서 일어났던 한 시간강사의 죽음을 약간의 상상력을 곁들여 엮은 것이었다. 「대학의 아웃사이더, 시간강사」라는 글이 나가고 나서 한 달쯤 지난 뒤 두 분의 시간강사 선생님이 또 목숨을 끊었다. 한 분은 역시 서울대학교 화장실에서, 다른 한 분인 한경선 선생님은 매스컴을 통해 널리 알려졌듯이 미국 텍사스 주 오스틴에서 그랬다. 소름이 끼쳤다. 내가 시간강사의 죽음을 소재로 글 나부랭이를 쓰고 있었을 때 이 두 분은 이미 막다른 골목에서 죽음을 계획하고 있었구나, 소름이 돋았다. 안타깝고 죄송스러웠다. 죽음으로 외치는 그들의 절규를 듣기가 너무 힘들었다. 그럼에도 이들을 우울증 환자 취급하면서 애써 이 죽음들을 사사화私事化하고 외면하는 대학 사회에 분노가 일었다. 하지만 다시 돌아보니 불의를 보고도 고개를 돌려 버리는 그들의 얼굴 역시 죽은 자의 핏기 잃은 창백한 얼굴 그 이상도 그 이하도 아니었다. 그래서 3월 24일자 『영대신문』에 또 이런 글 나부랭이를 썼다.

　한경선 선생님을 만나는 것은 참으로 힘들었다. 선생님의 유골을 실은 KAL기는 도착 시각을 세 번이나 미룬 끝에 예정보다 두 시간 늦게 인천 공항에 내렸다. 얼마나 이 한국 땅에 다시 오기 싫었으면 그랬을까. 선생님에게 한국은 자신의 죽음조차 허락하기 싫은 나라였다. 그래서 선생님은 유서 첫머리에 "이 글을 받으실 때, 저는 이곳 오스틴에서 그토

록 바라던 평온한 휴식을 비로소 얻게 되었으리라 생각됩니다."라고
적으셨다.

미국 오스틴. 새로운 삶을 준비하기 위해 갔던 그곳에서 한 선생님은
삶을 마감했다. 선생님은 2004년, 텍사스 주립대학에서 박사 학위를 받
았다. 그리고 희망에 차 귀국해서 시간강사와 강의 전담 교수로 4년간
을 지내셨다. 하지만 그 희망은 얼마 가지 못했다. 선생님은 "귀국 후
정신없이 일하며 보냈던 처음 1년을 제외하고 나머지는 제정신을 갖고
는 결코 살아갈 수 없었던 시간이었다."고 했다. 특히 강의 전담 교수
로 보낸 마지막 2년은 마치 20년 같았다고 했다. 대학은 비정규직이라
는 신분상 약점을 악용하여 선생님에게 일방적으로 불리한 조건을 담
은 계약을 맺도록 했다. 대학이 저지르는 부조리를 조금만 지적해도 그
것은 보복 조치를 불러왔다. 해당 학과의 전임 교수 앞에서는 한없이
작아져야 했다. 이 모든 것들은 선생님으로 하여금 "열심히 연구와 강
의를 하리라는 초기의 순수한 열정에서 이 사회에 대한 환멸과 더불어
애초의 희망과 비전을 접게 만들었다." 결국 한 선생님은 한국 대학 사
회의 숱한 부조리와 모순은 "그럴듯한 구호나 정책만으로는 해결될 수
없는, 진정한 반성과 성찰 없이는 결코 극복할 수 없는 사항이라 생각"
했고, 그것을 환기시키기 위해 죽음을 택했다.

한경선 선생님이 돌아가신 날과 비슷한 무렵에 서울대학교에서도 한
명의 비정규 교수님이 학교 화장실에서 목숨을 끊었다. 이 두 분까지
합하면 알려진 비정규 교수의 죽음만 벌써 일곱 건이다. 그럼에도 대학
사회는 침묵하고 있다. 아! 이 침묵이 무섭다. 옆에서 누군가가 죽었고
죽어 가고 있는데도 철저히 외면하는 이 침묵! 이 침묵이 독이 되어 대
학의 생명을 서서히 끊어 버릴 것 같아 무섭다.

청와대 앞 일인 시위에 참가한 〈한국비정규교수노동조합〉 조합원.

　　스스로 목숨을 끊으신 이 일곱 분과는 좀 다른 경우도 있다. 숨길 필요 없으니 말하겠다. 2003년 성탄 전야에 처가살이하던 어느 시간강사가 장인, 장모, 아내를 칼로 찔러 죽이는 범죄를 저질렀다. 미래를 보장받지 못하는 시간강사의 불안정한 신분과 경제적 궁핍, 그리고 박사 학위를 끝내고, 〈학진〉의 박사 후 과정을 거쳐 교수가 될 것이라고 했던 거짓말이 중요한 원인들이었다. 사실 그 거짓말이 아니었다면 사랑하는 여자를 아내로 맞이할 수 없었을 것이다. 한 여인을 평생의 반려자로 삼기 위해 했던 거짓말이 아내뿐 아니라 장인, 장모까지 죽이게 만든 것이다. 그는 경찰에 체포된 뒤 현재의 심정을 묻는 말에 "아내가 보고 싶다."고 했다. 이 시간강사는 1심에서 무기징역을 선고 받았다.

　　그리고 또 다른 사건도 있었다. 올해 초 여러 대기업 식품 회사들에 전화를 걸어 회사 제품에서 벌레가 나왔다고 속여 돈을 요구한 강사가 있었다. 그는 경찰에서, 대학에서 받는 40여만 원의 월급으로는 생계를 유지할 수가 없어 이 같은 범행을 저질렀다고 말했다.

자신의 목숨을 끊은 것, 살인을 저지른 것, 그리고 파렴치한 범행을 저지른 것, 이는 분명 겉으로는 서로 다른 모습이지만 그 원인은 하나다. 불안하고 존중받지 못하는 신분과 경제적 궁핍이 그 원인이다. 더 심각한 것은 지금도 누군가가 이런 죽음을 계획하고 있을 수도 있다는 점이다. 그래서 나는 인터넷 포털 사이트 〈뷰스앤뉴스〉에 "더 이상 죽이지 마라!"라는 제목으로 글을 싣기도 했다. 이젠 그만하면 되었다고, 대학 사회에서 '정글의 법칙'을 폐기하라고, '승자독식'의 구조를 깨부수라고.

산이 높으면 높을수록 골은 더욱더 깊다. 대학은 지금 이긴 자에게 모든 것이 돌아가는 구조, 이긴 자의 부귀영화를 위해, 그들의 밥통을 철밥통으로 만들어 주기 위해 다른 한쪽이 절대적으로 희생해야 하는 구조다. 이 구조를 깨부수지 않는 한 박 모 교무처장의 주장대로 대학 사회에서 교육과 연구력의 심각한 저하를 막을 수 없고, 임용 비리, 상명하복의 계급 구조는 결코 깨뜨릴 수 없을 것이다.

정규직 교수와 비정규직 교수의 관계는 '승자독식', '제로섬 게임'의 관계여서는 안 된다. 입술이 없으면 이빨이 시린 법이다. 그들은 이 입술과 이빨의 관계, 즉 '순망치한脣亡齒寒'의 관계, 서로가 서로를 보완해 주는 상생의 관계가 되어야 한다. 그 첫걸음이 바로 시간강사의 교원 지위를 법적으로 보장하는 것이다.

우리에게 연구실을,
제대로 된 강사료를 지원하라

03

하용삼 | 전 한국비정규교수노동조합 부산대학교 분회장

　다소 주관적이라 하더라도 다른 사람에게 공감을 일으키는 이야기를 하고 싶다. 그러려면 비정규 교수 노동의 실상보다 개인적인 이야기를 먼저 해야겠다. 나는 10년 동안 독일에서 공부하고, 2000년 8월 2일에 귀국했다. 운 좋게 분반된 교양과목과 강의하기 힘든 전공과목을 배정받고, 9월 1일부터 주당 5시간 강의를 했다. 이 5시간 강의를 위해 1주일 내내 강의 준비를 했다. 사실 처음 맡은 강의는 1시간 강의를 위해서 4시간에서 8시간까지 준비해야 된다. 나중에 비슷한 강의를 맡게 되면 점점 강의를 준비하는 시간은 적어진다. 교양 한 강좌(당시에는 2시간), 전공 한 강좌(3시간) 해서 1학기(6개월) 총 3백만 원을 받

하용삼은 현재 부산대학교 〈한국민족문화연구소〉 HK 연구 교수다. 부산대학교 철학과 학부와 석사를 졸업한 뒤, 독일 브레멘 대학교에서 철학 박사를 받았다. 부산대, 경성대, 인제대, 부산교대, 부산가톨릭대, 울산대에서 강의했다.

왔다. 첫 강의료는 10월 5일에 받았다. 그전에는 현금 서비스로 생활했다. 시간강사가 강의만 하고 산다면, 설날과 추석에는 공식적으로 사람대접 받기 힘들다. 추석과 설날에는 강의를 하고 있지 않거나, 이미 받은 강의료는 바닥이기 쉽다.

시간강사들은 학교에서 "교수님" 소리를 듣지만, 사정을 아는 사람들은 안됐다는 표정으로 "보따리장수"라고 부른다. 주위 친척이나 친한 사람들은 매번 "자리 잡았나?" 하고 묻는다. 본인은 좋아서 대학에서 강의를 하고 있지만, 명절이 되면 더욱 할 말이 없어진다. 특히나 처갓집에 가면 더더욱 가시방석이 된다. 그리고 사정도 모르고 은행에 대출이라도 하려고 가면, 신용 대출이 안 된다는 매정한 소리를 듣는다. 시간강사들은 자신을 마누라나 부모 등쳐먹는 사람들이라 부

연구실조차 없는 시간강사, 그야말로 보따리장수다.

르기까지 한다. 시간강사는 벌거숭이로 가마 타고 다니는 사람과 다를 바 없다.

대학에서 교수라고 불리는 사람은 두 종류로 나눌 수 있다. 한 종류는 정규직으로 전임강사, 조교수, 부교수, 정교수다. 다른 한 종류는 비정규직으로 통칭 시간강사, 대학 강사, 외래 강사고, 〈한국비정규교수노동조합〉은 이들을 '비정규 교수'라고 부른다. 이 밖에도 연구 교수, 초빙교수, 강의 전담 교수, 겸임 교수 등도 엄밀하게는 비정규 교수에 속한다.

대학생들은 정규직 교수와 비정규직 교수의 차이를 잘 모르고, 아는 학생들은 좀 안다는 태도로 "강사님"이라고 부르는 정도다. 그래서 대부분 대학생들은 정규직과 비정규직을 구별하지 않고 "교수"라고 부른다. 겉으로 보기에도 정규직과 비정규직은 차이가 나지 않는다. 강의 평가에 대한 통계 자료에 따르면 교양 강의에서는 시간강사가 학생들에 의해서 좀 더 높이 평가되고 있고, 나머지 전공과 교직 강의에서는 좀 낮게 평가되고 있다. 평균하면 전임과 시간강사는 비슷한 평가를 받고 있다고 하겠다.

그러면 정규직과 비정규직은 어떤 차이가 있는가? 2008년 4인 가구의 연평균 최저생계비가 1,519만 176원이고, 시간강사 1년 평균 연봉은 999만 원(3과목 9학점 기준)이다. 2008년 9월 11일 교육과학기술부 대학 제도과에서 발간한 「대학 시간강사 기본 현황 분석 보고」를 보면, 2008년 전임교원은 5만 8,819명이고, 시간강사는 7만 2,419명이다. 국립대학과 사립대학을 평균한 전임강사 연봉은 4,123만 8,000원이고 서울과 수도권, 시간강사 평균 연봉(평균 4.2시간×30주×3만 7,000원)은 487만 5,000원이다. 전체 시간강사 연봉 추정액(주당 9시간×30주

×3만 7,000원)은 999만 원이다. 전임강사의 연봉이 시간강사에 비해 약 4.12배 많다.

시간강사들이 대학에서 담당하고 있는 강의는 전체 강의의 35퍼센트 정도지만, 이들에게 지급되는 인건비 비율은 교직원 전체 인건비의 3퍼센트에서 10퍼센트에 불과하다. 이러한 인건비 비율에서 알 수 있듯이, 대학들이 인건비를 줄이기 위해 점점 많은 강의를 시간강사로 채우고, 이 때문에 비정규직 교수의 수가 점점 늘고 있으며 그 기간도 길어지고 있는 추세다. 대학들은 재정난을 이유로 시간강사를 전임 교수 대신 강의하게 한다고 말하지만, 상당수 사립대는 몇 백억 원이나 되는 자체 적립금을 가지고 있다. 게다가 대학들은 등록금을 계속 올리고 있다. 이런 점에 비추어 볼 때, 대학은 대학 교육의 발전이 아니라 일반 기업과 마찬가지로 수익을 남기기 위해 열을 올리고 있다고 하겠다. 대학의 파행적인 운영과 비례해서 대학 강사는 가족과 사회, 대학에서 소외되고 있다. 이러한 사회적 환경에서 시간강사는 심리적으로 위축될 수 밖에 없다.

이러한 상황에 비추어 볼 때, 지난 2월 말 국내 대학에서 강의를 하던 시간강사가 미국에서 자살한 사건과, 같은 달 11일 서울대 불문과 강사인 모 씨가 학교 화장실에서 자살한 사건, 그리고 2003년 노문과 백 모 박사, 2006년 독문과 권 모 박사가 자살한 사건은 시간강사 문제가 더 이상 개인의 문제가 아님을 말해 준다. 국가적·사회적 측면에서 볼 때, 현재 7만 명의 시간강사가 연 천만 원, 경쟁이 치열한 서울과 수도권은 연 5백만 원 정도의 강의료를 받고 있다. 이러한 이유로 젊은 세대는 더 이상 대학 교원이 되려고 하지 않는다. 학문 후속 세대의 단절은 고등교육의 질을 저하시켜 대학 붕괴를 가속화시키고 있다.

이와 관련해서 〈비정규교수노동조합〉이 있는 어느 대학은 조합 간부를 대학에서 퇴출시키려 그 학교에서 5년 이상 강의한 시간강사를 더 이상 강의할 수 없도록 했다. 그러나 이 대학은 조건에 맞는 시간강사들을 구할 수 없었고, 어쩔 수 없이 다시 5년 이상 강의한 시간강사를 강의하게 했다. 이게 바로 대학의 학문 후속 세대가 단절되고 있는 사례라고 하겠다.

2008년의 총 강의 시간 중에서 전임 교원이 54.9퍼센트, 시간강사가 36.1퍼센트, 겸임 교원과 초빙 교원이 8.8퍼센트를 차지하고 있다. 시간강사의 학력은 석사 이하가 44.5퍼센트, 박사 수료자 13.8퍼센트, 박사 학위자가 41.7퍼센트를 차지하고 있다. 2007년과 2008년 시간강사의 계약 기간은 6개월 이내가 88.3퍼센트다. 실제로는 계약서가 없고, 대학에서 전화가 와서 강의를 해 달라고 하면 강의를 맡는다. 그리고 다음 학기에 조교에게 전화가 오지 않으면, 강의가 없는 줄 알면 된다. 이러한 이유로 2006년도 국립대학과 사립대학에서 시간강사의 국민연금과 건강보험 가입률은 거의 0퍼센트에 가깝고, 고용보험과 산재보험 가입률은 50퍼센트 정도 된다. 시간강사의 고용 불안정은 전임교원과 하늘과 땅 차이다. 고용이 불안정하면 미래를 전망할 수 없기 때문에 자녀를 가지려고 하지 않는다. 한국인의 출산율이 전 세계에서 가장 적은 이유는 바로 고용 불안정 때문이다. 더군다나 시간강사의 배우자는 자신의 남편이 몇 년 지나면 전임이 될 줄 알았는데 여전히 시간강사로 있고, 현실적으로 전임이 될 전망이 보이지 않으니, 결국 이혼하는 경우도 상당히 많이 생긴다. 대학에서의 불안한 위치가 가정 불안을 증폭시키고 있는 것이다.

시간강사는 학교 안에 연구실이 없다. 2006년 10월 당시 이주호 의원(한나라당)이 내놓은 국감 자료에 따르면, 국공립대학 시간강사의 공동 연구실은 평균 116명당 1개, 사립대학의 공동 연구실은 평균 136명당 1개에 지나지 않는다. 또한 시간강사는 학생들과 대화할 장소도, 상담할 장소도 없고, 교육과정 결정에 참여할 권리도 없다. 시간강사는 학생과 대화할 수 없어서 학생들이 무슨 생각을 하고, 어떤 것을 알고자 하는지 모르게 된다. 또한 교육과정 결정에 참여할 수 없기 때문에 시간강사는 자신의 연구 성과를 강의에 반영하기 어렵다. 그래서 시간강사는 연구와 강의를 상호 연관시키기 힘들다. 대학에서 연구와 강의는 상호 보완되어야 하고, 이러한 상호 보완을 통해서 대학이 사회와 국가의 힘을 증대시키거나, 사회를 질적으로 고양시키는 역할을 할 수 있다. 그렇지 않는 한 대학은 현실과 관계없는 허황된 소리나 해대는 집단이 되거나, 잘 되면 직업학교가 될 뿐이다. 이미 2004년 〈국가인권위원회〉가 비정규 교수에 대한 차별 시정 권고를 내렸지만, 교육부는 대학의 눈치를 보면서 아무런 개선 의지를 보이지 않고 있다.

이러한 문제와 더불어 시간강사는 자신이 강의하는 학과의 전임 교수 눈치를 보고, 더 나아가 전임 교수들 뒤치다꺼리도 해야 한다. 이렇게 하지 않으면 아무 이유 없이, 혹은 다른 '합리적인' 이유로 강의를 할 수 없게 된다. 물론 학과나 전임의 성향에 따라 차이가 있지만, 그것은 다만 차이일 뿐이다. 사람들은 묘해서 체계의 논리에 자기도 모르게 적응하게 되고, 자신이 그 체계의 논리를 따르고 있는지조차 모르게 된다. 당하는 시간강사들도 오랫동안 이런 짓을 하다 보면 살아남기 위해서 자기 합리화하거나 체계의 논리를 내면화시킨다. 조금 과장되게 말하면 정규직 교수와 비정규직 교수는 주인과 노예의 관계로 곧잘 비유되고는 한다. 이 양자 사이에 생산적인 대화와 비판은 사라지고, 대학에서도 힘 있는 자의 명령과 힘 없는 자의 복종만 있게 된다.

시간강사는 어떻게 되는가를 한번 보자. 강사가 되기 위해서 대학 4년(남자는 군대 2년 혹은 3년 추가), 석사 과정 2년, 박사 과정 2년, 그리고 학위 논문을 작성하는 기간만큼의 시간이 걸린다. 그중에서 운이 좋아 대학에서 교수가 되는 사람들의 평균 연령은 40대다. 대학 졸업자보다 평균 5년 이상 더 대학에서 일정한 수입 없이 공부를 하고서도 직업에 대한 전망이 없는 상황에서 대학 강사는 노령화되고 있다. 다시 말해 이삼십대 시간강사가 점점 줄어들고 있다.

박사 수료 후에 시간강사가 대학에서 강의를 받는 경우는 주로 인맥을 통해서다. 이 바닥도 학맥과 인맥에 따라 강의 시간이 들쭉날쭉하다. 역설적으로 시간강사는 강의 시간이 적으면 적을수록 연구할 시간이 늘어난다. 그러나 다른 이처럼 나이 들어 자기 밥벌이를 스스로 챙기지 않을 수 없는 상황에서 강의를 내팽개치고 공부만 할 수도 없다. 그리고 박사 수료하고 학위를 받기 위해 논문을 써야 하는 경우에는 강의 시수를 10시간 이내로 줄여야 한다. 이 경우 시간강사는 양가 부모님이나 배우자의 도움이 있어야 논문을 작성하면서 생계를 유지할 수 있다.

단순히 시간강사와 다른 노동자의 시간당 임금만을 비교하면, 시간강사의 시간당 평균 강의료 3만 원은 적은 금액이 아니다. 그러나 시간강사가 자격을 갖추기 위해서 준비하는 기간(대학 졸업 후 최소 4년 이상), 그리고 강의를 하기 위해서 준비하는 시간이 있으며 적정한 자격의 시간강사로 지속적으로 재생산되려면 1년에 논문 한 편 이상을 써야 한다. 다시 말해 시간강사가 사회적·문화적으로 대학에서 주당 9

시간 강의를 하기 위한 재생산 비용을 말한다. 물론 시간강사의 사회적·문화적 재생산 비용은 각 나라별, 지역별로 차이가 있다. 즉 특정한 나라, 혹은 지역에서 시간강사가 이번 주, 이번 학기에 대학에서 강의를 하고, 다음 주나 다음 학기에도 똑같거나 그 이상의 신체적·정신적·사회적·문화적 상태로 강의를 할 수 있는 능력을 갖추는 데드는 비용이 시간강사의 재생산 비용이다. 이러한 재생산을 위해 시간강사는 최소 생활비와 강의를 하기 위한 비용과 연구를 위한 비용, 학생들과 전임 교수와 최소한의 인간관계를 맺기 위한 비용 등이 필요하다.

현실적으로 박사 학위를 받은 시간강사가 강의만 해서 생활을 하려면 주당 평균 20시간 이상을 해야 한다. 시간당 평균 강의료는 3만 원(사립대학은 2만 원에서 5만 원, 국립대학은 4만 원에서 5만 원)이다. 시간강사는 학기당 15주 강의료에서 16주 강의료(부산대는 15주 강의를 한다)를 받기 때문에 30주에서 32주 강의료로 1년(52주)을 생활해야 한다. 20시간이면 하루 평균 4시간 강의를 하는 셈이다. 여러 학교를 다니면서 발품을 팔아야 하기 때문에 하루의 절반을 차 안이나 거리에서 보낸다. 주당 20시간 강의를 하게 되면 강의 준비도 겨우 할 수 있을 정도다. 그러니 학기 중에 연구를 해서 논문을 쓰는 것은 불가능하다. 그나마 강사가 주당 20시간 배정받기도 힘들다. 그래서 방학 중에는 각자 여건에 따라 〈한국학술진흥재단(학진)〉의 과제를 수행하거나, 다른 부업을 가진다. 물론 〈학진〉의 과제와 부업은 학기 중에도 한다. 시간강사가 연구를 하려면 학진 과제에 선정되어야 하는데, 선정되기 위해서 계획서를 만드는 데만 몇 달간 준비를 한다. 그리고 선정되면 선정 과제를 완성되기도 전에 또 새로운 〈학진〉 과제를 신청하기 위한 계획서를 작성한다. 〈학진〉 과제의 인문 분야 선정 비율은 그나마 20 퍼센트 미만이다. 이런 상황에서 시간강사가 제대로 된 연구를 수행하기란 쉽지 않다. 이 과정에서 시간강사의 심신은 피폐해지기 마련이다.

이러한 한국 대학 교육의 상황을 타개하기 위해서 대학은 비정규 교수의 강의 시간을 전임 교수와 동일하게 아홉 시간으로 제한하고 한 시간에 10만 원 이상의 강의료를 방학 중에도 고정급으로 지불해야 한다. 또한 대학은 비정규 교수에게 연구실을 제공해야 한다. 동시에 비정규 교수는 학사 운영에 참여하여야 한다. 대학생들과 학부모들은 대학 교육의 절반을 책임지는 비정규 교수 몫을 착복하는 대학에 저항해 수준 높은 고등교육의 질을 확보하도록 촉구해야 한다. 정규 교수와 더불어 비정규 교수들은 학부모와 대학생들과 연대해서 국회와 정부가 대학 강사의 교원 지위 회복을 위한 고등교육법 개정에 나서도록 촉구해야 한다. 비정규 교수들은 교원 지위를 회복함으로써 대학 교육의 주체로 적극 나서, 권리를 지키고 의무를 다해야 할 것이다.

04

하청 노동자, 파견 노동자로 착취당하는 대학 강사

이득재 ㅣ 대구가톨릭대학교 교수

교육과 의료는 돈 맛을 보면 안 된다. 주택도 그렇다. 의료, 교육, 주택 등을 제공하는 것을 가리켜 '사회적 서비스' 라고 한다. 사회적 서비스 영역에서 정부는 예전에는 주로 공공 부문에 속했던 활동을 점차 민영화하고 국가가 공짜로 제공하였던 사회적 서비스를 상품화 했다. 국립대학 법인화는 바로 사회적 서비스의 상품화 과정을 뜻하는 것으로, 교육도 다른 공공 부문처럼 상품화 단계에 접어들었다는 신호다.

그러나 우리는 교육에 종사하는 사람들을 여전히 노동자가 아니라 교육자로 파악하고 있다. 국가공무원법, 사립학교법, 교원임용법 등에서는 '교원' 이라는 일반적인 명칭이 통용되고 있고 교육자, 혹은 교원 스스로도 노동자라는 인식을 하지 않는다. 가르친다는 것과 노

이득재는 계간지 『문화과학』 편집위원이며, 지은 책으로 『대한민국에 교육은 없다』 등이 있다.

동한다는 것을 명확하게 구분하지 못하거나 후자를 전자로 착각하고 있다. 이러한 현상은 정규직 교수들의 경우에는 더 심각하게 나타난다. 학생들의 시험지 채점을 '일'로 생각하고 있으면서, 그리고 수당이나 본봉 등의 임금 체계 안에 있으면서도 '백묵으로 판서'하는 호랑이 담배 먹던 시절에 사로잡혀 자신들의 일work을 노동labour으로 여기지 않는 것이다. 그러나 과연 일과 노동은 다른 것인가? 매학기 하는 시험지 채점이 '일'이고, 대형 강의일 때는 그 부담이 더욱 늘어나 '노역'으로 비치기 십상이다. 교양과목 등 학생 수가 많은 강의를 부득불 떠맡는 비정규 교수에게 시험지 채점은 말 그대로 노역이라 할 수 있을 것이다.

더군다나 우리의 경우에는 사농공상의 유교주의가 지배적이어서 교육자와 노동자를 한 등급에 놓는 것을 불가능하게 만든다. 붓을 든 양반이 곡괭이질을 할 수 없다는 이 위계적인 유교 논리가 평등주의, 수평주의를 표방하는 웹 2. 0의 시대에도 팽배해 있다. 대단히 시대착오적인 현상이라 하지 않을 수 없다. 1970년대와 1980년대에 일상적으로 사용되었던 '공돌이, 공순이'라는 말은 육체노동자를 폄하하는 것이었다. 육체노동자의 생산 노동을 통해 자본의 잉여가치가 형성되는데도 육체노동자를 '공돌이, 공순이'라는 말로 폄훼했던 것이다. 이렇게 위계적인 유교 논리는 산업 노동의 시대에 육체노동과 정신노동 사이의 위계질서로 대체되었고 이러한 논리는 비생산적 노동, 비물질 노동을 이야기하는 포스트포드주의 시대에도 여전히 강한 영향력을 나타내고 있다.

오늘날 대학은 교육기관이라기보다는 신자유주의 사업체로 변해 있다. 어느 학교는 스스로를 고등교육 사업체라고 당당하게 드러내기

학교의 주인은 학생인가, 돈인가?

도 한다. 물통을 마트 곳곳에 유통시키는 업체나 물건을 전국에 배달하는 택배 업체처럼 대학도 이제는 수익 사업체라 불러야 마땅하다. 따라서 우리 교원들은 사실상 교원이 아니라 자본, 더 정확하게 말하면 교육 자본에 의해 고용된 임노동자들이다. 교육은 생산수단이고 교육과정은 생산 투입물이며 교원은 피고용자이고 국가와 대학 이사장은 자본가이자 생산자이며 학생은 상품, 즉 취업용 상품이다. 임노동자로 키우기 위해 예비적으로 학생을 상품화해 내보내는 공장이 오늘날의 대학이다. 상품에도 고가와 저가가 있듯이 오늘날 치솟는 대학 등록금은 학생을 고가 상품으로 제조하기 위한 것이다.

교육 노동은 '생산적 노동' 이다

선구르 사브란Sungur Savran과 아메트 토낙Amet Tonac은 교육, 의료,

예술 활동, 이발 등도 잉여가치 착취의 기반이 될 수 있다는 점에서 생산적 노동의 존재 기반이 될 수 있다고 말하며, 맑스의 다음과 같은 말을 인용한다.

"자본가를 위해 잉여가치를 생산하는 노동자, 또는 자본의 가치 증식에 기여하는 노동자만이 생산적이다. 물질적 생산 분야 밖의 예를 든다면, 학교 교사는 학생들의 두뇌를 훈련시킬 뿐만 아니라 학교 소유자의 치부를 위해 헌신하는 경우에만 생산적 노동자다. 학교 소유자가 자기의 자본을 소시지 공장에 투여하지 않고 교육 공장teaching factory에 투자했다는 사실은 여기에서 중요하지 않다."

교육자가 스스로를 노동자로 여기지 않는 첫 번째 이유는 교육자 스스로 육체노동과 정신노동의 위계질서 안에 갇혀 있기 때문이다. 스스로를 이러한 위계질서 안에 유폐시키는 행위는 사농공상 이데올로기를 강화할 뿐만 아니라 다시 그 이데올로기를 통해 교원이 노동자라는 사실을 은폐하는 데 결정적인 구실을 한다. 육체노동과 정신노동을 구분하고 그 사이에 위계질서를 수립할 때 후자의 정신노동은 비생산적 노동으로 간주된다. 비생산적 노동은 상품이나 재화를 생산하는 것이 아니고 서비스를 제공하는 것이기 때문이다. 오늘날 이러한 비생산적 노동, 혹은 서비스 노동은 비물질적 노동과 동일시되는데, 교육을 노동으로 보지 않는 이유는 교육이란 육체노동, 생산 노동이 아니라고 보기 때문이다.

정신노동이 노동 일반으로 파악되지 않는 한 교사 및 교수를 포함한 교원의 교육 노동은 생산 노동이 아니고, 따라서 노동으로 간주되지 않는다. 그러나 맑스의 말대로 학교 교사는 잉여가치를 생산하고 자본의 가치 증식에 기여한다는 점에서 생산 노동을 하고 있고 학교 소유자의 치부를 위해 헌신한다는 점에서 생산적인 노동자다. 사립학교가 전체의 70퍼센트 이상을 차지하고 있는 우리나라에서는 교사 및 교수라는 교원들의 교육 노동은 학교 소유자의 치부를 위해 헌신하는 노동에 속하는 것이다. 특히나 교육이란 미명하에 돈을 벌기 위해 학교를 세운 경우가 허다한 우리 현실에서 교육 노동을 담당하는 교사나 교수는 생산적 노동을 하는 노동자일 수밖에 없다. 지방 유지에게 졸업장을 주고 그 대가로 기부금을 받는 행위는 교사가 학교 소유자의 치부를 위해 일한다는 맑스의 말에 그대로 적용된다고 할 수 있다. 이러한 일은 지방 사립대학, 특히 전문대일 때 더 심각하다. 경북에 있는 A 대학이 돈을 관리하는 경리과를 포함해 이사장의 친인척을 본관에 포진시키는 것은 명백하게 학교를 돈벌이 수단으로 전락시키는 경우다. 이때 교육은 허무맹랑한 핑계거리에 지나지 않는다.

앞에서 인용한 맑스의 말처럼, 학교 소유자가 자본을 소시지 공장에 투여하지 않고 교육기관에 투여했다고 해서 그 교육기관에서 일하는 교원들이 생산 노동자가 아니라고 볼 수는 없다는 지적은 일종의 반면교사 역할을 하는 중요한 지적이다. 교육기관이라는 말 자체가 무색할 정도로 오늘날 우리의 교육기관은 사실상 교육기관이 아니라 맑스가 말한 대로 교육 '공장'이고 따라서 교육을 볼모로 삼아 자본의 가치 증식에 기여하는 수익 업체인 셈이다. 그렇다면 교사 및 교수가 노동자라는 것은 명백한 사실 아닌가?

교수는 피아노를 제조해 피아노라는 상품을 시장에 내놓는 것이 아니라 피아노 연주와 같이 인간의 심성을 계발하고 풍성하게 만드는 교육을 실천하기 때문에 대학은 신자유주의 사업체가 아니라 교육기관이며, 대학교수는 상품 및 재화를 생산하는 생산 노동자, 즉 "노동자"가 아니라는 주장은 명백하게 틀린 것이다. 실제로 우리의 교육은 피아노를 연주하고 연주를 통해 음악을 들려주는 교육적인 행위도 하지 않을 뿐더러 정신적이고 비생산적인 교육 노동도 실천하지 않고 있다. 중고등 교육은 일등품 상품을 만드는 데 혈안이 되어 있고 대학이라는 소위 고등교육은 취업에 적합한 상품을 찍어 내는 데 혈안이 되어 있을 뿐이지, 음악 연주 같은 고상하고 정신적인 활동을 하고 있지 않다. 국가와 대학 당국이 학생들의 수업권, 선택권을 철저하게 박탈하고 있는 상황에서 교육 노동은 인간 능력의 계발 및 발전과도 하등 관계없는 것이다.

정신노동 운운하면서 교수는 교육자이지 노동자가 아니라고 하는 것은, 고상하게 말하면 자본의 가치 증식 수단이지만 사실 까놓고 보면 장사치의 대상으로 전락한 우리의 교육 현실을 은폐하려는 시도일 따름이다.

교육자는 노동자가 아니라는 주장의 두 번째 근거는 서비스와 상품은 엄연히 다른 것이라는 인식과 관련 있다. 교육 노동이 MP3 같은 제품을 생산하지 않기 때문에 교육은 노동이 아니라고 말하는 것은 과연 올바른 주장인가? 그리고 컴퓨터 같은 상품을 만들어 내는 것만이 생산 노동인가? 오늘날 자본주의 경제는 정보화라는 미명하에 점점 더 3차 산업, 즉 서비스 산업 쪽으로 확산되어 나가고 있다. 그와 더불어 서비스 산업에 연관된 서비스 노동은 지적이고 정신적인 노동으로서 육체노동과 분명하게 구별된다는 논리가 강화되는 것처럼 보인다. '수요자 중심 교육'이라는 신자유주의 교육의 슬로건하에 교육은 오늘날 서비스로 간주되고 있고 이러한 교육 서비스는 (생산) 노동과 구별된다는 논리가 지배적으로 작동하고 있다. 즉 교육 서비스는 노동이 아니기 때문에 교사 및 교수는 노동자로 간주할 수 없다는 것이다.

오늘날 신자유주의 논리는 영국의 대처 시절 교육부 장관이었던 케네스 버크Kenneth Burke가 만들어 낸 신조어인 '인적 자원human resources'이라는 말에서 보듯이 인간의 잠재력을 포함해 인간 전체를 '자원'으로 파악하는 것이 핵심이다. 다시 말해 인간의 능력 전체를 상품으로 전화시킬 수 있는 기회를 찾자는 것이다. 대학에서 오늘날 인간이 인적 '자원'으로 전락하는 예는 얼마든지 찾아볼 수 있다. 각종 자격증 취득, 영어 말하기 능력 등 오늘날 대학에서 학생들은 자신의 상품 가치를 업그레이드하기 위해 올인하고 있다. 스스로를 '자원'으로 여기게 만드는 상황이 학생들에게 강제되고 있는 것이다. 학생들에게 신자유주의는 일종의 매트릭스다. 영양분을 공급받으면서도 그 영양분이 어디서 오는지 모르는 매트릭스처럼, '인적 자원'이라는 명분하에 인생 전체를 소진시키고 탈진시켜 각 개인에게 잉여가치를 최대한 뽑아내는 것이 목적인 신자유주의 논리가 매트릭스의 실체다. 하지만 오늘날 학생들은 취업에 필요하니까, 임금을 조금이라도 더 받는 데 유리하니까, 하는 이유 외에는 자기가 왜 자격증을 따야 하는지 정확한 이유를 파악하지 못하고 있다.

비정규직 교수는 파견 노동자

2008년 6월 14일 법원은 현대미포조선 하청 업체 용인 기업 노동자들의 "근로자 지위 확인 소송"에서 하청 노동자들의 손을 들어 주었다. 그리고 6월 18일에는 3백 일 이상 투쟁해 온 코스콤 비정규직 노동자들의 "근로자 지위 확인 소송"에서 노동자들의 손을 들어 주면서 코스콤에게 비정규직 노동자들을 직접 고용하라는 판결을 내렸다.

생산 현장에서는 소위 말하는 '아웃소싱'이 야만적으로 행사되는 현실에 긍정적인 변화의 조짐이 일어나고 있지만 대학은 교육이라는 담론을 무기로 하여 법 바깥에 위치함으로써, 고등교육의 장이라고 일컬어지는 교육 현장이 산업 현장의 변화조차 전혀 따라가지 못하는 우스꽝스러운 일이 벌어지고 있는 것이다.

1999년에 교육공무원법이 15분 만에 국회에서 통과된 후 대학 캠퍼스 안에는 비정규직 교수를 일컫는 별칭들이 무수하게 많이 생겨났다. 객원 교수, 연구 교수, 강의 전담 교수 등 별의별 방법을 동원해 대학은 비정규 교수를 생산 현장의 산업 예비군으로 전락시켰다. 2005년 교수 계약제가 시행되면서 이러한 경향은 대학에서 완벽하게 자리를 잡았다.

오늘날 우리 대학의 거의 절반가량의 강의를 맡고 있는 비정규 교수는 사실 허우대만 '교수'일 뿐 노동자이며, 말이 좋아 '비정규직'이지 사실은 하청 노동자인 셈이다. 또한 이 대학, 저 대학 전국을 누비며 강의 시수를 더 받으려고 안간힘을 쓰는 비정규직 교수는 말 그대로 파견 노동자다. 파견 노동 인력을 모으는 업소가 따로 존재하는 것은 아니지만 대학의 경우 비가시적으로 비정규직 교수를 모으는 인력 공급원이 정규직 교수 사이에 형성되어 있다. 정규직 교수들은 비정규직 교수들을 자신들의 고용 안정을 위한 완충장치로 활용하거나 자신들의 활동을 위한 구원투수로 파악하고 있다. 이 점은 2007년 8

월 국회에서 열린 '대학 시간강사 교원 법적 지위 확보를 위한 정책 토론회'에서 잘 지적되었다.

그러나 대학 교원의 노동자성, 비정규직 교원의 하청 노동자, 파견 노동자 성격이 좀 더 분명하게 제시될 필요가 있고 이러한 상황이 피 말리는 하층 경쟁을 야기하는 신자유주의의 '아웃소싱'에 의해 일어 나고 있다는 점이 분명하게 제시되어야 한다.

산업 현장에서 관철되는 아웃소싱의 논리가 어느 틈에 대학 안으 로 침투해 시간강사라는 말을 비전업 강사 내지는 비정규직 교수로 환골탈태시켜 경제적인 아웃소싱의 논리를 은폐시키고 초과 착취하 는 것이 오늘날의 대학 현실을 둘러싸고 논의되는 비정규직 교수 문 제의 본질이다. 국가, 사립 재단, 정규직 교수가 그 아웃소싱의 주체 이고 비정규직 교수는 그 아웃소싱 대상이다. 비정규직 교수의 노동 시장은 확대되고 있고, 정규직 교수로 입직하는 것은 점점 더 어려워 지고 있다. 비정년 트랙* 등 여러 가지 방법으로 정규직 교수로의 진 입 자체가 왜곡되고 있기도 하다. 게다가 설상가상으로 정규직 교수 의 노동 시장도 폐과, 연봉제, 명예퇴직 등의 방법으로 구조 조정을 겪고 있어서 그 진입 장벽은 낙타가 바늘구멍에 들어가는 것만큼이나 어려워졌다. 따라서 한편에서는 정규직 노동 시장의 정체가 아니라 축소가 이루어지고 있고 다른 한편에서는 비정규직 노동 시장이 확산 되고 있다. 토플러는 "앞으로는 최하층 경쟁이 줄어들고 최상층 경쟁 이 늘어날 것"이라고 말하지만, 현실에서는 잔인한 밑바닥 경쟁만 늘

---

* 강의 교수, 연구 교수 등 비정년 트랙은 주당 9시간 강의를 하며 교과부의 전임교원 1인 충원으로 인정받 지만 고등교육법에서 교원으로 인정받지 못한다.

어나고 있다.

객원 교수, 강의 전담 교수, 연구 교수 등은 정규직 교수가 아니다. 그 이름은 교수라는 직함을 덧씌워 비정규직 교수가 사실은 하청 노동자, 파견 노동자 등이라는 사실을 은폐하는 것이다. 능력과 자질, 도덕성 면에서 뒤떨어질 것이 없는 비정규직 교수를 아웃소싱하여 헐값에 이용하고, 노동력을 착취하여 사용자의 이윤을 확대시켜 주는 것이 비정규직 교수 문제의 본질이라는 것을 제대로 봐야 한다. 비정규직 교수가 연구비를 횡령했다는 이야기를 들어 본 적이 있는가? 정규직 교수에 의해 추가 착취당하는 것이 비정규직 교수들이다.

정당한 노동에 정당한 임금 구조를

노동의 성격, 대학 기업의 문제 등 여러 가지 조건을 고려하더라도 오늘날 정규직 교수, 그리고 비정규직 교수의 문제는 교육이 아니라 노동자의 문제로 접근해야 한다. 박사 학위를 빌미로 삼아 정규직 교수 노동 시장으로의 진입 자체를 법적으로 금지하는 사태는 비정규직 교수가 감당하고 있는 노동의 문제를 회피하는 것이다. 법원이 일반 노동자의 정규직 전환을 명령하는 마당에 대학은 교육을 노동 억압 수단으로 기가 막히게 활용하고 있다.

8만 명에 이르는 비정규직 교수들의 노동을 "교육"이라는 미명 아래 착취하고 대기업 노동자는커녕 일반 노동자 수준, 일용직 잡급 수준으로 전락시키는 이러한 사태는 사회적 총 자본의 관점에서 재고해야 할 중대한 문제다. 4대 보험 인정, 방학 중 임금 지급, 교육과정 참여, 연구비 지급, 연봉을 고려한 강의료 인상, 연구실의 획기적 개선 등만이 비정규직 교수들의 교원 지위를 인정하는 것이 아니다. 헐값에 노동하고 학생들을 상품으로 배출하여 자본의 이익에 기여하게 만드는 노동 과정 전체를 고려해 비정규직 교수들의 임금 문제를 해결해야 한다는 말이다. 강의료를 천 원 더 주느니 마느니 하는 비열하고도 처참한 논의가 오가는 한국 대학 구조에서 뜬금없이 '노동과정', '사회적 총 자본' 운운하냐고 물어볼지 모르겠지만, 비정규직 문제는 시혜 차원에서 해결될 일이 아니다. 정당한 노동에 정당한 임금 구조가 정착되어야 한다.

05

경계에서 싸우며
—이 암흑 행성이 끔찍하다

안태성 | 청강문화산업대학 교수

　이 우주에는 일반 상식으로 도저히 이해할 수 없는 불가해한 '행성'이 하나 있다.

　나선은하의 가장자리에 위치한 이 행성의 종족들 또한 대뇌피질은 고목나무에 쇠털 꽂히듯 흔적만 있고 해마hippocampus는 손상을 입었으며 측두엽과 변연계를 잇는 신경 및 연수만 이상 발달하여 일주일의 마지막 날인 7일째가 되면 질 좋은 겉옷을 몸에 감은 암수들이 모종의 장소에 집결하여 두 손을 위로 쳐들고 눈물, 콧물, 침 등 체액을 흘리며 간질 발작하듯 온몸을 사시나무 떨듯 떨어 가며 고함을 지르는 행동을 반복한다.

　특히 정치와 재벌 계급은 항성이 뜨는 대낮에는 서로 공격하고 비

안태성은 청강문화산업대학을 상대로 복직 투쟁을 하고 있다. 현재 〈교원 소청 심사 위원회〉를 대상으로 해직 처분 무효 확인 각하 결정 취소 소송이 대법원에 계류 중이다.

판하는 척하다 하나밖에 없는 달이라는 위성이 뜨는 어두운 밤이 되면 언제 그랬느냐는 듯 서로 어깨동무를 하고 끼리끼리 알코올 시음장에 들어간다. 이곳은 적당히 작은 체구의 암컷 노예들이 화폐를 받고 알몸으로 봉사하는 곳이기도 하다.

정치하는 휴머노이드뿐만 아니다. 권력과 막대한 금전을 지닌 상류 계급들은 서로 결탁하여 영원한 힘을 얻어 영생하기 위해 결속을 다짐하는 파티를 밤낮으로 열고 음모를 꾸민다.

그러나 매우 기괴하고 특징적인 것은 이 행성의 종족들이 측두엽만 터무니없이 이상 발달한 탓에 일찍부터 실체가 불분명한 신화를 가지고 사이비 종교를 만들어 가진 것 없는 계층을 단죄하고 노예화하며, 면죄부를 남발하고 자신들만의 이익을 위해 끝없이 광분한다는 것이다. 그리고 이 종교를 신봉하는 자들 중 화폐를 많이 모은 자들은 화폐 권력자가 되어 "사체 부활교"라는 교육 재단을 만들었다는 것이다.

나는 이 암흑 행성에서 청각장애인으로 태어났다. 이 행성의 '여근곡女根谷'이라는 종교 교육 재단은 거대한 힘을 지니고 정치권력과 야합하여 갖은 횡포와 장애인 차별 등을 일삼고 있다. 특히 여근곡은 한때 '절름발이'라는 차별 발언으로 불렸던 지체장애인은 동종으로 분류하고, '귀먹쟁이'라고 불렸던 청각장애인만 하류층으로 취급하여 '월급 도둑놈'으로 여기며 학대하였다.

불행하게도 나는 이 행성의 교육 재단 중 하나인 '여근곡'에서 진보 정치권력과 종교 교육 재단의 비리 폭풍에 강타당해 사막으로 유배되고 말았다. 비리 폭풍은 복합적인 사안들로 가득 차 있었고 이 행성의 사회가 갖고 있는 온갖 권력형 부조리를 그대로 나타내 주고 있다.

원래 나는 이 행성의 계급 중 최하층민이었으나 온갖 역경을 딛고 상류층의 '따까리' 계급인 교수가 되었다. '따까리'일지라도 엄연한 상류층 행세를 할 수 있는 신분 증명이 통용되었기 때문에 조금 으스대고, 어깨에 힘을 주고 다닐 수 있었다.

그러나 얼마 안 가 교수직에서 잘리고 말았다. 진짜 상류층이었던 여근곡 교육 재단의 권력자에게 손가락의 지문이 희미해지도록 열심히 비비며 아부를 하고 쓰레기통에 버려진 분견糞犬의 꼬랑지를 잘라내 미추 뼈에 붙이고 살랑살랑 흔들었어야 했는데 그러지 않았다는 까닭으로 미움을 샀기 때문이었다.

상류층에서 다시 하층민 계급으로 떨어진 뒤 나는 스스로가 최하층 계급인 '청각장애인'이라는 것을 새삼 깨닫게 되었다. 나는 구화(들리지 않지만 말을 할 수 있는)를 할 수 있는 선천성 청각장애인으로 중고등학생 시절부터 고아로 살면서 하층계급인 '공돌이' 생활을 했다. 공장에서도 들리지 않아 대답을 못 한 것을, 일부러 안 한다며 그야말로 '존나게' 얻어터지며 살아왔다. 나는 하류층을 벗어나기 위해 피눈물 흘리며 악전고투하던 중 진로를 틀어 미대에 갔고, 41세에 여근곡 전임 교수가 되었다가 2007년 2월 28일로 해직되었다.

결혼한 후 아내가 보청기를 사 주어 이후 항상 보청기를 끼고 다녔던 나는 말투가 조금 어눌하여 일반인, 특히 학생들은 '한 박자 늦게 반응하는 교수'로 생각했다. 학생들이 질문을 하면 알아듣지 못해 바짝 다가가 "응? 무슨 말인가?" 하며 되물어 소수의 창의적인(?) 학생들의 짜증을 유발시키는 장애인 선생이었다.

다른 동료 교수들이나 학생들이 이야기하다 한바탕 웃기에 내가 그들에게 다가가 왜 웃느냐 하고 물으면 그들은 거의 항상 "교수님, 별거 아니니 신경 쓰지 마세요. 우리끼리 그냥 한 얘기"라고 했다. 심지어 어눌한 말투를 흉내 내는 사람도 많이 있었다. 풍자 만평 그리는 시간에는 귀가 잘 안 들리는 나를 그려 놓고 말풍선 속에 "모라고? 잘 안 들려?" 하고 귀에 손을 대고 말하는 나의 모습을 우스꽝스럽게 표현하기도 했다. 이런 상황을 겪을 때마다 나는 아무것도 아닌 듯 표정 관리(?)를 했지만 마음은 늘 우울했고 배척당한 듯해서 기분이 좋지 못했다.

그러나 상류층 '따까리' 일지라도 교수 계급이었기 때문에 귀가하여 마누라와 자식에게 간혹 으스댄 탓에 아들 녀석은 장래 교수가 될 꿈을 갖기도 했다. 지금은 교수보다 청소부나 요리사가 될까 고민 중이지만.

선천적으로 청각에 이상이 있었던 나는 여섯 살 무렵까지 제대로 말을 하지 못했다. 청각장애인들의 공통 증상 중의 하나인 '언어 장애' 기는 했지만 다행히 경증에 그쳐 말[口話]을 자유롭게 구사할 수 있었다. 하지만 잘 들리지 않거나 이상한(?) 말투는 고칠 수 없었다. 청강대학 신임 교수 최종 면접에서 이사장은 "말투가 원래 그런 겁니까?" 하고 묻기도 했는데 이것들이 사실은 청각장애인의 특징 중 하나였다.

우주력 2001년, 나는 드디어 활동사진 만화과에 종속된 만화 창작 전공을 만화과로 독립시키고 초대 만화과 학과장이 되었다. 상류층 따까리 계급 중에도 약간 높은 계층이 된 것이다. 그러나 "1"을 "7"로 알아듣거나 다른 학과장의 메모를 보고 받아쓰기를 하던 나를 상류층에서는 '월급 도둑'으로 보았던지 그해 몇 명의 인사를 일방적으로 만화과 교수로 채용했다. 그 과정에는 공개 강의도, 정식 면접도 없었다. 또한 이런 식으로 채용된 부적합한 교수 대부분은 〈행성

만화연대〉라는 진보 만화 미술 정치 단체 회원들이었다. 이 단체는
암흑 행성의 모든 대학에 자기 조직 회원들을 교수로 앉히는 것을 암
묵적인 목적으로 하고 있었다.

이런 부적법한 교수 채용에 항의하자 상류층은 암흑 행성의 공기
에 익숙한 휴머노이드가 있는 본부로 나를 자주 소환하여 윽박질렀
다. 상류층의 대리인이자 '따까리' 관리자인 휴머노이드들은 나에게
이렇게 으르렁거렸다.

"귀가 잘 안 들리는 천박한 하류층 계급이 어떻게 교수를 할 수 있
느냐? 다른 대학에 지원서를 냈다니 이참에 교수질 그만두고 나가
서 그림쟁이나 하라!"

"이곳에도 귀가 잘 안 들리는 하류인이 하나 있는데 답답하더라.
조만간 좌천시킬 생각이다"

또 다른 관리자인 흠차대신 대두大頭 골초骨草 휴머노이드는, "창조
주께서 학과장인 안 교수가 비록 귀가 잘 안 들리기는 하지만 지체장
애인 교수도 운전을 하는데 학과장이 기동성이 없으면 안 되니 운전
면허를 따야 한다고 천명하셨다. 이 학기가 끝나기 전에 비행선 면허
를 따기 바란다"고 말했다. 그러나 내가 학교를 떠나지 않고 비행선
면허조차 따지 않는 등 말을 듣지 않자 본격적으로 산소 공급을 서서
히 중단하며 이산화탄소를 강제로 마시게 하는 등 고통을 주더니 마
침내 다음 해 전격적으로 업적 평가 점수를 전체 교수 가운데 '꼴등'
으로 만들어 버렸다. 그해 신입 교수가 몇 명 있었는데도 고참인 내가
'꼴찌'가 된 것이다.

2008년 4월에 발효된 '장애인 차별 금지 및 권리 구제에 관한 법률
(장차법)'에 따르면 이런 비열한 행위들은 청각장애인에 대한 제한, 배

제 등의 차별 행위로써 준#차별 행위에 속한다. 그런데도 이들 휴머노이드들은 아무렇지 않게 이런 식으로 나를 탄압했다.

그런 후 우주력 2005년 불법적으로 비정규직 강의 전담으로 쫓아냈다. 업적 평가 점수가 꼴찌를 달렸고 '인화 단결'을 하지 않았다는 이유였다. '인화 단결'이란 이 행성을 한때 지배했던 군벌시대에 횡행하던 지배체제 표어 중 하나였다.

참고로 최하류 노예인 장애인 계급 중 청각장애인은 지구라는 지옥 행성에서 가장 많은 차별을 당한다. 지체장애인은 목발이나 휠체어를 사용하기 때문에 곧바로 장애인이라는 것을 식별할 수 있지만 청각장애인은 멀쩡한 외모 때문에 쉽게 알아채지 못한다. 그러나 누구나 단 한 시간, 단 10분만 대화를 해 보면 금방 식별할 수 있는 것 또한 청각장애인이다.

그런데도 암흑 행성의 여근곡 재단과 진보 만화 미술 정치 단체 회원들인 학과 교수들은 내가 해직된 후 '청각장애인'이라는 보도기사를 본 뒤에야 청각장애인이라는 사실을 알았다고 주장했다.

다음은 내가 여근곡 교육 재단에서 재직 중 일어난 사건의 개요로 이 행성의 문장으로 풀어 쓴 것이다.

―1999년 9월 1일 경기도 이천 소재 여근곡 무뇌아 산업 애니메이션과 전임강사로 임용, 학교 측은 전임강사 '대우'로 임명장 줌(6개월).

―2001년 3월 만화창작과 초대 학과장을 역임하고 2005년 3월부터 강의 전담으로 강등된 후 2007년 3월 강의 전담직 거부하여 해직.

―2007년 3월 해직된 후 2007년 7월 〈국가인권위원회〉에 진정, 현재 심리 진행 중.

—여근곡에 재직하던 7년여 동안 각종 압력과 비인도적인 인권 유린 및 인권침해와 차별이 있었고 본인을 배제한 뒤 많은 교수 채용 부정이 자행됨.

—2008년 1월 10일 행정소송 1심 승소. 곧이어 2심도 승소함. 이 결정으로 나는 명예를 회복했으나 상류층은 곧 대법원에 항고함.

보청기 사건

—2001년 탐라 세미나 발표 시 보청기 약이 떨어져 학장과 교수들 앞에서 보청기를 빼고 귀가 전혀 안 들리니 질문을 삼가 달라고 양해를 구함. 이 사건으로 여근곡의 많은 교수들이 본인이 청각장애인이라는 것을 모두 알게 되었으나 여근곡 측은 해직 후에야 신문보도로 알게 되었다고 주장함.

—2002년 2월 부학장과 기획실장이 귀가 먹었으니 학교를 나가라는 발언을 함. 이때 순천대학교에 이력서를 냈다며 학과장도 사퇴당함.

—전년도에 임용 절차를 무시한 두 명의 부적절한 교수 채용에 반대한 후 왕따가 시작됨. 현재 만화창작과 교수 5명 전원은 학과장부터 모두 진보 만화 미술 정치 단체 회원 등 부적격자로 채워져 있음. 이런 사실을 기자들과 블러그에 발표하였으나 증거가 없다며 아무도 귀담아듣지 않음.

중국 해남도 연수 배제 사건

—2006년 6월 15일 여근곡 측은 개교 10주년 기념으로 전 교직원 및 조교들까지 4박 5일간의 중국 해남도 연수를 갔으나 학장은 최 모 당시 기획실장을 본인 연구실로 보내 못 가게 함. 혼자 남아 수업 진행.

교문 앞 학장의 장애인 차별 발언 사건

―해직 후 2007년 3월 셋째 주에 여근곡 교문 앞 시위 중 학장이 느닷없이 나타나 많은 학생과 직원 등이 보는 앞에서 "안 교수님이 처음 이 학교에 들어올 때 면접이나 이력서에 왜 청각장애인이라고 표시하지 않았죠? 면접 때나 이력서에 청각장애인이라고 밝혔어야 하잖아요? 그런데 왜 안 했죠?" 하고 물었다.

이 일을 지켜보던 두 명의 기자는 학장의 차별 발언에 대하여 법적으로 고소를 할 경우 기꺼이 증인이 돼 주겠다는 약속까지 했다.

학장 주재 학과 회의에 참석하려고 음악을 크게 튼 사건

―귀가 안 들리므로 학장이 오면 불러 달라는 신호로 문 밖까지 들리도록 음악을 틀었으나 아무도 학장과 교수들 간의 회의에 부르지 않고 오히려 학장에게 음악을 크게 틀어 회의를 방해했다고 면박 당함. 이에 본인은 청각장애 때문에 음악을 틀었다는 사유를 자세히 작성하여 학장과 실장, 처장 및 학과장에게 보내기도 했으나 아무 답변도 없었다. 그럼에도 학교 측은 해직된 후에야 청각장애인이라는 것을 알았다고 주장했다.

청각장애인인 본인에게만 두 가지 조건을 내세워 계약을 강요한 일

―2004년 6월과 9월 두 차례에 걸쳐 당시 기획실장이던 길 모 기획실장이 소환하더니 "교수 업적 평가 점수가 650점 이상이 되어야 하고 학과 교수 간 상호 '인화 단결' 평가에서 30점 이상을 받지 않으면 2005년부터 강의 전담으로 좌천시키겠다"고 정관과 규정, 절차 등을 모두 무시하고 협박까지 받게 되었다.

청각장애인 본인에게만 근거 규정 없는 강의 전담직을 실험적으로 강요

—2005년 2월 업적 평가 점수가 0.7점 부족하다며 강의 전담으로 강등.

그런데 2007년 2월 세미나 때 강의 전담제를 2007년부터 실시하겠다고 발표하였다.

이 같은 행태는 내가 청각장애인이기 때문에 다른 대학으로 이직을 자유롭게 할 수 없다는 약점을 잡아 본인에게만 2년 앞당겨 소급 실시한 것으로 나를 일종의 실험쥐로 여긴 학교 측의 만행이라 하겠다.

2007년 또다시 강의 전담직 강요

—정년 트랙 기간제 교수인 본인을 2005년 비정년 트랙으로 강제 전환시키고 이후 조건을 완수했는데도 2007년 또 다시 강의 전담직을 강요하였다.

2005년 당시 강의 전담직에 사인할 때 학교 측은 교수 강의 평가 점수가 2년간 평균 4.0 이상이 되면 6개월, 또는 4개월 전에 원직인 조교수로 복직할 것인지, 강의 전담을 계속 맡을 것인지 협의하여 결정하도록 한다고 언급하였으나 2007년 2월 23일에 이를 무시하고 계속 강의 전담으로 근무하라고 강요함.

—2004년과 2005년, 2007년도 계약은 교원 인사 위원회에서 소명 절차도 없었으며 이사회 의결도 없는 불법이었다.

—학교 측은 안태성이 강의 전담임에도 외부에는 "조교수"라는 말을 계속 사용함. 그러나 월급은 강의 전담용으로 줌.

결론

—교육부 담당자는 "정규직에서 비정규직으로 갈 때는 사표나 징계 절

차를 밟아야 한다. 그런 절차가 없을 경우에는 불법"이라 했다.

2002년 여근곡은 대대적으로 교육부 감사를 받은 바 있다. 교육부 감사 결과 셀 수 없는 불법 비리가 적발되었으나 후속 조치를 하지 않고 교육부 담당 직원들이 도피성 해외 이직을 하는 바람에 학교 측은 현재도 감사에서 지적받은 사항들을 고치지 않고 계속 불법을 자행하고 있다.(증거 자료: 2002년 교육부 감사 자료 및 비공개된 구체 자료 또한 가지고 있음)

① 모친 경희정 이사장 지적 사항

　이사회 심의·의결 없이 학교법인 재산 취득, 교원 신규 채용 부당(17) 등 다수.

② 딸 형수이 학장 지적 사항

　교원 신규 채용 부당(17), 교원 특별 채용 부당(18), 국고 보조금 관리와 부적당한 집행(20) 등 다수.

③ 그 밖의 부학장 및 실처장 사항

　교원 신규 채용 부당(17), 교원 특별 채용 부당(18), 국고 보조금 관리와 부적당한 집행(20), 학비 감면 장학금 지급 부적정(15) 등 다수.

─여근곡의 모든 교수들이 졸업생의 명단 중 취업이 되지 않은 졸업생 수십 명을 취업했다며 사업자 등록이 있는 출판사나 회사 명칭 등을 임의로 적어 가짜 취업생 명단을 만드는 사기 행각을 저지르고 있으며 이로 인해 취업이 안 된 졸업생들은 자신도 모르는 회사에 취직이 되어 있으며 이런 불법 사기 행각으로 취업률을 높여 교육부로부

차별 없는 세상에서 살고 싶다.

터 특성화 지원금을 받아 챙기는 전대미문의 사기극을 벌이고 있음.

—지금까지 사항은 일부만 요약 발췌한 것.

에필로그

나는 정규직과 비정규직의 경계에 선 경계인이다. 또한 청각장애인으로서 구화가 가능하여 멀쩡한 외모와 건강한 신체를 지닌 탓에 청각장애인계에서도 어중간한 중간 지역 경계인이다. 경계인은 정규직이건 비정규직이건, 완전한 농아이건 건청인(청각에 이상이 없이 잘 들리는 사람)이건, 중간 지역에 위치한 탓에 활동하고 처신하기가 매우 어렵다.

상류층이 만들어 놓은 이 위치는 나를 이상한 인간으로 보이게 만든다. 더구나 잘 안 들리지만 조금은 들리기도 하며, 말도 잘 하는 청각장애인의 중간 입장은 더욱 이상하다. 나는 수화도 못 하고 그렇다고 건청인처럼 상대방의 말을 잘 듣는 것도 아니다. 그러니 더욱 답답하고 때로는 화도 난다.

입장을 바꿔 놓고 생각해 보니 상류층도 나를 보면 화가 났을 법하다. 마누라도 가끔 답답하다고 화를 낸다. 자식 놈도 의사소통에 오해가 생겨 서먹서먹해질 때가 있다. 경계가 애매한 이런 처지 때문에 어떤 제자 녀석은 나를 '장애를 팔아먹는 인간'이라고 매도했다. 마치 박쥐 인생과 같다.

나는 박쥐가 되고 싶지 않다! 귀가 잘 들리면 거리를 지나는 멋진 아가씨를 재빨리 뒤따라가 매끄러운 말투로 "우리 차 한잔 합시다" 하고 바람도 좀 피워 보고 싶다. 내 자신이 혐오해 마지않는 더러운 사기꾼도 되어 보고 싶었다.

50여 년 인생을 살아오면서 끝없이 분쟁, 분투, 항의, 항거하며 살아왔다는 것을 숨기지 않겠다. 소위 '장애인'들은 교수가 된 나를 부르주아로 보고 있고, 비정규직 교수들은 나를 '표본'으로 인지하며 희생 제물의 향방에 대한 궁금증을 가지고 구경한다.

정규직 교수들은 나를 불쌍하고 껄끄러운 놈으로 멀리하며 구경한다. 내가 해직된 후 그동안 일하고 관계를 맺고 있던 각 출판계 인사들은 더러운 거지 보듯 슬슬 피한다. 이 행성은 친하지 않아도 친한 척하며 자신의 간을 꺼내 보여 줄 듯 행동해야 하는 '인화'가 제일의 미덕이기 때문에 문제를 일으킨 나는 어디에서도 찬밥 신세로 전락하고 말았다.

내장을 채워야 다음 날 일어날 수 있는 해부학적 인간인 나는 밥벌이조차 못하고, '무위도식'하는 무전 취식자가 되고 말았다. 어떤 나이 지긋한 4년제 교육 재단 교수님은 내가 무위도식한다고 말하자 교수가 무위도식하면 되겠느냐며 나무랐다. 맞는 말이다. 교수 신분이었던 부르주아 계급이 무위도식하면 안 된다. 하지만 나는 공사장에서 노동도 잘 못한다. 그렇다고 30여년 전 일했던 공장에 다시 취직해 '공돌이' 계급이 되자니 아무도 받아 주지 않는다.

요즘은 마누라가 다시 꼬마들에게 미술을 가르치기 위해 지하실을 개조하여 화실로 만들었다. 나를 대학원까지 뒷바라지하느라 지난 13년간 유치원 미술 학원을 운영한 경험을 살려, 코 묻은 돈이라도 벌기 위해 팔을 걷어붙였다. 다른 해직 교수들은 비정규직인 시간강사라도 뛰는데 나는 불러 주는 곳조차 없다. 그래서 만나는 사람마다 붙잡고 일을 주시면 8 대 2나 7 대 3으로 나눠 먹자거니, 아니면 6 대 4나 5 대 5로 나누자고 떠들어 댄다.

나는 이 암흑 행성이 싫다.

피로 홍건한 방석에 앉은 듯

이광수 | 부산외국어대학교 교수

06

　　2008년 9월 15일 민주노동당 권영길 의원이 15일 교육과학기술부
로부터 제출받은 자료에 따르면, 올해 시간강사의 평균 연봉 추정액
은 999만 원인 것으로 나타났다. 하지만 시간강사의 실제 급여는 이
보다 훨씬 열악하니, 그들의 평균 강의 시간은 주 4.2시간이고 이를
기초로 하여 (추정액이 아닌) 실제 평균 연봉을 계산하면 487.5만원이
다. 이는 전임 교수 평균 연봉의 4퍼센트 정도밖에 되지 않는 액수다.
한마디로 막노동보다도 헐값에 팔리고 있는 실정이다. 그런데 시간
강사들이 하는 강의는 전체 대학 강의의 50퍼센트 정도나 되니 불평

이광수는 델리대학교 대학원 역사학과 역사학 박사를 받은 후 현재 부산외국어대학교 러시아인
도통상학부 교수(인도사 전공)로 있다. 〈아시아평화인권연대〉 공동대표를 맡고 있다. 지은 책으
로는 『인도사에서 역사와 종교 만들기』, 『진보와 대화하기』가 있고, 옮긴 책으로는 『성스러운
암소 신화: 인도 민족주의의 역사 만들기』, 『테러리즘, 폭력인가 저항인가』, 『침묵의 이면에 감추
어진 역사』 등이 있다.

등도 보통 불평등이 아니다.

그럼에도 시간강사들이 묵묵히 참고 있는 것은 한국의 교수 채용 제도가 갖는 불합리성 때문이다. 전임 교수 채용에 대한 최종 권한은 총장이나 이사장에게 있지만, 대개는 해당 학과의 전임 교수가 그 권한을 상당 부분 행사하는 것이 보통이다. 채용 판단 기준은 연구 실적, 강의 경력, 공개 강의 능력 등이지만 보통은 그보다는 '원만한 성품' 혹은 '무난한 대인 관계'가 더 중요한 기준이 된다. 그런데 그 원만함이나 무난함을 평가하는 사람이 바로 그 학과의 전임 교수다. 이는 학과의 전임 교수가 실력이 부족하거나 하는 등의 문제가 있는 반면 응모자가 그 분야에 매우 뛰어난 연구 업적을 가지고 있는 경우 그 전임 교수가 얼마든지 그 응모자를 배척할 수 있는 기준이 되기도 한다는 의미다.

그 경우 연구 실적이 탁월한 응모자는 졸지에 대인 관계가 안 좋거나 성품이 무난하지 못한 사람으로 낙인 찍히는 경우가 종종 있다. 결국 응모자는 채용되지도 못하고 인간성만 나빠지는, 두 번 죽임을 당하는 꼴이 되는 것이다. 이에 대해 반론을 제기하면 보통 '다음 차례'라는, 협박도 아니고 미끼도 아닌 더러운 협잡의 말이 되돌아오기 일쑤다. 이때 참지 못하면 그 사람은 학계를 떠나야 하는 것이고, 참고 견디면 일생일대의 꿈이 이루어질 가능성이 생기는 것이다. 이런 판에 누가 불의를 보고 참지 말라고 말할 수 있겠는가? 시간강사와 전임 교수 사이에 놓인 그 엄청난 신분 차이를 아는 사람은 그 어떤 말도 섣불리 할 수 없다.

따라서 대학을 졸업하고 10년 남짓한 기간 동안 오로지 연구만 하며 전임 교수 되기에 일생을 건 시간강사 입장에서는 전임 교수들께

리의 파벌 싸움, 시간강사에 대한 불평등한 급여와 대우, 학교 당국의 비인권적 처우 같은 것에 불만을 표시할 수 없다. 후배를 아끼는 선배라면 누구든 참고 연구나 열심히 하라는 말밖에 할 수 없다. 이 글을 쓰는 나도 그랬고, 앞으로도 다르게 말할 자신이 없다.

결국 응모자는 선배 교수와의 인간관계를 챙기는 것이 무엇보다 중요한 일이 되고, 그러다 보니 연구에만 몰두할 수 없게 된다. 그렇지만 대개의 시간강사들은 그 와중에 이러지도 저러지도 못하면서 연구에만 몰두하고 있다. 그 틈에 연구라고는 전혀 관심도 없고 오로지 아부와 대인 관계에만 열중인 사람이 전임 교수들의 눈도장을 받고 결국 전임 교수가 되는 일이 비일비재하다. 특히 갈수록 대학 동문을 배타적으로 채용하는 풍토가 뿌리를 내리면서 이런 경향이 보편화되고 있다. 교수 채용 때 학연이 절대적으로 중요한 역할을 하면 후배 시간강사는 결코 제 목소리를 낼 수 없게 된다. 그것은 아직도 사람에 대한 평가가 공적 시스템보다는 사적 관계에 의해 평가되는 것이 더 옳고 정확한 것으로 받아들여지는 한국 사회에서 그 선배나 은사라는 사람이 응모자에 대해 어떻게 평가를 하느냐가 연구 실적보다 훨씬 중요한, 그야말로 절대적인 요소로 작용하기 때문이다.

결국 교수 채용 때 심사를 하는 서류는 무의미하거나 정당화시키는 과정에 필요한 최소한의 요건이고 정작 중요한 것은 힘 있는 동문 선배의 의지다. 이런 사실은 이 '업계'에서는 모두가 다 아는 비밀이다. 인사권을 쥐고 있는 전임 교수, 그것도 학교 선배가 부탁을 하는데 설사 그것이 부당하더라도 시간강사가 그 부탁을 들어주지 않기란 좀체 어렵다. 그러한 상황에서 응모자들이 힘 있는 선배에게 달라붙어 어떻게 해서라도 그를 구워삶으려고 애쓰는 모습은 처연하기까지하다. 그 과정에서 또 다른 연줄을 동원하기도 하고, 논문에 공동 저자로 등록시키기도 하며, 외국에 나가 자료를 찾아 번역하고 요약해 주는 일까지 한다.

전임 교수가 휴강과 결강을 밥 먹듯이 하고, 비리 혹은 제자 성추행 같은 죄를 짓는 경우에도 시간강사가 그에 대해 이의를 제기하기란 좀체로 힘들다. 전임 교수들끼리 이미 관행이라 부르곤 하는 침묵의 카르텔 속에서, 즉 그 어떠한 비판도 제재도 없는 상황에서 생사여탈권을 가지고 있는 그들에게 바른말을 하면서 버틸 수 있는 시간강사가 몇이나 되겠는가?

그렇지만 대부분의 전임 교수들은 묵묵히 자기 연구와 강의에 전념하느라 정신이 없다. 어느 대학이든 그런 비행을 일삼는 몇몇 무리들이 있어 문제가 되는 것이다. 나는 그들을 "조폭"이라 부른다 그들이 집단으로 행동하며, 형님·아우의 의리를 천하제일의 명분으로 삼고, 교육자로서 지켜야 할 당연한 도리마저 무시하고 사는 점이 조폭과 닮아서 그렇다. 그 조폭 집단 가운데는 연봉을 9천만 원씩 받는 정교수이면서 1년에 단 한 편의 논문도 쓰지 않는 사람이 허다하다. 정년 보장을 받은 후 십 년 넘게 단 한 편의 논문도 쓰지 않는 교수도 드물지 않다. 그렇지만 그들은 대개 학교 보직 인사에 적극적이고, 곳곳에 자기편을 심어 놓는 일을 잘한다. 그래서 그들에게 바짝 달라붙는 학문 후속 세대가 눈에 많이 띈다. 연구보다는 인간관계를 중시하는 그들 눈에 띈 시간강사는 결국 교수로 신분 상승을 하게 된다. 그런 뒤에는 조폭 집단의 새로운 일원이 된다. 이것이 현재 한국 교수 사회의 모습이다. 교수 사회는 자정 능력을 상실한 채 타락의 도가니에 들어선 지 오래다. 몇몇 대학에서 일부 예외는 있을지 모르겠지만, 절대

과언은 아니다.

　그러다 보니 한 학과 교수 전체가 동문 관계로만 이뤄지는 경우도 상당히 많다. 오죽했으면 같은 대학 출신을 몇 퍼센트 이상 채용하지 못하도록 하는 규정까지 만들었을까? 간혹 그 틈을 뚫고 연구 실적이 뛰어난 학문 후속 세대가 채용된 경우도 있다. 그 경우 그 사람이 기존의 전임 교수들과 좋은 관계를 유지할 리 없다. 그래서 전국적으로 같은 학과 내에서 싸움질하는 경우가 그렇게들 많은 것이다. 보통 학과의 규모가 큰 경우에는 그 싸움이 둘로 나뉘어져 벌어지는데, 그 이전투구 등쌀에 시간강사들만 동네북이다. 그리고 그 동네북은 꼭 그 이전투구 판 속에서 특정 집단에 속하도록 강요받는다. 그리고 이유를 막론하고 자기 집단에 속하지 않은 자는 일단 적이 된다. 이런

ⓒ이필수

대학 강사는 전임 교수만을 바라본다.

와중에 학문 후속 세대가 연구에만 몰두하고 있기란 참으로 어렵다.

시간강사에 대한 인사권을 전임 교수가 전적으로 가지고 있다는 사실 또한 교수 사회의 신분제를 더 악화시키는 요인으로 작용한다. 시간강사는 한 학기마다 임용을 한다. 그리고 그 임용권은 전적으로 학과 교수에게 주어져 있다. 그러다 보니 시간강사가 노예만도 못하다고 하는 사람들도 있다. 대학에서 엄연한 피고용자 신분인 전임 교수들이 학과 안에서는 강사에 대해 고용주 역할을 하게 된다. 참으로 희한한 시스템이다. 결국 강사들은 국립대학의 경우 정부에 대해, 사립대학의 경우 재단에 대해, 그리고 두 경우 모두 교수에 대해 이중으로 피고용자 지위에 놓인 셈이다. 일반 기업에서도 피고용 경영진이 인사권에 참여하는 경우가 있기는 하지만, 경영진이 아닌 엄연한 피고용자 교수가 또 다른 피고용자 강사들에 대해 인사권을 행사하는 것 같은 관계는 어디에도 없다. 같은 교육계인 초중등 학교는 물론이고 사회의 그 어느 곳에서도 찾아볼 수 없다. 그만큼 시간강사는 전임 교수에게 생사여탈권을 맡기고 있는 셈이다. 이런 상황에서 시간강사가 전임 교수 내지는 대학 사회에 교수 채용 시스템에 대한 개혁을 요구하거나 교원으로서의 정당한 대우를 부르짖는다는 것은 불가능하다. 이를 두고 이 '업계' 에서는 보통 '자살 행위' 라 한다.

현재 한국에서는 이러한 교수 사회를 뜯어고치려는 노력이 어느 곳에서도 시도되지 않은 채 방치되어 있다고 해도 과언은 아니다. 개인별로 신문이나 방송, 혹은 논문이나 책을 통해 울분을 토로하고 나름대로의 대안을 제시하는 경우는 없지 않았으나, 체계적이고 조직적인 운동은 거의 이루어지지 않고 있다. 유감스럽지만, 지난 20여 년 동안 한국 사회의 민주화를 위해 적지 않은 기여를 한 〈민주화를 위한 〈전국교수협의회〉나 〈교수노조〉와 같은 진보적인 단체에서도 이 문제에 대해서는 섣불리, 혹은 더 적극적이고 치열하게 덤벼들지 못하고 있다. 그들은 여전히 KTX 여승무원 문제나 기륭전자 비정규직 노동자 문제 같은 문제는 치열하게 고민하지만, 정작 그 어떤 문제보다 먼저 해결해야 할 동종 동업자 관계의 비정규직 교수 문제에서는 한 발 비켜서 있다. 그 문제가 너무나 얽혀 있어서이기도 하겠지만, 그들 역시 아는 듯 모르는 듯하는 사이에 전임 교수와 시간강사 사이에 놓여 있는 신분적 봉건 의식에서 자유롭지 못하기 때문일 것이다.

분명히 말하건대, 교수라고 하는 것은 직업일 뿐이다. 대학 강단에서 강의하고, 학문을 연마하는 직업인이 바로 교수다. 그런데 이 한국 사회에서 교수는 이미 신분으로 굳어 버렸다. 그리고 시간강사에 대

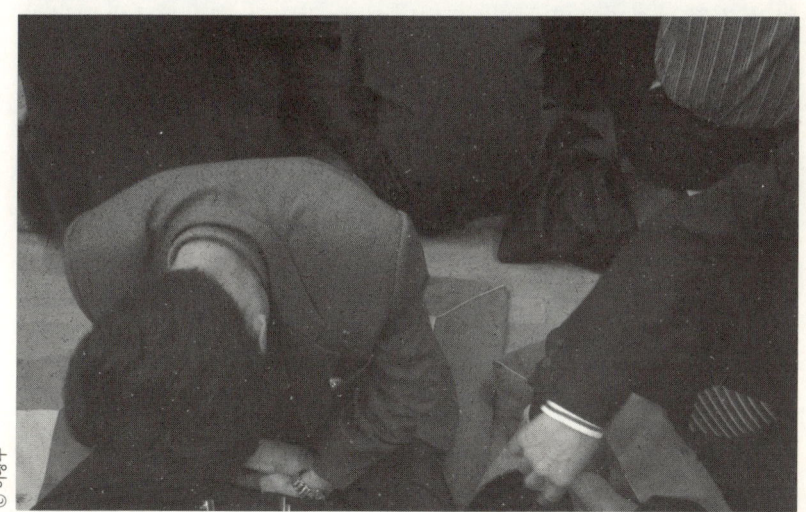

20년 넘는 강사 생활 끝에 교수가 되고, 밤새 축하주를 받았다. 이제 다음 날이면 신분 자체가 바뀐다.

한 차별 의식과 그들에 대한 전임 교수의 우월 의식이 신분으로서 교수직이 가지는 의미를 공고히 한다. 학생들은 자기 학과를 제외하고는 누가 시간강사이고 누가 전임 교수인지 잘 모른다. 혹 알게 되는 경우 학생들은 대부분이 시간강사는 '강사'로, 전임 교수는 '교수'로 분리하여 대접하는 것이 보통이다. 그들에게는 모두가 다 스승이고 교수지만, 대학 사회에서는 전임 교수만이 교수로 대접을 받는 것이다. 이것이 시간 강사들을 좌절하게 하는 것이다.

전임 교수는 전임으로서 의무 시수(큰 대학의 경우 6시간, 보통 대학의 경우 9시간)만 이행하면 그 밖의 어떤 행동도 간섭받지 않는다. 방학은 물론이고 학기 중에도 수업이 있는 날만 제외하고는 출근을 하지 않아도 된다. 자유로운 분위기에서 강의 준비를 하고 연구에 몰두해야 하기 때문이다. 그리고 이를 뒷받침해 주기 위해서 나름대로의 충분한 물질적 대우가 뒤따른다. 그런데 대학 강의의 50퍼센트를 담당하고, 전임 교수와 똑같은 연구 활동을 하는 시간강사에 대해서는 강의와 연구에 대한 물질적 뒷받침도 없고, 사회적 대우 또한 없다. 교수는 한 학기에 4개월 근무하고 6개월 급여를 받는데(그렇다고 방학 때 특별히 업무를 보는 것도 아니다) 시간강사는 4개월 급여만 줄 뿐 방학이 되면 다시 실직자가 된다. 그리고 그 다음 학기에 또 다시 부름을 받아야 한다. 물론 그 전임 교수에게. 부름을 못 받으면 자연 도태다. 그 흔한 해고 통보 하나 없다.

전임 교수는 온갖 곳에서 원고, 자문, 강연 등의 청탁을 받는다. 사람에 따라 다르지만 그 수입이 상당하다는 것은 두말 할 필요도 없다. 물론 전문성을 고려해 볼 때 지금의 원고료나 강연료가 정당한 대우라거나 아직도 일부 부족한 수준이라는 논쟁이 가능하다. 다만 그런 기회가 시간강사에게는 거의 주어지지 않는다는 사실이 중요하다. 일부 신진 인력을 제외하고는 시간강사라고 해서 전임 교수보다 학문의 깊이나 전문성이 부족하거나 더 못하지는 않다. 그런데 그들에게 자문이나 강연 등의 기회는 거의 오지 않는다. 설사 온다 해도 시간강사들이 그 청에 응할 수가 없다. 벌써 연구는 안 하고 돈에 눈이 먼 사람으로 낙인찍히는 것이 두려워서다.

그래서 전임 교수와는 달리 시간강사에게 추가로 주어지는 소득은 거의 없다. 물론 스스로 글을 써 원고료를 받거나 하는 경우가 있지만 현실적으로는 매우 제한되어 있다. 유일한 수입인 강의료는 시간당 5만 5천 원에서부터 시간당 2만 원 정도까지 천차만별이니, 평균 3만 원의 시간 수당을 받으면서 1주일에 평균 6시간을 강의하는 강사라면 한 달 급여가 72만 원인 셈이고, 여섯 달 몫으로 넉 달 동안 받는 급여가 3백만 원이 못 된다는 결론이 나온다. 결국 한국 정부가 책정하는 최저생계비에도 못 미치는 액수다. 게다가 4대 보험도 가입이 되어 있지 않아 최저 수준의 복지 혜택조차 받을 수가 없다.

적어도 1992년 김영삼 대통령 정부 이후 지금의 이명박 정부에 이르기까지 모든 정부는 하나같이 대학 경쟁력 강화를 외치고, 이를 위해 노력하고 있다. '두뇌 한국'이네, '인문 한국'이네 하는 갖가지 프로그램을 만들어 내고 갖은 아이디어를 동원해 대학 경쟁력 강화에 매진하고 있다. 그 사이 말도 많고 탈도 많지만, 전임 교수에게 연구 실적 제고를 강요하다 보니 나름대로의 성과가 있는 것 또한 전적으로 부인할 수 없는 사실이다. 하지만 대학 수준의 질적 제고에서 무엇보다도 중요한 연구 인력과 교육 인력 확보는 아무런 성과가 없다. 교육부 국정감사에 따르면 2007년 국내 대학의 교원 일인당 학생 수는

31.2명이다. 이는 2004년 경제협력개발기구(OECD) 회원국 평균 15.5 명에 비해 두 배 이상으로 회원국 중 가장 높고, 가장 열악한 수준이다. 그런데도 대학에서 교육이 멀쩡하게 돌아가고 있는 것은 그 공백을 6만 명 정도의 시간강사들이 메우고 있기 때문이다.

시간강사들의 생활고는 개인에 따라 다르다. 그 가운데는 배우자가 돈을 많이 벌거나 부모에게 재산을 많이 물려받아 꽤 부유하게 사는 경우도 있을 수 있고, 새벽에 우유 배달을 해 가며 생계를 겨우 잇는 사람도 있을 수 있다. 후자는 물론이고 전자도 마찬가지로 전임 교수와 차별 대우를 받으면서, 교육자로서 정당한 대우를 전혀 받지 못하는 상황에 심한 자괴감을 느끼고 있다. 최근 설문 조사에 따르면 그들 가운데 절반 이상이 부당한 대우 때문에 우울증을 느낀 바 있다고 한다. 자살을 생각해 본 적이 있다는 사람이 상당수에 이르리라는 것은 분명한 사실이다.

한국 사회에서 시간강사를 이렇게나 억울한 지경으로 내몬 것은 인건비를 줄이고자 강의의 많은 부분을 강사로 메우는 대학 당국, 그리고 경쟁과 효율이라는 시장 논리에만 함몰된 채 교육자로서의 정당한 처우는 거들떠보지도 않는 정부 때문이기도 할 것이다. 하지만 그보다는 자신의 신분을 즐기면서 기득권에 안주한 채 비정규직 교수문제를 방관하고, 더 나아가 그 죄악의 카르텔에 침묵으로 동조하는 정규직 교수가 가장 우선적이고 큰 책임을 져야 함은 의심의 여지가 없을 것이다. '시간강사'라 불리는 비정규직 대학교수, 그들의 희생은 곧 전임 교수의 혜택이다. 교수 급여의 대부분을 학생 등록금에만 의존하고 있는 것이 대한민국의 현실이기 때문에 그렇다.

2007년 가을, 한국에서의 비정규직 교수 문제를 사회 전체에 알리고, 그 문제를 해결하기 위한 구체적인 방편의 일환으로 『한겨레신문』에 릴레이 광고를 시작할 때의 일이다. 처음에는 불과 몇 사람이 움직였으나 시간이 갈수록 효과가 나기 시작했다. 그때 광고 게재 일을 맡아 한 내게 어느 정규직 교수가 광고 게재를 부탁하면서, 전화로 이런 말을 했다. "시간강사 문제만 생각하면, 지금 제가 앉아 있는 이 자리가 그분들의 피로 흥건한 방석인 것처럼 느껴집니다."

유학생의 편지

—나의 미래도 자살인가

박강성주 | 영국 랭커스터대학교 박사 과정

불안, 근심, 걱정, 초조……. 이것이 지금 정확한 나의 심정이다. 때문에 이 글은 매우 '주관적'이며 '감정적'으로 읽힐 수 있다. 아울러 나의 이야기는 개인적이고 정치적이다. 때문에 이 글은 매우 '시시'하고 '편파적'으로 읽힐 수 있다. 나는 나름대로 정직하게 글을 쓰려고 한다. 이에 대한 해석과 판단은 읽는 분들의 몫이다. 처음부터 너무 무게를 잡은 게 아닌지 모르겠지만, 아무튼 이야기를 시작해 볼까 한다.

박강성주는 '나'와 분리될 수 없는 고통, 기억, 권력, 젠더를 고민하며 이들을 '나의 언어'로 풀어내기 위해 공부하고 있다. 긴장과 두려움을 글쓰기의 힘으로 전환시키고자 몸부림친다. 지은 책으로 『KAL 858, 진실에 대한 예의: 김현희 사건과 '분단 권력'』(선인, 2007)이 있다.

공부 체질

여기는, 영국이다. 그리고 컴퓨터 앞에 앉아 이 글을 시작하기까지 참으로 긴 이야기가 있었다. 무엇보다 먼저 컴퓨터를 전원에 연결시킬 수가 없었다. 한국의 경우 보통 핀이 두 개 달린 플러그를 쓰지만 이곳에서는 핀이 세 개 달린 플러그를 쓴다. 게다가 구체적으로 내 컴퓨터 플러그에는 16암페어라는 단위가 씌어 있지만, 이곳에서 산 플러그에는 13암페어라는 단위가 씌어 있다. 처음에는 얼마나 불안했는지 모른다. 혹시나 컴퓨터에 문제가 생겨 글을 쓰지 못할까 봐 말이다. 원고 마감일은 다가오고 정신은 없는데, 컴퓨터마저 사용할 수 없으면 어쩌나 걱정이 컸다. 그렇다. 불안, 이야말로 이 글을 관통하고 있는 감정일지 모른다. 자신의 존재를 증명하기 위한 최소한의 조건이 부족한 상태. 그리고 여기에서 오는 근심, 걱정, 초조.

유학을 앞두고, 나는 한 가지 모험을 했다. 우연히 내가 공부하게 될 분야의 발제를 간략히 하게 되었는데, 무리를 좀 했다. 누가 점수를 매기는 것도 아니고, 누가 못한다고 손가락질 할 일도 아닌데, 정말 최선을 다했다. 짐을 챙기고 물건 사는 일을 제쳐두고, 오로지 발제 준비에만 몰입했다. 아침과 낮에는 발제 준비를 하고, 저녁에는 피곤한 몸으로 환송회 나가는 일을 되풀이했다. 출국일은 점점 다가오는데 발제 준비는 좀처럼 진도가 나가지 않고. 그렇다고 출국 준비를 하자니, 왠지 발제 준비에 소홀해질 것만 같고……

이 대목에서 어떤 분들은 궁금해하실 것이다. 아니, 그 발제 준비라는 게 그렇게 중요한 건가? 출국을 앞두고 준비할 게 한두 가지가 아닐 텐데, 그렇게 책상 앞에만 앉아 있으면 어떻게 하겠다는 거지?

그래, 바로 이 지점이다. 나는, 공부가 좋다. 책을 읽고 있으면, 뭔가 편안해진다(내가 '나의 일'을 하고 있다는 느낌). '잘하고 못하고를 떠나서', 공부하는 게 좋다. 공부하는 게 '체질'인 것 같다. 그래서다. 그렇게 무리해서 하지 않아도 될 그 발제를, 조금 무리를 하며 준비했다. 출국을 앞두고 시간이 없었지만, 그래도 최선을 다했다. 덕분에, 평소라면 한 달 정도의 여유를 두고 준비했을 여러 가지 것들을, 일주일 정도 만에 급하게 해치워 버릴 수밖에 없었다. 그래서 컴퓨터 전원 플러그도 미리 준비하지 못해 고생했던 것이다. 그리고 여기 오기 전에 미리 쓸 수 있었던 이 글도, 이제야 시작을 하게 된 것이다.

어떤 분들은 말씀하실 거다. '별 이상한 사람도 다 있네. 공부하는 게 좋다니. 공부하는 게 체질이라니. 좀 이상한 사람 아닌가?' 사실, 나 역시 내가 좀 이상하다. 남들은 그렇게 하기 싫어하는 공부를 왜 이렇게 좋아하는 걸까. 글쎄. 나도 궁금하다. 세상에 '공부 체질'이라는 것도 있는 걸까. 물론 나는 평소에 공부라는 말을 매우 넓은 의미로 쓰고 있지만, 이 글에서는 편의상 아주 좁은 의미에서 '공부'라는 말을 쓰려고 한다(예컨대, 책을 읽고 글을 쓰는 그런 공부 말이다). 또한 여기에서 내가 '체질'이라는 말을 쓰고 있는데, 그것은 누군가만의 무엇이다, 본래 그렇다 등등의 뭔가 미리 정해져 있는 어떤 정체성을 뜻하는 것도 아니다. 그냥 나 자신에 대해 생각해 볼 때, 이런 점은 뭔가 다른 것 같다, 정도의 생각을 나타내기 위해 쓰는 말일 뿐이다. 예컨대 내가 장애와 젠더에서 지금과는 '다른' 위치에 있었다면, 공부하는 것 자체, 또는 유학 가는 것 자체에서 달라졌을 부분이 많았을 것이다.

그렇다. 여기까지 읽고 대체로 짐작하시겠지만, 나는 공부하는 학생이다. 구체적으로는, 공부하는 것이 즐거운 그래서 공부하는 것을

'진로'로 선택한, 유학생이다.

자살을 기억하는 방식

내가 대학원 공부를 시작했을 무렵, 어느 시간강사가 자살을 했다는 기사를 봤다. 그 기사에는 관련 홈페이지 주소도 있었는데, 여러 가지 생각을 하며 조심스럽게 그 홈페이지를 찾았다. 기억이 맞는다면, 그곳은 시간강사들과 대학원생들이 주로 회원으로 있는 공간이었다. 그곳에는 시간강사들의 생활과 학문에 대한 고민 등이 진솔한 목소리로 그려지고 있었다. 얼마나 시간이 지났을까. 정신없이 그 홈페이지를 살펴보던 나는, 그만 후회를 하고 말았다. 아, 괜히 찾아왔구나…….

그랬다. 왠지 모르게 마음이 심란해지는 것 같았다. 그 심란함은 한마디로 다음과 같은 생각 때문이었다. '나도 이렇게 되는 건가?'

그리고 결심했다. '대학원을 졸업할 때까지는 다시는 이곳을 찾지 말자.' 마음이 너무 심란해져서 공부가 안 될 것 같아서였다.

시간강사의 비극에 대한 첫 기억은 바로 이런 것이었다. 그것은 학부 생활을 하며 가끔씩 느껴 왔던 강사 선생님들의 어려움과는 차원이 다른 것이었다. '나의 미래도, 자살로 이어지는 건가? 이렇게 미래가 불투명한데 공부를 계속해야 하는 건가?' 그리고 나는 자신과의 '약속'을 지켰다. 그 뒤로 그곳을 찾지 않았던 것이다. 그렇게 나는 어느 시간강사의 죽음을 멀리 떠나보냈다.

그리고 시간이 흘렀다. 사정이 있어 연기했던 유학을 결심하고 입학이 결정됐을 무렵, 신문에서 기사를 봤다. 어느 시간강사가 자살을 했다는. 또, 자살이구나⋯⋯. 그런데 이번에는 나 자신이 여러 가지 면에서 달라져 있었다. 무엇보다 공부하는 이로서의 본격적인 훈련을 위해 유학을 가기로 되어 있었고, 게다가 학자의 삶은 어떤지를 알고 싶어 『교수신문』을 구독하고 있었다. 그리고 바로 이 신문을 통해, 시간강사의 자살 소식을 접했다. 신문에는 시간강사의 자살에 대한 이야기가 비교적 자세히 나와 있었다. 유서도 얼핏 보였다. 신문을 보고 그날 공부를 하지 못했다. 심란한 마음에 도저히 책을 볼 수 없었다. 결국 후회했다. 아, 괜히 봤구나⋯⋯.

그러다 어느 순간, 소스라치게 놀랐다. 바로 몇 년 전, 시간강사의 자살 소식에 어느 홈페이지를 찾았던 기억이 났던 것이다. 그때와 어쩌면 그렇게 비슷한 느낌이었는지, 놀라지 않을 수 없었다. 그리고 이 느낌의 정체가 과연 무엇인지 궁금해졌다. 시간강사의 자살에 관심을 가지면 가질수록, 공부하기가 어려웠다. 너무나 혼란스럽고 불안했기 때문이다. 그래서 또 결심했다. '지금은 앞으로 공부하게 될 전공 책을 읽어야 할 시점이야. 언어(영어) 공부도 열심히 해야 하고. 그러니, 너무 관심을 갖진 말자. 내 자신이 어느 정도 안정될 때까지는 관련 기사를 보지 말자(그러면서도 그 신문기사를 조심스럽게 오려서 보관했다).'

그렇다. 위의 두 기억은 나에게는 잊고 싶은 그 무엇이었다. 사람의 마음을 어찌나 심란하게 하던지, 몹시 불안하고 두려웠다. 요약하면 이런 것이었다. '나의 미래도⋯⋯ 자살인가.'

부끄러운 나를 돌아보며

그리고 또 얼마가 지났다. 어느 날, 〈비정규교수노동조합〉 선생님들이 천막 농성을 하고 있다는 소식과 국회 앞에서 일인 시위를 하고 있다는 소식을 들었다. 사실 시위 소식은 이전부터 들어 왔지만, 이번에는 너무나 다른 느낌이었다. 무엇보다 나 자신이 부끄러웠다. 내가 할 일을 그분들이 해 주고 있구나. 나의 미래를 위해 저렇게 애쓰고 있구나……. 그랬다. 왠지 가만히 있을 수 없었다. 나도 뭔가를 해야겠다는 절박한, 그리고 절실한 그 무언가가 바닥을 치고 올라왔다.

그래서 움직였다. 국회 앞 천막을 찾게 된 것이다. 약간은 쑥스럽고 어색한 마음으로 음료수 한 상자를 사들고 천막을 찾았다. 김동애 선생님이 천막을 지키고 계셨다. 쑥스러운 마음으로 음료수를 전해 드리고 이런저런 이야기를 나누었다. 그리고 얼마 후, 김영곤 선생님도 뵐 수 있었다. 그렇게 김동애 선생님, 김영곤 선생님과 대화를 나누다가 일인 시위 이야기가 나왔다. 나에게는 마음의 빚이랄까, 이런 게 있었기 때문에 일인 시위에 참여하겠다고 말씀드렸다. 바로 그 순간이었던 것 같다, 내가 비정규 선생님들의 싸움에 조금이나마 함께하기 시작한 순간이.

하지만 고백하건대, 나는 매우 이기적인 생각을 했던 것 같다. 천막을 찾아간 것으로 내 할 일을 다한 것이라 생각했다. 그래, 이렇게 찾아뵈었으니 이제는 다시 '나의 일상'으로 돌아가자. 이제는 '나의 할 일'을 하자……. 사실 그래서였다. 내가 일인 시위를 하겠다고 말씀드렸던 것은, 바로 이 문제에 대한 관심의 끈을 놓지 않기 위한 '최소한의 안전장치'였던 셈이다.

그리하여 국회 앞에서 일인 시위를 하게 되었다. 그리고 며칠 후, 어느 대학 신문사 기자에게 연락이 왔다. 대학원생으로 일인 시위를 한 것과 관련해 잠깐 이야기를 나눴으면 한다는 것이었다. 나는 망설였다. 거우 일인 시위 한 번 한 것 가지고 이렇게 인터뷰까지 해야 할까. 난 그저 다른 선생님들이 해 온 싸움에 간신히 한 번 동참한 것뿐인데. 그리고 나보다 훨씬 더 열심히 함께하고 계시는 분들이 많을 텐데, 내가 어떤 자격으로 무슨 이야기를 할 수 있을까. 거우 시위 한 번 한 것뿐인데.

그랬다. 나는 나 자신이 걱정스러웠다. 거우 시위 한 번 한 것으로 대학 신문에 내 이야기가 실리게 되었을 때 괜히 우쭐해지지는 않을까, 그게 걱정되었다. '그래, 이렇게 대학 신문에도 나오고. 난 정말 훌륭한 사람이야.' (사실 인터넷 신문에 연재한다는 이야기를 들었을 때도 이런 고민을 했다. 물론 원고를 쓰느라 이렇게 고생하고 있지만) 그래서 이런 비슷한 이야기를 기자분께 했고, 고민 끝에 짧막하게 전자우편으로 의견을 말하는 것으로 대신했다. 말 그대로 아주 짧막한 분량이었지만, 나름대로 비정규 교수 문제에 대해 진지하게 고민하는 시간을 갖게 되었다. 내 고민은 이것이었다. 왜 학문에 대한 열정이 자살로 이어질 수밖에 없는가. 자신이 하고 싶은 일을 하는데, 왜 그것이 자살로 귀결되는가. 혹은 자신이 하고 싶어서 한 일이 아니었더라도 왜 그것이 자살로 이어져야 하는가. 그렇다면 나도, 자살을 할 수밖에 없는 것인가.

대학원생은 무엇으로 사는가

일인 시위를 하고 난 뒤, 한 가지 뜻밖의 사실을 알게 되었다. 바로 일인 시위에 참여한 대학원생은 내가 처음이었다는 사실이다. 그 말을 처음 들었을 때 이해가 되지 않았다. 아니, 대학원생이 자신의 일이 될지도 모를 이 문제에 이렇게도 관심이 없단 말인가. 하긴, 따지고 보면 나 역시 여기에서 자유로울 수는 없었다. 나 역시 그동안 거의 무관심했다가 계속되는 자살 소식을 듣고, 또 유학을 앞둔 상황에서 미래에 대한 고민을 하는 과정에서 그나마 함께하게 되었으니까. 그렇더라도, 그동안 단 한 명의 대학원생들도 함께하지 않았다는 사실에 잠시 충격을 받았다.

그러나 한편으로 그것은 충분히 이해할 수 있을 만한 일이었다. 한국 사회에서 교수와 대학원생 관계를 생각해 보면 그렇다. 대부분의 지도 교수는 바로 정규직 교수, 즉 전임 교수라고 할 수 있다. 이런 상황에서 단적으로 말해, 비정규 교수 문제에 관심을 두고 활동하는 대학원생이 있다면, 그 학생을 정규직 교수가 고운 시선으로 바라보기는 쉽지 않을 것이다(물론 모든 정규직 교수가 그렇다는 이야기는 아니다). 내가 봤을 때, 지식 노동 시장의 권력 관계에서 비정규 교수와 정규직 교수는 불가피하게 긴장 관계에 놓여 있기 때문이다. 또한 지도 교수 챙기랴, 논문 쓰랴, 프로젝트 하랴 바쁜 대학원생이 쉽게 시간을 내어 비정규 교수 문제에 관심을 갖기란 상당히 어려운 일이라고 생각된다. 나야 유학을 앞둔 상황에서 비교적 시간 관리가 자유로운 입장이었기에 그나마 함께할 수 있었던 것이다. 그러니 보통의 대학원생이 이런 문제에 관심을 가지고 적극적으로 함께하기란 매우 어려운 일이 아닐까 싶다.

그러면서 (한국에서의) 대학원 생활을 돌아보게 된다. 이 이야기는 내가 공부했던 학교, 그리고 함께 생활했던 분들에게 누를 끼치는 일이 될 수도 있어 솔직히 망설여진다. 그래도 잠시나마 몇 가지 기억을 더 들어 볼까 한다.

먼저 기억나는 것은, 교수와 학생의 상명하복 관계다. 선생님들 앞에만 서면 나는 왜 그리도 작아졌던 것일까. 교수와 학생의 위계 관계가 아니었다면, 몇몇 선생님들의 개인적인 심부름을 비롯해 여러 가지 일들을 처리하지 않았을지도 모른다. 만약 부탁을 거절하면, 나쁜 학생으로 찍히지 않을까, 학교생활이 불편해지지 않을까, 논문 심사에서 불리하지 않을까 하는 생각을 적지 않게 했던 것 같다(물론 모든 일을 그렇게 받아들였다는 뜻이 아니다. 참고로 나는 내가 공부했던 학교가 그나마 다른 대학원에 비해서는 여러 가지로 괜찮은 공간이었다고 생각한다).

또 하나의 기억은 바로 학술지 심사에 관한 것이다. 나는 어느 학술지의 편집 간사를 맡은 적이 있는데 이른바 '학진 등재지'[*]가 되기 위한 심사율이 문제가 된 적이 있다. 편집회의에서 어떤 선생님이 대학원생을 포함해 다른 사람들의 논문 투고를 독려하고 그래서 그 논문들을 일부러 탈락시켜서 심사율 문제를 해결하면 어떻겠냐는 제안을 했다. 그러자 바로 그것은 정직한 일이 아니다, 그런 일은 있을 수 없다고 또 다른 선생님이 말씀하셨던 걸로 기억한다. 그 일이 있고 나서 한참 뒤에야 나는 그것이 학진 등재지가 되기 위한 여러 방법 중 하나라는 사실을 알게 되었다. 이 방식은 매우 일반화된 것으로 여러 차례 문제 제기됐던 것이기도 하다.

또한 교수 사회 내지 학문 세계가 상당히 공고한 학연과 인맥 관계로 얽혀져 있다는 것은 누구나 알 만한 사실이다. 그래서 특정 학연 관계, 인맥 관계에서 벗어나 있는 사람은 여러 가지 차원의 소외감과 마주치게 된다. 이에 대한 이야기는 길게 하지 않아도 무슨 의미인지

---

[*] 학진 등재지는 〈한국학술진흥재단〉이 연구 업적으로 인정하는 학술지를 말하며 대학의 연구, 채용, 승진에 반영한다.

짐작하실 수 있을 것이다.

　어떤 분은 이렇게 생각하실지 모르겠다. '그렇군요, 한국 대학원 생활이 이렇다 보니, 외국으로 나가나 보군요.' 글쎄, 그럴 수도 있겠다. 하지만 나의 경우 관심사가 한국에서는 공부하기 어려운 분야라는 점이 크게 작용했다. 말이 나와서 말인데, 외국이라고 해서 한국에서와 같은 대학원 관행이 전혀 없다고 할 수는 없을 것이다. 문제는 이런 문제들을 어떠한 방식으로 투명하고 민주적으로 풀어 나가냐는 것이다. 이 비정규 교수 문제 역시 마찬가지라고 생각한다. 학문 세계에서의 권력관계가 비정규 교수 문제를 구성하고 있는 핵심 요소 중 하나라고 생각한다. 누군가의 목소리가 어떤 힘에 의해 끊임없이 통제되는 구조, 동시에 자신의 목소리를 스스로 검열하며 체념하는 방식, 그리하여 결국 그러한 목소리가 있는지조차 알 수 없게 되는 그 무엇. 바로 이 지점이 비정규 교수 문제의 핵심 중 하나라고 생각한다.

공부하다가 죽고 싶은 소망

　불안한 마음으로 글을 시작했는데, 어느덧 이렇게 마무리를 하게 되었다. 불안이란 그런 것 같다. 극복하기보다는 공존해야 하는 그 무엇이 아닐까 싶다. 그리고 그것을 글쓰기의 자원, 사유의 힘으로 전환시키는 게 필요하지 않을까. 어차피 불안 없이 살 수 없다면 말이다 (하지만 이 말도 사실은 배부른 소리인 것 같다. 나 자신부터가 처음 글을 시작하기 전까지는 불안한 마음에 이런 생각을 할 여유가 없었으니까. 당장 절박한 상황에 있는 사람에게 불안은, 그저 불안일 뿐이다. 자신의 존재 자체가 위태로운 상황. 어쩌면 비정규 교수의 삶이 바로 이런 게 아닐지).

이제 나의 소박한 꿈을 말씀드리면서 글을 마무리할까 한다. 책을 읽다가, 혹은 글을 쓰다가 삶을 마감하고 싶은 것이 내 꿈이다. 그만큼 공부하는 게 좋다. 어쩌면 스스로 '공부 체질'이라고 억지를 부리며 여기까지 왔는지도 모른다. 아무튼 난 공부하다가 죽고 싶다. 다만, 나의 죽음이 누군가에게 이와 같은 글을 쓰게 하는 슬픈 죽음은 아니기를 빈다.

―자살보다는 좀 더 다른 방식의 삶을 바라는
어느 유학생 드림.

2008년 2월 자신의 삶을 마감하신(그리하여 이 글을 쓰게 한 직접적인 계기가 되었던) 고 한경선 선생님, 그리고 비슷한 길을 갈 수밖에 없었던 많은 분들의 명복을 빈다. 아울러 김동애 선생님과 김영곤 선생님을 비롯한 수많은 분들의 싸움을 지지한다는 말씀 덧붙인다. 관련법을 다루게 될 18대 국회의 책임 있는 답변을 촉구한다.

인재 강국의 지식 사회,
그 요란한 위선

강수돌 | 고려대학교 교수

인재 강국의 지식 사회?

"한국은 삼면이 바다이고 70퍼센트가 산이어서 별로 뻗쳐 나갈 데
가 없는 데다 석유 등 천연자원도 별로 없기 때문에 한국이 살 길은
'인재', 즉 '값싸고 질 좋은 노동력'을 활용해 수출을 많이 하는 길
밖에 없다."

정확히 기억은 안 나지만 내가 1968년에 초등학교를 입학한 이후
십여 년간 귀에 못이 박히도록 들은 말이다. 교과서와 참고서는 물론,
담임 선생님 말씀, 월요일과 토요일 운동장 조회 시간의 교장 선생님

강수돌은 돈의 경영보다는 삶의 경영을, 사다리 질서가 아닌 원탁형 구조를 추구하는 대학 선
생으로, 2005년 5월부터 조치원 마을 이장을 하며 주민들과 함께 고층 아파트 반대 투쟁을 해
왔다. 저서로 『자본을 넘어, 노동을 넘어』, 『살림의 경제학』, 『경쟁은 어떻게 내면화되는가』,
『일중독 벗어나기』, 『나부터 교육혁명』, 『노동의 희망』 등이 있다.

말씀, 어른들 말씀, 신문이나 잡지, 텔레비전에서 나오는 이야기들, 뉴스 시간에 하던 이야기들, 이 모든 곳에서 반복적으로 들었다. 우리 나라가 살 길은 오직 '사람' 밖에 없다는 것이다. '밥 먹듯이' 자주 들었다. 아니, 아마도 하루 세 끼 밥 먹는 것보다 더 자주, 더 강도 높게 들었는지도 모른다. 이것이 바로 '세뇌 교육'의 핵심이던가. 그래서 나도 그렇게 믿었다. 그러나 이제는 안 속는다.

얼핏 듣기에 앞의 말은 '사람이 중요하다'는 말이니, 이 얼마나 소중한 말인가? 그러나 현실은 불행히도 '사람을 함부로 이용'하는 것으로 나타났다. 이것은 마치 경영학에서 '인적 자원 관리Human Resources Management'가 급부상하면서 이론적으로는 인간 노동력을 비용cost으로 보던 관점이 아니라 자산asset이나 투자investment로 보는 관점을 강조한 반면, 실제 현실에서는 핵심 노동력과 주변부 노동력으로 분할 통치하는, 황당한 결과를 초래한 것과 비슷하다.

따지고 보면 앞의 인용문은 수출을 통해 돈을 벌고자 했던 기업과 그 근처에서 떡고물을 노리던 극소수 사람들의 입장만 반영하고 있다. 그런 논리로 '경제성장'을 하기 시작한 지 50년이 지난 지금 그간의 과정을 솔직히 성찰하면 잘못된 것이 한둘이 아니다.

첫째, 모든 나라가 동일한 천연자원을 다 가질 수 없다. 각 나라 나름의 특이한 천연자원이 있기 마련이다. 삼면이 바다이고 70퍼센트가 산이란 것도 어떻게 보면 고유의 소중한 천연자원이다. 이미 윤구병 선생이 『조그마한 내 꿈 하나』 및 『잡초는 없다』에서 지적한 바 있듯, 동, 서, 남쪽 바다에 온갖 해산물을 기르고 오염이 되지 않도록 잘 관리만 한다면 '무한히' 해산물을 건져 올릴 수 있다. 또 70퍼센트의 풍부한 산에 온갖 좋은 나무를 심고 약초와 나물, 꽃을 심거나 길러

조심조심 활용하기만 해도 '엄청난' 산림자원과 먹을거리가 나온다. 삼면의 바다와 70퍼센트를 단점으로만 보지 말고 더 적극적으로 장점으로 만들려는 기획과 의지가 중요하다는 말이다. 스웨덴과 핀란드는 울창한 숲을 활용하여 먹고살 길을 잘 개척했고, 스위스는 넓은 평지와 구릉지를 잘 활용하여 관광과 농축산업으로 먹고살 길을 개척했다. 반면 자원이 많은 나라는 제국주의 침탈로 오히려 시달림을 받는다는 '자원의 역설'까지 있다. 따지고 보면 우리는 늘 타자의 장점을 부러워할 줄만 알았지, 우리의 장점을 들여다볼 줄 몰랐다. 오히려 그 장점을 이제는 모두 망가뜨려 버렸다. 금수강산이 오염 강산으로, 넓은 농경지가 공장과 고층 아파트 단지로 둔갑해 버렸다. 애국가에 나오는, "동해물과 백두산이 마르고 닳도록" 파괴해 버렸으니 "하느님이 보우하실" 땅이 더 이상 없다. 이제 애국가도 바꿔야 할 판국이다.

둘째, 한국이 살 길은 '사람' 밖에 없다는 말이 얼핏 사람을 중시하는 전략을 채택한 것 같지만, 사실상 사람을 헐값의 노동력으로 이용만 해먹기 위한 전략에 불과했다. '인재'라는 말조차 결국은 써먹기 좋은 '인간 목재'가 아닌가. 1960년대와 1970년대의 전태일이나 동일방직 노동자의 삶, 1980년대와 1990년대의 현대자동차와 대우조선 노동자들 삶 속에 상징적으로 나타나듯, 한국의 노동자들은 무슨 화려한 기념식 같은 데서 '산업 전사', 또는 '수출 역군'으로 위선적 칭송을 받을 때만 존중받았지, 일상적 노동과정이나 노사관계, 사회적 삶에서는 늘 푸대접을 받았다. 1987년 노동자 대투쟁과 민주 노조 운동의 활성화 이후 그나마 노동자의 권익이 신장되기는 했지만 여전히 장시간 노동과 비인간적 노동조건에 시달린다. 비록 임금이 오르기는 했지만, 물가 상승과 필수 지출의 증가로 실질 임금 효과는 그렇게

대학 강사의 정당한 권익 향상을 위해 노조 결성은 반드시 필요하다.

높지 않다. 특히 1990년 이후 급증한 비정규직 노동자나 이주 노동자들이 직면한 상황은 마치 1960년대와 1970년대의 노동조건을 재현하는 듯하다.

셋째, 자원 부족과 인재 강조를 통한 '수출 지향적 경제개발' 전략 자체의 문제다. 현재 한국의 무역 의존도는 70퍼센트 이상이다. 특히 식량의 자급률은 쌀을 포함해서 25퍼센트 정도이고 쌀을 빼고 석유 의존도를 감안하면 순수한 자급률은 5퍼센트도 안 된다고 한다. 스스로 살아갈 능력이 5퍼센트도 안 되니 이 얼마나 위험한 사회인가? 1960년대 초에 1인당 국민소득 80달러에서 2007년 말 2만 달러가 되어 약 250배 부자가 되었으나 그것은 돈벌이 차원의 이야기고, 살림살이 차원에서는 자립 능력이 5점밖에 안 된다는 말이다. 따지고 보면 수출 지향적 경제란 우리가 가진 자연과 인간의 생명력을 효과적으로 추출하고 상품화하여 세계시장에 팔아 달러를 많이 번 다음 그 돈으로 살림살이를 해결하고 행복하게 살겠다는 전략이다. 지난 50년 동안 우리는 자연과 사람의 생명력을 무자비하게 추출하여 돈벌이는 250배 성장했으되, 자연과 사람은 망가질 대로 망가지고 말았다. 1997년의 '외환 위기' 내지 'IMF 사태'는 단순한 경제 위기가 아니라 지금까지의 경제 성장 패러다임의 파산을 선고하는 것이었으며, 따라서 근본적 반성 위에 완전히 새로운 출발을 해야 함을 알려 주는 신호탄이었다. 그러나 그 뒤 십 년은 불행히도 새 출발이 아니라 '과거의 영광'에 대한 향수만 안고 포장만 새로 한 채 맹목적으로 앞으로 달려가는 꼴이었다.

바로 이 시점에서 '지식 사회' 또는 '지식 기반 경제' 같은 새 포장이 등장했다. 1996년 OECD의 정의에 따르면, 지식 기반 경제란 "지식과 정보의 창출, 확산, 활용이 모든 경제활동에서 핵심이 될 뿐 아니라 국부 창출과 기업 및 개인 경쟁력의 원천이 되는 경제"다. 한국에서도 〈산업연구원〉에서 2000년에 "지식 기반 경제의 이론과 실제" 및 "지식 기반 경제의 인력 정책" 등 연구 결과를 발간하면서 이 담론을 주도했다. 미국에서는 클린턴 정부 아래서 '지식 격차' 또는 '디지털 격차'를 줄여야 한다는 담론이 적극 확산되었다.

그러나 그 모든 화려한 이야기에도 나는 이 "지식 사회" 또는 "지식 기반 경제"라는 담론이 결국은 새로운 차원으로 인간 노동력이 가진 생명력을 추출하려는 시도라 본다. 그것은 한마디로, 그동안 '틈새'로 존재하던 노동력의 지적·정신적 차원을 자본의 이윤 증식에 십분 활용하려는 시도다. 결국 이것 또한 '주어질' 미래 사회에 '적응'해야 하는 점만 강조했지, '어떤' 미래 사회를 '창조'할 것인가 하는 논의는 아닌 것이다. 이것이 정책적으로는 '신지식인'의 강조, '직업 능력 개발'의 강조로 나타났다. 약 백 년 전 F. W. 테일러의 '과학적 관리'가 인간 노동력의 육체적·물리적 측면을 자본 증식에 십분 활용하려는 시도였다면 "지식 기반 경제" 또는 "지식 경영"은 인간 노동력의 지적·정신적 측면을 자본 증식에 전적으로 동원하려는 시도라고 정리할 수 있다.

게다가 '디지털 격차', '지식 격차'를 줄이자는 구호조차 일견 그 인간적·보편적·평등적 뉘앙스에도 사실은 선진 독점 대기업들이 먼저 개발한 지식이나 디지털 기술을 범지구적으로 마케팅하려는 시도라는 혐의를 벗기 어렵다. 하드웨어는 공짜로 또는 저렴하게 깔아주고 소프트웨어는 '저작권' 등을 이용, 고가로 팔아먹는 행위가 바로 이를 증명한다.

지식 기반 경제의 조건과 비정규 교수

백번 양보해서 우리가 지식 기반 경제 내지 지식 사회를 함께 만들어 가고자 하는 입장에서 본다 하더라도, 현실의 모습은 전혀 그런 담론을 구체화할 준비를 하고 있지 못하다. 그 대표적 사례는 오늘날 한국 대학의 모습에서 찾을 수 있다. 대학은 연구와 개발, 비판과 창조를 그 존재 이유로 하는데, 이런 관점에서 보더라도 지식 기반 경제를 논하는 데 대학은 일정한 구심 역할을 해야 한다. 지식 사회 또는 지식 기반 경제에서 말하는 광의의 '지식'이란, 우리가 대학에서 배워야 하는 세 가지 큰 공부, 즉 지식, 기술, 지혜 등을 모두 포괄하는 것으로 정의할 수 있기 때문이다.

대학은 우선 큰 공부[大學]를 해야 하는데, 대부분은 영어와 컴퓨터, 경영 정도만 공부하고 졸업한다. 큰 공부를 해야 하는 대학에서 비싼 돈을 내고 작은 공부만 한다. 다음으로, 무엇이 큰 공부인가 하는 것이다. 대학은 단순한 '졸업장 공장'이 아니라, 그리하여 '기득권층 진입의 통로'가 아니라, 사회의 문제와 모순을 적극 해결하여 삶의 희망과 사회적 행복을 드높이는 역할을 해야 한다. 바로 이것이 큰 공부의 내용이다. 사회의 문제와 모순을 규명하고 설명한 뒤, 그것을 고치고 바꾸기 위한 지식, 기술, 지혜를 연마해야 하는 것이다. 끝으로 그렇게 하기 위해 학생과 선생은 그런 큰 공부와 바른 삶에 대한 의욕에 불타야 한다. 오늘날 대학에는 '진리, 정의, 자유, 창의, 사랑, 봉사' 등 요란한 구호만 있지, 실제는 '돈, 성적, 학점, 건물, 상업, 경쟁' 등이 판을 친다. 바로 이 지점에 비정규 교수 문제도 있다. 대학 강의

대학 강사 문제에 갇혀 있는 지식 사회의 미래는 암울하다.

의 절반 정도를 담당하면서도 '차별' 대우를 받는 비정규 교수의 광범한 존재 자체가 이미 대학들의 요란한 위선적 구호와 모순된다. 그리고 비정규 교수가 지식, 기술, 지혜를 창출, 이전, 공유, 활용하는 전반적 과정을 하나씩 따져 보면 그 구조적 모순으로 말미암아 결코 지식 기반 경제를 위해서도 도움이 되지 않는다.

지식 기반 경제를 실제로 만들기 위한 '지식 경영'의 관점에서 보면 지식의 창출, 이전, 공유, 활용이 개별 조직이나 사회 전체에서 유기적으로 활성화해야 한다. 이 측면에서 보면 현재의 비정규 교수 문제는 그것이 제대로 해결되지 않는다면 지식 기반 경제에 일종의 '아킬레스건'이 될 것이다.

첫째, 지식의 창출 면을 보자. 지식 창출이란 지식의 개발, 획득, 임차, 융합, 적응, 접속, 연결 등 다양한 과정을 통해 명시적 지식이나 암묵적 지식을 만들어 내는 것이다. 그런데 조직 구성원들이 이러한 지식 창출을 효율적으로 수행하려면 그 구성원들의 신분과 처우가 안정화되어야 한다. 언제 계약 해지될지 모르거나 생계 해결에 불충분한 처우가 상존한다면 그 누가 그 조직을 위한 지식을 적극 개발, 획득, 융합, 창출하려는 노력을 하겠는가? 게다가 지식의 창출에 필요한 것이 창의성 아닌가? 창의성은 결국 다양성과 개성을 충분히 인정받을 때, 그런 다양성과 개성을 맘껏 발휘하더라도 부당한 대우나 불이익을 받지 않을 것이라는 심리적 안정감이 확보될 때, 비로소 자연스럽게 활성화한다. 그러나 비정규 교수의 경우 그런 창의성을 발휘할 수 있는 전제 조건들이 결핍되어 있다. 또한 지식 기반 경제에서는 사람들의 의사소통 능력, 문제 분석 능력, 문제 해결 및 창의적 사고, 인간관계 능력, 협상 및 조정 능력, 자기 경영 능력 등이 강조되는데, 이런 제반 역량의 창출은 조직 구성원들 사이의 일상적·항상적 대면 관계가 충분하지 않다면 쉽게 일어나지 않는다. 비정규 교수의 경우 이런 조건이 결여됨으로써 학생들이 발전시켜야 할 제반 주체적 능력의 고양에 큰 도움을 주기 어렵다.

둘째, 지식의 이전 및 공유 측면을 보자. 작은 조직이나 개인에 의해 창출된 지식은 더 넓은 범위로 이전되고 공유되어야 비로소 지식사회, 지식 기반 경제를 활성화할 수 있다. 이를 위해 지식과 정보의 인프라 구축과 더불어 유통 체계를 확충하는 일이 중요하다. 그런데 비정규 교수의 경우에는 대학(원)생들이나 정규 교수들과 일상적·대면적·안정적 관계 형성이 되지 않아 신뢰 형성의 결핍으로 지식의 이전이 원활하지 못하다. 또한 비정규 교수들은 고정된 연구 공간이 없고 생계를 위해 '유목민'처럼 이동해야 하는 처지이므로 지식 이전과 공유에 필요한 공통의 시간, 공통의 공간, 공통의 관계를 갖지 못한다. 게다가 정규 교수와 비정규 교수 간 신분 격차는 서로 눈에 보이지 않는 '심리적 경계선'을 강화함으로써 지식 보유의 '비대칭성'과 지식 이전의 '불균등성'을 초래하기 쉽다. 이러한 구조적 문제 때문에 지식 이전과 공유는 일정한 한계를 지니게 된다. 결국 지식 흐름의 '진입 장벽'이 높아지는 동시에 기존의 공유된 지식마저 '자기 만족의 덫'에 빠지기 쉽다. 결국 그 조직이나 사회는 건강성이나 생동성을 잃기 쉽다.

셋째, 지식의 활용 측면을 보자. 창출, 이전, 공유된 지식들은 "구슬이 서 말이라도 꿰어야 보배"라는 말처럼 실제로 적극 활용되어야 한다. 그런데 비정규 교수의 경우, 연구와 강의의 연속성이 보장되지 않고 특히 학생들이나 다른 정규 교수들과의 관계 또한 불연속적이다. 따라서 연구와 개발, 토론과 비판, 창조와 실험 속에서 창출된 지식이 활용될 수 있는 기회가 극히 제한되어 있다. 〈학술진흥재단〉 차원의 불연속적이고 일회적인 지원을 통한 지식의 활용은 전시효과 이상의 의미를 갖기 어렵다. 설혹 그것이 개별적으로는 비중 있는 결과를 낳는다 할지라도 연속성과 체계성, 축적성을 갖기 어렵다. 이런 식으로 비정규 교수들에 의해 논의, 연구, 개발, 창출된 지식들이 누적, 축적되면서 더욱 고차원의 새로운 지식으로 재창조되거나 실질적으로 활용될 가능성이 사전에 배제된다. 그리하여 말로는 '학습 조직' 또는 '조직 학습'을 강조하지만, 실제에 있어서는 그것이 전혀 이루어지지 않아 수많은 자원의 투입에도 별다른 생산적 결과를 낳지 못한다. 이것은 시간, 돈, 에너지, 열정 등의 측면에서 엄청난 사회적 낭비다.

'지식 사회' 이전에 '행복 사회'를 위하여

앞에서 우리는 한국의 경제 발전 전략이 1960년대부터 'IMF 사태' 무렵까지만 해도 '값싸고 질 좋은 노동력'을 십분 활용, 달러를 많이 벌어 잘살아 보자는 식이었다고 했다. 그리고 'IMF 사태' 이후 '신지식인' 담론과 함께 '지식 사회' 또는 '지식 기반 경제' 야말로 한국이 다시 도약할 수 있는 새 전략이라고 선전되었음을 보았다.

전자가 '개미와 베짱이' 우화에서 개미형 담론이라면, 후자는 베짱이형 담론이라 본다. 개미는 육체적으로 사람과 자연의 모든 생명력을 추출하는 주체를 상징한다면, 베짱이는 정신적으로 그 생명력을 추출하는 주체를 상징한다. 베짱이가 단순히 놀기만 한 것이 아니라,

머리를 써서 창의적인 작곡을 하여 음악 시디를 만들어 고부가가치 상품을 수출해 많은 외화를 벌었다는 식이다. 그러나 이 두 유형 모두는, 사람을 있는 그대로 보고 삶의 주체로 인정하는 것이 아니라 단지 돈벌이 경제를 위한 수단으로 본다는 근본적인 문제점을 안고 있다. 원래 경제란 것도, 그 어원인 '경세제민經世濟民'이나 '오이코스(oikos=home)'라는 말에서 보듯, 돈벌이가 아니라 '살림살이'라고 한다면, 이제부터라도 우리는 살림살이 경제의 회복과 창조를 위해 더 많은 논의와 지혜를 모아야 한다.

이런 맥락에서 나는 한국이 올바른 미래를 열기 위해서는 '지식 사회'가 아니라 '행복 사회'를 핵심 화두로 삼아야 한다고 본다. 행복 사회란 개인의 행복이 사회의 행복이 되고, 사회의 행복이 개인의 행복이 되는 그런 사회다. 말처럼 쉽지는 않다. 그러나 두 가지 조건만 갖추어지면 행복 사회 건설은 불가능하지 않다고 본다.

첫 번째 조건은 '기득권' 체제를 허무는 것이다. 지금의 사회는 아무리 복잡한 이야기를 한다 하더라도 그 핵심에는 기득권 쟁탈 경쟁이 자리하고 있다. 남보다 더 빨리, 더 높이 올라가면 더 많은 기득권을 누릴 수 있는 시스템, 바로 이것이 사다리꼴의 기득권 체제다. 제아무리 많은 토론과 대안이 제시된다 한들 핵심은 바로 이것이다. 이 기득권 쟁탈 체제가 타파되지 않으면 말짱 도루묵이다.

두 번째 조건은 사람들이 별다른 두려움 없이 그 고유의 개성과 끼를 마음껏 발휘할 수 있는 '원탁형' 시스템을 만드는 것이다. 이를 위해서는 '개성 있는 평준화'가 필요하다. 개성 있는 고교 평준화, 개성 있는 대학 평준화, 그리고 개성 있는 직업 평준화가 필요하다. 직업 평준화 없이는 대학 평준화도 원점으로 회귀한다. 나중에 비슷한 대접을 받을 수 있는 전망이 있을 때 비로소 사람들은 미래에 대한 두려움 없이 자신의 개성을 마음껏 발휘하고자 할 것이기 때문이다. 바로 이런 관점에서 정규 교수와 비정규 교수 문제도 '개성 있는 교수 평준화' 방식으로 해결할 수 있다. 대학생을 가르치는 선생들은 모두 동일한 교수로서 비슷한 대접을 받아야 한다. 물론 경력이나 업적에 따라 일정한 등급, 또는 역할 분담은 있을 수 있으나 그것 때문에 신분상의 차별을 받아서는 안 된다. 대학에서 출발한 '원탁형' 체제는 온 사회를 변혁하는 데 중요한 역할을 할 수 있다. 그렇게 되면 말을 안 해도 저절로 '지식 기반 경제'는 구축될 것이며, 말을 안 해도 '행복 사회'가 다가올 것이다. 그래야 우리의 삶과 사회는 모두 '지속 가능'해진다. 지속 가능성 없는 사회는 그것이 지식 사회든 과학 기술 사회든 모두 '위험 사회'에 지나지 않을 것이기 때문이다.

　대학 강사, 즉 대학의 이른바 '시간강사' 문제가 사회문제가 된 것
은 어제오늘이 아니다. 내가 시간강사였던 시절 전국 대학의 시간강
사들이 한자리에 모여 〈전국대학강사협의회〉를 창설하고, 급기야 우
리나라 대학 역사상 처음으로 대학 강사들이 중심이 된 노동조합을
만든 지 어언 20여 년의 세월이 흘렀다. 그때나 지금이나 대학의 시간
강사는 자조 섞인 표현으로 스스로를 대학의 "보따리장수"라 칭하고
있고, 대부분 시간강사들이 학문 연구에 전념하기에 앞서 생계 문제
에 시달리며 갈등하고 있다. 20년이란 세월이 흘렀음에도 크게 달라
진 것이 없다.

　그 옛날, 대학의 시간강사들이 겪는 어려움을 함께 논의하고 그 궁
극적인 해결책을 마련하지 못한다 하더라도 '생활고'라도 조금이나
마 덜어 보고자 자구책으로 만든 것이 〈시간강사협의회〉였다. 1987
년 11월 서울대학교에서 처음 발족하였는데, 이 소식이 뜻밖에 들불

처럼 순식간에 전국 대학으로 번져 그 이듬해 8월 〈전국대학강사협의회〉를 결성하기에 이르렀다. 돌이켜 보면 당시 〈전국대학강사협의회〉의 결성은 그야말로 일대 사건이었다. 결성식 겸 창립총회를 치르던 그날 시간강사 문제 해결을 위한 결의 대회도 함께 열었는데, 대회장은 문자 그대로 인산인해였다. 경향 각지에서 시간강사들이 모여들었고 멀리 부산, 대구, 광주 등에서는 전세버스까지 대절해 가며 대회에 참석했다. 당시에도 시간강사 처우와 생계 문제는 본인들에게는 너무나 절박한 문제였던 것이다.

〈강사협의회〉는 강사 문제의 절박성과 개혁의 필요성을 사회적으로 환기시키는 데는 도움이 되었으나, 실제로 문제를 해결하는 데는 큰 도움이 되지 못했다. 여론의 반향에 따라 언론에서도 많은 지면과 방송 시간을 할애하여 시간강사 문제를 다루고 그 해결을 촉구하였으나 대부분의 대학들은 지금과 별반 차이 없이 적극적인 반응을 보이지 않았다. 이유는 단 하나, 대학 시간강사는 법적으로 정식 교원이 아니라는 것이었다.

학생을 가르치는 것이 본업인 시간강사가 교원이 아니라면, 시간강사란 어떠한 존재인가? 법적으로도 이에 대한 해답은 명백하지 않다. 대학에 고용된 사람이라면 교원 아니면 직원일 터인데, 시간강사가 정식 직원이 아닌 것은 분명하니, 그렇다면 일용잡급직 직원인가? 그것도 아니다. 시간강사라고 하는 실체적 존재의 법적 지위에 대한 공식적인 해석은 엉뚱하게도 대학 강사들의 노동조합 결성 과정에서 찾을 수 있게 되었다.

1988년 봄의 일이었다. 서울대학교의 일부 시간강사들이 모여 노동조합을 결성하기로 하였다. 그러나 종전 당국의 태도와 여러 정황으로 미루어 보아 이는 실현 가능성이 거의 없어 보였다. 게다가 초중등학교 교사들이 노동조합을 결성하고 합법성을 인정받으려 하자 정부가 나서서 학생을 가르치는 교사가 무슨 노동자냐며 교사들의 노동조합 결성을 한사코 반대하고 있던 때였다. 이러한 마당에, 대학 강사라고 해서 당국이 거저 노동조합 신고필증을 내줄 리는 만무하였다.

문제는 대학의 시간강사가 법적으로 노동조합을 결성할 수 있느냐하는 것인데, 그것은 시간강사의 법적 지위를 어떻게 해석하느냐에 달려 있었다. 그래서 시간강사 몇 사람이 모여 내놓은 묘책이 시간강사가 법적으로 교육 공무원(교원)의 지위를 가질 수 있는 것인지, 아니면 공무원이 아닌 일반 노동자로 보아야 하는 것인지를 정부에 질의해 보자는 것이었다. 물론 질의의 의도를 미리 알지 못하도록 하기 위해서 서로 다른 내용의 질문지 2종을 각각 교육부와 노동부에 발송하였다.

당시 대학 시간강사의 지위에 대한 정부의 공식 답변은 의외로 간단하고 명료하였다. 정부의 해석으로 대학의 시간강사는 교원이 아니라 노동자라는 것이었다. 아마 당시 시간강사들의 진의가 노동조합을 결성하기 위한 것이었음을 정부에서 미리 알았더라면, 대학의 시간강사는 교원도 아니고 노동자도 아닌 그 무엇이라는 '괴이한' 답신을 보내 왔을지도 모른다. 그런데 단순히 교원이냐 노동자냐고 질의하자 정부는 교원 대신 노동자를 선택하였다. 사실 교원이라고 해서 노동자가 아닌 것은 아니지만, 정부가 굳이 시간강사를 교원이 아닌 노동자로 정의하였던 것은 그것이 사태 수습에 유리하다고 판단했기 때문이다.

대학의 시간강사가 교원이 아니라면, 직원으로 취급될 수밖에 없

대학 강사 문제를 해결하기 위한 투쟁은 계속되어야 한다.

다. 따라서 설사 대학의 시간강사들이 노동조합을 결성한다고 하더라도 그것은 교원 노동조합이 아닌 직원 노동조합이었다. 우리나라 대학 역사상 처음으로 시간강사들이 주축이 되어 만든 〈서울대학교 노동조합〉에 당시 서울대학교의 임시직 직원 일부가 함께 참여한 것도 바로 이러한 연유에서였다. 물론 이후 강사노조가 별개로 만들어져 지금은 직원 노조와 강사 노조가 법적으로 구별되어 있다.

우여곡절 끝에 대학 내의 특수한 존재인 시간강사들이 모여 만든 노동조합이 합법화되었지만, 그것으로 시간강사 문제에 관한 근본적 해결책이 마련된 것은 아니었다. 물론 성과가 없었던 것은 아니다. 수년 동안 오르지 않던 강의료가 단체협상 덕분에 약간 인상되었고, 이는 전국 각 대학의 시간강사 강의료 인상의 계기가 되었다. 또 국립대학교에서 연구비 명목을 신설하여 강의료에 포함 지급하기로 한 것도 노조와의 단체협상을 통해서였다. 이밖에 시간강사에게 신분증을 발급한다든가 학교 시설 이용에 편의를 제공하는 등의 미봉적인 개선책이 제시되었다. 그러나 시간강사의 교원 지위 회복 등을 비롯하여 의료보험, 방학 중 강의료 지급 등은 쟁점으로 남아 아직까지도 해결되지 않고 있다.

노조 설립 당시 전국 대학의 시간강사 강의료에 대한 구체 자료는 제시할 수 없지만, 내 기억으로 서울 주요 대학의 강의료는 대체로 시간당 1만 원 미만이었던 것 같다. 또 1993년에는 〈전국대학강사노동조합〉에서 전국 대학의 시간강사 강의료를 조사한 바 있는데, 지방대학의 경우는 1만원 안팎 수준이었고, 1만 원 미만인 경우도 많았다. 서울의 주요 대학은 평균 1만 5,000원 수준이었다.

그런데 15년이 지난 올해 전국 대학의 강의료를 대충 추산해 보건대, 지방의 경우 4년제 사립대는 보통 3만 원 안팎이고 국공립대는 4만 3,000원에서 4만 5,000원 정도다. 서울 주요 대학의 경우는 평균 4만 원에서 5만 원 정도 수준으로 그 동안 약 3배 정도 인상되었다. 교육과학기술부에서 밝히고 있는 올해 전국 대학 시간강사 임금 통계를 보면 최저는 국립 3만 5,000원, 사립 1만 9,000원이며 각 평균은 국립 4만 3,340원, 사립은 3만 4,790원이다.

전체적으로 보면 국립대학과 사립대학의 강의료 격차가 1만 원 정도 차이가 나고 지방 사립대학의 경우는 전국 평균에도 미치지 못하는 곳이 많아 특히 열악한 형편이다. 그러나 이러한 강의료 인상에도 다른 직종, 특히 정규직 교원인 교수의 임금 상승과 비교하면 양자의 임금 격차는 오히려 더욱 확대되었다고 볼 수 있고, 대부분 시간강사의 경우 강의료만으로는 기초 생계도 유지하기 어려운 것이 변함없는 현실이다.

오늘날 시간강사의 문제점은 단순히 대학 강사의 생계 수단인 강의료 문제만은 아니다. 사실 1980년대만 해도 대부분 강사들의 연령은 이십대 후반에서 삼십대 전반이 주류였다. 필자가 시간강사로 이리저리 뛰어다닐 때만 해도 삼십대 중반 이상이면 이미 노강사 축에 들었다. 나이 사십을 넘은 시간강사는 찾아보기 어려웠고, 있다고 해도 극히 예외적인 축에 속하였다. 그런데 요즈음은 그렇지가 않다. 삼십대 후반의 시간강사는 아주 흔한 편이고, 사십대는 물론 오십이 넘은 문자 그대로의 노강사도 찾아보기 어렵지 않다.

이제 교수의 정년에 맞춰 퇴임하는 시간강사를 볼 날도 멀지 않았다. 이러한 어처구니없는 현실이 임박하게 된 것은 1980년대 이후 강사 문제가 근본적으로 해결되지 않은 채 적체되어 그 모순이 집적된 결과다. 이는 또 대부분이 박사 학위를 취득했거나 박사 과정인 시간강사들의 사회적 진출이 극히 제한되어 있는 현실의 반영이기도 하다. 이제 점점 더 많은 시간강사들에게 대학의 시간강의는 자신의 의지와 관계없이 교수가 되기 위한 경력에 필요한 임시직이 아니라 사실상의 전업이 되어 가고 있는 것이다. 과연 이러한 현상을 계속 방치하고도 한국 대학들이 세계적인 경쟁력을 갖출 수 있기를 기대할 수 있을까?

그동안 대학의 개혁 문제와 관련하여 학생 대비 교수 정원 문제가 자주 거론되어 왔다. 그리고 역대 정부가 대학 개혁 차원에서 이를 대학의 발전과 대학 평가의 주요한 척도로 삼아 왔다. 그러나 그러한 정책의 성과는 그다지 성공적이었다고 보기 어렵다. 대학의 교수 정원이 일부 늘어난 측면도 있으나, 대체로 의과 대학과 일부 인기 학과를 중심으로 늘어났을 뿐이고, 인문대학 등 일부 대학의 비인기 학과에서는 오히려 교수 정원이 줄어드는 심각한 현상이 나타나고 있다.

전체적으로 교수 정원이 다소 상승한 것처럼 보이는 것도 겸임 교수, 초빙 교수, 강의 전담 교수 등의 채용을 교수 정원 산정에 산입한 결과다. 전반적으로 대학의 전체 강의 시수 중 시간강사들의 강의 담당 비중은 오히려 늘어나는 경향을 보이고 있다. 상대적으로 비용이 덜 드는 시간강사의 채용이 대학 재정에 도움이 되기 때문이다.

대학의 시간강사 문제는 전국 모든 대학의 문제이지만, 특히 서울이나 수도권 대학보다는 대학 재정이 상대적으로 열악한 지방 대학이 심각하고, 또 지방 대학 가운데에서도 국공립대학보다 사립대학으로 갈수록 심각하다. 지방 사립대학의 경우 일단 강의료가 열악하다. 그 첫 번째 이유는, 신분의 불안정성과 예상되는 불이익 때문에 노동조합을 결성하기 어렵다는 것이고, 두 번째 이유는 국공립대학에서 지급되는 시간강사의 연구비가 사립대학에서는 지급되지 않고 있기 때문이다.

이러한 이유로 꼭 필요한 과목에 시간강사를 써야 할 경우, 해당 지역 안에서 시간강사를 구하지 못하면 참으로 어려운 문제가 발생한다. 이 경우 담당 강사를 서울 등 다른 지역에서 초빙해야 하지만, 외부 지역 강사라고 해서 차비까지 지급하는 대학은 거의 없다. 이렇게 되면 부득불 전공과 관계가 없는 강사에게 강의를 맡겨야 하는데, 이 경우 피해자는 결국 학생이 된다.

반면 박사의 증가와 함께 시간강사들이 계속 늘어나다 보니 시간강사들이 강의를 구하기도 쉽지 않다. 지방은 우선 대학이 적다 보니 수요에 비해 공급이 과다한 현상이 발생한다. 그러다 보니 강사 재벌이니 하는 이야기는 이제 옛말이 되었다. 지방의 시간강사들은 강의를 얻기 위해 다른 도시나 다른 도에 출강하는 수고도 마다하지 않는 경우가 흔하다. 이때 시간강사들이 강의를 위해 지출해야 하는 교통비와 그에 따른 시간 낭비가 큰 부담이 되기도 한다. 그나마 그렇게라도 강의가 있는 경우는 다행이지만 주당 5시간 미만인 경우도 많아 강의만으로는 생계가 어려워 다른 일을 하지 않을 수 없다. 이렇게 생계에 쫓겨 다니다 보니 연구에 소홀해질 수밖에 없다. 게다가 강의 선택권이 없다 보니 경우에 따라서 심지어는 자기 전공과 관련이 없는 과목을 맡기도 한다. 대학도 이런 경우를 용납하지 않을 수 없는데, 이로 인한 시간강사 자신의 강의 부담은 자칫 강의의 질적 저하를 초래하여 그 피해가 또한 학생들에게 갈 수 있다.

시간강사의 구체적 처지는 지역에 따라, 각 대학에 따라 다소 차이가 있으나, 시간강사 문제의 본질은 동일하다. 그 본질적 업무가 교육이라는 점에서 시간강사의 지위를 교원으로 되돌려 놓지 않는 한 문제는 해결되지 않는다. 물론 시간강사를 교원으로 인정할 경우 야기될 문제에 대해서도 현실적 대책을 세워야 할 것이나, 그것은 시간강사의 교원 지위 회복을 전제로 장차 논의되어야 할 문제다.

2부
우리는 소망한다,
비정규 교수의 교원 지위 회복을!

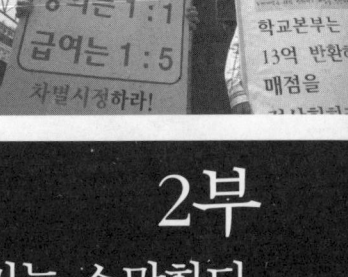

굶주리는 강사,
말라 죽는 '지역 학문'

10

박정석 | 목포대학교 교수

전임강사 제도 폐지와 비정규 교수

이르면 내년부터 대학의 전임강사 제도가 폐지될 것이라고 한다. 교육과학기술부가 2008년 9월 16일에 발표한 대학 자율화 2단계 1차 추진 계획에 따르면 '대학 강사들의 사기를 진작시키기 위해' 전임강사 제도를 폐지하고 대학 교원을 교수, 부교수, 조교수의 3단계로만 구분하기로 했다고 한다. 명칭만 바꾼다고 사기가 진작되는 것은 아니지만, 여기에서 간과되고 있는 직급은 소위 '시간강사'로 불리는 비정규 교수다.

박정석은 인도 하이드라바드 대학교에서 인류학 박사 학위를 받고 오랫동안 대학 강사를 한 후 전임 교수가 되었다. 지은 책으로 『카스트를 넘어서』 등이 있다.

'전임강사' 명칭이 사라지는 것은 1963년 교육공무원법에 이 명칭이 규정된 이후 45년 만이다. 이에 따라 대학에서 강사라는 명칭은 비정규직 교수인 '시간강사'에만 남게 되었다. 또한 9월 3일 교육과학기술부가 발표한 '2008 교육 기본 통계 조사'에 따르면 4년제 일반대학과 산업 대학, 전문대학을 포함한 고등교육기관의 전임 교원은 7만 3,072명으로 지난해보다 2,115명 늘어났다. 이에 비해 시간강사가 대부분을 차지하는 비전임 교수는 13만 8,365명으로 지난해보다 4,285명이나 증가했다. 이에 따라 2008년 대학 비전임 교수의 비율은 65.4퍼센트로 지난 2000년의 62.1퍼센트보다는 3.3퍼센트, 지난해보다는 0.05퍼센트 각각 상승해 악화 추세를 벗어나지 못했다.

비전임 교수 비율의 변화　　　　　　　　　　　　　　　　　　　단위 : %

구분	고등교육기관			일반 대학			산업 대학			전문대학		
	전체	국공립	사립	전체	국공립	사립	전체	국공립	사립	전체	국공립	사립
2008	65.4	58.8	67.0	61.1	56.1	62.6	72.4	70.7	74.0	72.6	70.5	72.6
2007	65.4	57.8	67.2	61.9	54.5	63.9	71.8	69.9	74.0	72.9	69.1	73.1
2006	65.2	60.9	66.4	61.3	54.3	63.2	72.3	70.5	74.4	72.4	67.8	72.6
2005	66.0	61.6	67.2	62.2	54.7	64.3	69.8	69.3	70.3	73.0	68.3	73.2
2004	65.0	60.7	66.2	62.2	54.1	64.5	69.3	68.5	70.3	72.4	68.7	72.6
2003	65.7	63.0	65.5	62.2	55.6	64.1	68.9	68.6	69.2	71.7	65.6	72.0
2002	64.5	61.2	65.5	59.8	53.2	61.7	67.8	67.4	68.3	72.4	65.4	72.6
2001	62.7	62.7	62.7	57.7	54.5	58.7	64.0	63.7	64.3	78.3	68.3	78.7
2000	62.1	61.1	62.4	57.0	52.6	58.4	62.6	59.4	65.7	69.9	65.9	70.2

주 : 1) 비전임 교수 비율 = (비전임 교수 수/비전임 교수+전임교원 수(총학장 포함)) X 100
　　2) 일반대학과 산업 대학의 교원 수에는 대학 부설 대학원 교원 수가 포함됨.
　　3) 비전임 교수에는 겸임교원, 초빙 교원, 시간강사, 기타 교수가 포함됨.

교육과학기술부 '2008년 교육 기본 통계조사' 결과 발표 자료에 따른 연도별·설립별 비전임 교수 비율 추이는 다음 표와 같다. 이 표를 보면 2008년 대학별 비전임 교수 비율은 4년제 일반 대학이 61.1퍼센트로 2000년(57.0퍼센트)보다 4.1퍼센트 높아졌고, 전문대학이 72.6퍼센트로 2000년(69.9퍼센트)보다 2.7퍼센트 늘었다는 것을 알 수 있다.

날이 갈수록 대학이 비정규직 교수에게 의존하는 비율이 증가하고 있다. 바꾸어 말하면 비정규직 교수의 역할이 갈수록 커지고 있는 것이다. 비정규직 교수란 시간강사를 비롯해 외래, 겸임, 객원, 대우, 강의 전담, 연구 교수 등 정년 보장을 받지 못하고 한 학기 혹은 일정 기간 동안 임용되어 대학에서 강의를 맡고 있는 소위 임시직 강사를 말한다. 명칭이 무엇이든지 간에 이들 비정규직 교수의 공통점은 정규직 교수에 비해 임용 기간이 대개 학기 단위로 매우 짧을 뿐 아니라 고정되어 있지도 않고, 경제적으로 보수가 열악하다는 데 있다.

고등교육법 제15조 (교직원의 임무) ②에 보면 "교원은 학생을 교육·지도하고 학문을 연구하되, 학문 연구만을 전담할 수 있다"고 명시하고 있다. 굳이 위 조항을 들먹이지 않더라도 대한민국의 전임 교수들과 동일한 일을 하고 있는 대학 강사 등 비정규직 교수들은 교원으로서 누려야 할 권리와 대우를 국가와 대학 당국으로부터 전혀 보장받지 못하고 있다. 전임교원은 개인 연구실과 상대적으로 높은 보수, 그리고 정년 보장 등의 혜택을 누리고 있다. 하지만 시간강사를 비롯한 비정규직 교수들은 대학 강의의 상당 부분을 맡고 있으면서도 비정규직이기 때문에 정년 보장은 언감생심, 생계비를 고민하며 살아가야 하는 것이 지금 우리 대학의 현실이다.

비정규 교수와 신추궁기 新秋窮期

2008학년도 2학기가 시작되어 알고 있는 후배와 함께 밥을 먹을 기회가 있었다. 올해 2월에 박사 학위를 취득한 이 후배는 대학원 박사 과정에 재학 중인 아내와 세 살 먹은 아들을 두고 있는 한 집안의 가장家長이다. 식사를 하던 중에 이 후배에게 생소한 단어인 '추궁기'라는 말을 듣게 되었다.

지난가을에 수확한 양식은 바닥이 나고 보리는 미처 여물지 않은 5월에서 6월(음력 4월에서 5월)을, 농가 생활에서 식량 사정이 매우 어렵다는 의미에서 춘궁기春窮期라 불렀다는 말은 들어 봤으나 추궁기秋窮期라는 말은 들어 본 적이 없기에 그 뜻을 물었더니 대답이 걸작이다. 아직 강의료가 들어오지 않은 학기 초에 추석까지 들어 있으니 돈 나올 데 없는 비정규 교수들에게는 이때가 견디기 힘든 "추궁기"란다. 9월 중순이면 대부분의 비정규직 교수들에게는 아직 2학기 강의료가 지급되지 않았을 때다. 이 무렵에 추석까지 끼어 있으니 만만치 않을 명절 비용이 걱정되지 않을 수 없다는 자조적인 뜻이 담긴 말이었다.

내 후배처럼 결혼을 한 가장일 때 문제는 더욱 심각해질 수밖에 없다. 직장을 가지고 있으면서 강의를 하는 비전업 비정규 교수나 아내 혹은 남편이 직업이 있는 비정규 교수 같은 경우는 사정이 다르겠지만, 오직 강의에 의지하여 삶을 꾸려 가는 전업 비정규직 교수들의 경우는 "3개월 벌어 6개월 살다 보면 손바닥 친다"는 말이 현실이다. 3개월 동안 이 대학 저 대학을 다니면서 자신이 맡을 수 있는 최대한의 강의를 확보해 강의를 하고 얼마간 받은 돈으로, 강의료가 나오지 않는 방학을 지내야 한다. 그러다 보니 다음 학기가 시작할 때쯤이면 모아 놓은 돈도 다 떨어지는 것이다.

그나마 이렇게 맡을 수 있는 강의도 점점 줄어드는 형편이다. 교육과학기술부에서 발표한 '2008년 교육 기본 통계조사' 결과에서도 보듯이 갈수록 비정규 교수의 숫자는 늘어 가고 있으며, 강의를 맡을 수 있는 학위 취득자의 수도 늘고 있기 때문이다. 비정규 교수 제도는 시간강사 입장에서 보면 '고비용'을 지출했음에도 '저효율'밖에 수급받지 못하는 제도지만, 대학 측에서는 '저비용으로 고효율'을 보장하는 인력을 수급할 수 있는 제도다. 이런 제도적 모순에도 갈수록 박사 학위 소지자는 늘고 있고, 고학력 전문 인력에 상응하는 보수와 대우를 기대할 수 있는 직장과 기회는 점점 희박해지고 있다.

대학 강의를 맡을 수 있는 석·박사 학위 취득자는 2008년 8만 2,293명으로, 2007년 7만 9,174명 대비 3,119명(3.9%) 증가해 2007년

대학 당국은 강사의 생존과 학문 발전에 대해 고민을 해야 한다.

증가분인 431명(0.5%)보다 크게 늘었다. 특히 박사 학위 취득자 수는 2008년에 9,368명으로 계속 증가했다. 교육과학기술부 '2008년 교육 기본 통계조사' 결과에 따른 대학원 학위 취득자는 다음과 같다.

대학원 학위 취득자 수

단위 : 명

구분	대학원 전체			일반 대학원			전문/특수 대학원		
	계	석사	박사	계	석사	박사	계	석사	박사
2008	82,293	72,925	9,368	36,158	27,177	8,981	46,135	45,716	419
2007	79,174	70,092	9,082	35,033	26,276	8,757	44,141	43,816	325
2006	78,743	69,834	8,909	34,875	26,223	8,652	43,868	43,611	257
2005	77,041	68,439	8,602	36,098	27,654	8,444	40,943	40,785	158
2004	74,728	66,720	8,008	35,755	27,822	7,933	38,973	38,898	75
2003	71,499	64,259	7,240	34,275	27,105	7,170	37,224	37,154	70
2002	63,749	56,991	6,758	33,659	26,974	6,685	30,090	30,017	73
2001	59,330	53,109	6,221	33,279	27,071	6,208	26,051	26,038	13
2000	53,379	47,226	6,153	31,559	25,407	6,152	21,820	21,819	1

* 2007년 8월, 2008년 2월의 학위 취득자 수임.

이렇게 비정규 교수의 숫자가 늘어나다 보니 한 학기에 맡을 수 있는 강의도 점차 줄어들고, 다음 학기에 강의를 다시 맡으리라는 보장도 점점 없어지고 있다. 사정이 이렇다 보니 비정규 교수들은 전임 교수들과는 달리 자신의 전공과목과는 별 상관없는 강의를 맡게 되기도 하고, 전임 교수들이 꺼리는 요일과 시간대에 수업을 맡기도 한다. 이런 까닭으로 대학에서 비정규직 교수들이 담당하는 과목은 주로 교양에 국한되어 있으며, 일부만 전공과목을 맡고 있다.

지역 학문의 고사

이와 같은 구조적 모순 때문에 연구에 열성이어야 할 젊은 학자들이 연구보다는 강의에 신경을 써야 하는 것이 현실이다. 일반적으로 학문 업적은 연령 증가에 따라 감소하는 것으로 알려져 있다. 고령화에 따른 의욕 상실과 동기의 감소 현상은 경험적으로 적절한 것으로 보인다. 그러나 다양한 상황과 학문 분야에서 수행된 연구 결과에 의하면, 학문 수행과 연령은 곡선 관계를 보이는 것으로 나타났다. 때로는 은퇴 시기에 곡선이 상승하는 경우도 있으나 대체로 초기에는 상승하다가 안정을 이룬 후 하강하는 모습을 보였으며, 흔히 얘기하듯 직선 하강은 관찰되지 않았다는 것이다. 즉 초기에 학문적 열정을 가지고 연구를 하다가 안정적인 단계에 접어들면 연구량이 감소한다는 의미다.

비정규 교수들은 전임교원이 되기 위해 많은 업적을 쌓아야 하는 것이 현실이다. 그럼에도 생계를 위한 강의에 치중할 수밖에 없는 사람들은 학문 성과보다는 강의에 매달릴 수밖에 없다. 물론 강의를 하면서도 학문 성과를 쌓는 비정규 교수들도 많다. 그러나 경제 안정과 시간 여유를 가지고 있지 못하기 때문에 학문 연구에 몰두할 수 없는 현실에서 지속적으로 질 좋은 학문적 성과를 만들어 내기란 쉽지 않다.

이는 곧 지역 학문의 토대가 되는 신진 연구자들의 감소를 뜻하며, 바로 지역 학문의 고사枯死를 의미한다. 즉 신진 학자들의 연구 역량이 학문 연구보다는 먹고살기 위한 강의에 치중함으로써 학문 발전을 저해할 수 있다는 의미다. '지역'에서 학문하는 연구자들의 처우가

박사는 무엇으로 사는가?

점점 열악해질수록 자의든 타의든 '지역' 과 '학문' 바깥으로 나가려
는 지역 연구자들이 증가할 수밖에 없고, 그 자리는 또 지역 연구자들
의 후속 세대들이 메우게 된다.

이처럼 지역 연구자가 학문적으로 성숙할 수 있는 분위기와 여건
이 마련되지 않은 상태에서 혹시라도 정규직에 빈자리가 생기면 지역
외부, 특히 수도권에서 공부하고 외국에서 학위를 받은 연구자들이
독차지하게 된다. 외부에서 들어온 정규직 교수가 지역 대학에서 어
느 정도 경력과 '능력' 을 검증받게 되면, 다시 수도권 대학으로 진입
하면서 '부익부 빈익빈' 현상이 되돌이표처럼 반복된다.

한편, '지역 학문' 이라는 말은 특정 지역에서 연구를 수행하는 학
자나 특정 지역의 문화를 연구하는 학문만을 지칭하는 것은 아니다.
오히려 특정 지역의 문화보다는 다양한 문화를 바라보는 관점 속에서

지역의 정체성을 찾는 연구자나 학문을 지칭함이 옳을 듯하다. 그러나 지역 학문은 그 지역에서 연구하는 학자들에 의해 이루어지고 그 지역의 문화에 대한 연구라는 관점에서 지역 정체성을 갖는다는 점도 부인할 수 없다.

이러한 관점에서 지역 정체성을 갖는 강의가 감소하는 것 또한 지역 학문의 고사와도 관련이 있다. 제7차 교육과정은 지역적 특성을 살린 교육을 강조하고 있다. 지역 자료를 토대로 재구성된 교육 자료로 학습함으로써 지역 의식을 가진 동질성 있는 학생들을 길러 낼 수 있게 되었다. 자신과 가까운 지역 문화사를 통해 우리 문화를 바로 알게 되고, 주체적인 세계화·정보화를 모색하는 계기를 만들 수 있게 된 것이다.

그런데 대학 교육에서 이러한 지역 정체성을 가진 과목은 그리 많아 보이지 않는다. 실제로 전남·광주권 소재의 국립대학 예를 들어 보면, 2008학년도 2학기 개설 과목 중 호남 지역과 관련된 교양과목은 '호남의 역사와 문화'(1강좌), '5.18 항쟁과 민주·인권'(2강좌), '호남인의 가치관'(1강좌) 등 총 3과목 4강좌이며, 전공과목으로는 '향토사 교육'(역사교육 전공)과 '지역 문화 정보론'(문헌정보학과) 정도가 개설되어 있다. 그 밖에도 교양과목으로 개설되어 있는 '문학과 여행', '전통문화의 이해'(2) 또는 전공과목인 '한국 민속학 개론'(국어국문학과), '무형문화재와 축제'(인류학과), '한국 구비문화론'(국어교육과) 등도 넓은 범주로 지역 문화와 관련된 과목으로 포함될 수 있다.

물론 여타 다른 전공과목에서도 지역 문화 과목을 따로 개설하지 않고도 지역 문화에 대해 강의할 수도 있을 것이다. 하지만 교양 필수 과목을 포함하여 교양과목으로 개설되어 있는 전체 분반이 690개라는 점에 비추어 보면 극히 적은 수의 과목만이 지역 문화와 관련된 과목으로 개설되어 있는 것을 알 수 있다. 전공과목도 마찬가지여서 개설 전공과목 수에 비하면 지역 문화와 관련된 과목은 극히 일부에 불과하다.

이처럼 호남 지역과 관련되어 지역 정체성을 확립할 수 있는 과목은 극히 미미하고, 이 과목 또한 전임교원들이 강의를 맡는 경우가 대부분이다. 위에서 예로 든 대학 이외에도 호남 지역에 있는 다른 대학들 또한 사정은 대동소이하리라 생각한다. 사정이 이렇다 보니 비정규직 교수들에게는 자신의 전공을 찾아 강의를 할 수 있는 기회도 주어지지 않을 뿐더러 지역 정체성과 관련된 과목을 강의하기도 여의치 않은 형편이다.

대부분의 교양과목들은 '글쓰기' 혹은 '졸업 자격 인정 영어' 등과 같이 대학에서 기초 과목 혹은 대학 필수 과목으로 지정하여 꼭 수강하도록 하는 과목들에 치중되어 있다. 이들 과목들 거의 대부분은 비정규 교수들에게 맡겨진다. 이처럼 지역의 박사 학위 소지자들과 학문 후속 세대들이 학문 연구는 언감생심이고 강의 또한 본인의 전공과목보다는 '교양', '기초', 또는 '필수' 과목 강의에 배치되고 있는 것이 현실이다. 이런 상황이 지속된다면 지역 '학문'을 담당하는 연구자의 역량이 감소하는 것은 물론 '지역' 학문을 담당할 학문 후속 세대가 단절될 수밖에 없을 것이다.

적자생존이라고?
해법은 '뭉쳐야 산다'

11

윤원장 | 고려대학교 학생

2008년 2월 26일, 고 한경선 교수가 자신이 수학했던 텍사스 주립 대학으로 찾아가 생을 마감했다. 대부분의 언론은 짤막하고 축약된 말로 고인의 죽음을 전했고, 일부 언론만이 비정규직 교수들의 자살이 고 한경선 교수만의 일이 아니라고 전했다. 하나의 예로 『경향신문』에서는 미약하나마 비정규직 교원과 관련된 제도가 무엇이 문제이고 법 개정이 왜 필요한지에 대해서 다루었다. 비정규직 교수들의 자살로 말미암아 그 실태가 겨우 사회의 관심을 받기 시작한 것이다.

그런데 이러한 언론 보도에도 사람들의 관심은 미약하다. 비정규직 교수 문제가 어떻게 되든 상관없다는 사람도 있다. 자신들의 문제가 아니라는 식이다. 어쩌면 박사 학위까지 마친 사람들이니 경제적

윤원장은 고려대학교 세종캠퍼스 경영학과 학생이며, 고려대학교 〈고전 읽기 모임〉 회장을 지냈다. 이 글을 쓴 뒤 군복무 중이다.

으로 여유가 있어 강단에 서는 것이라고 생각할지도 모르겠다. 대학이 진리의 상아탑이 아니라 계급 재생산의 공간이라고 절대다수가 생각하는 삭막한 현실이다. 일반 사람들에게 부당함을 알리고 힘을 보태 달라고 하는 요청이 쉽게 받아들여지지 않는 지금의 상황이 당연할 수도 있다. 하지만 대학생은 입장이 다르다. 연 등록금 천만 원 시대에 대학을 다니고 있다. 학생들이 받는 수업의 절대다수를 맡고 있는 비정규직 교수 문제는 타인의 문제가 아니다. 자신들과 유리된 문제가 아니라, 아주 밀접한 문제다.

정당한 교육 서비스를 받고 있는가

가끔 학우들에게 묻는다. 과연 우리가 낸 등록금만큼 교육 서비스를 잘 받고 있는 것인가. 대답은 대체적으로 두 부류다. 물가 상승률에 비해 등록금이 비싸다고 답하는 부류와 그래도 좋은 환경에서 교육 받고 있다고 답하는 부류. 전자는 대학 등록금에 비해 자신이 받는 교육 서비스나 수업에 불만족하는 경우가 많고 후자는 과거에 비해 좋아진 교육 환경, 건물을 많이 예로 든다.

물론 좋은 교육 환경을 마련하는 일도 중요하다. 좋은 시설에서 공부하는 것이 나쁘다는 의미는 아니다. 하지만 쾌적한 환경에서 수업을 들을 때 정작 그 중요한 수업의 내용이 부실하다면 빛 좋은 개살구에 불과하다. 경제학의 경우 세계 경제학 학회지에 논문을 등재하는 국내 교수는 극히 일부다. 국내 경제학 교수들의 대부분이 영미권의 저명한 대학에서 공부한 것을 생각한다면 미비한 수치다. 이는 자신의 수업을 담당하는 교수가 세계 유수의 대학에서 공부했더라도 세계 학문 흐름에 뒤처지고 있다는 것을 의미한다. 물론 연구 실적과 가르치는 능력은 별개일 수 있다. 하지만 한국 대학생들은 다른 나라 대학생들과 비교한다면 정보의 접근 정도가 다르다. 다른 나라 학생들은 자신들의 교수를 통해 새로운 학문 경향을 접할 기회를 얻는 반면, 한국 학생들은 정보 접근 자체가 제한적이다. 선택할 수 있느냐, 선택 자체가 제한되었느냐는 큰 차이다.

여기에 대학 수업의 절대다수를 비정규직 교수들이 차지하고 있다는 사실을 감안한다면 학생들의 교육권 침해 정도는 더욱 심각하다. 비정규직 교수들은 교원 지위가 없기 때문에 방학 동안 수입이 없다. 학기 중에 받는 수입도 얼마 되지 않는다. 학교에 연구실도 마련되어 있지 않다. 연구가 될 리가 없다.

대학에서 강사에게 주어진 공간은 공용 강사휴게실뿐이다. 그곳에서는 연구는커녕 상담이나 휴식조차 할 수 없다.

여건이 상대적으로 좋은 전임 교수들이 제공하는 교육 서비스도 제한적인데 그보다 환경이 더 열악한 비정규직 교수들의 경우는 더 말할 나위가 없는 셈이다. 학생들은 이렇게 구조적으로 부실할 수밖에 없는 수업을 듣고 졸업한다. 매년 똑같은 수업, 연구가 담보된 교수들의 수업을 듣고 학위를 따는 것이다. 이런 교육 환경에서 글로벌 프라이드를 외치는 것은 왠지 공허해 보인다. 가끔 학교의 포털메일을 통해 하버드대학, 옥스퍼드대학과 학문 교류를 위한 만남을 가졌다는 뜬구름 잡기 식의 소식과 기업의 기부금으로 짓는 건물 신축 소식을 접한다. 과연 이러한 것들이 학생들에게 좋은 교육 서비스를 제공하는 지표인지, 실로 의문이다.

적자생존은 답이 아니다

대학가에는 적자생존을 외치는 학우들이 많다. 학교와 재단이 부실한 교육 서비스를 제공해도, 수업의 절대다수를 구조적으로 부실한 형태로 채워도 어떻게든 좋은 학점을 따고 장학금만 받으면 그만이라는 생각이 팽배해 있다. 하지만 정글에서 살아남을 수 있는, 장학금을 받을 수 있는 학생은 극히 일부다. 단과대마다 차이는 있겠지만 평균 한 과에 두 명 남짓 될 것이다. 나머지 학생들은 어떻게 해야 할까. 부실한 교육을 받고 비싼 등록금을 내야 하는 부당한 현실을 감내해야 하는가, 아니면 열심히 노력하면 자신이 그 두 명 안에 들 수 있다고 자위해야 하나. 적자생존은 답이 아니다. 설령 앞서 말한 수혜 조건을 충족한다고 해도 학생 입장에서는 부실한 수업을 받게 되면 여러 모로 손해다.

과거에 비해 습득한 지식의 유통기한이 짧아졌다. 과거에는 대학에서 배운 학문이 적어도 자신이 사회에서 은퇴할 무렵까지는 유지되었다. 하지만 시대가 변했다. 대학에서 배운 지식이 몇 년 사이에 사장된다. 자연과학뿐만 아니라 인문학, 사회학도 빠르게 변한다. 대학에서 옳다고 배운 사실이 몇 년 사이에 뒤집힌다. 지식의 소유 여부보다는 지속 가능한 학습 능력이 필요한 시대인 셈이다. 하지만 이러한 능력을 한국 대학이 키워 줄 수 있는가, 하는 물음에 흔쾌히 그렇다고 대답할 수 있는 대학은 그리 많지 않아 보인다. 한국 대학들의 수업이 비정규직 교수, 즉 교원 지위가 없어 불안정한 교수들의 수업으로 채워져 있기 때문이다.

박정희 유신정권 때 개정된 고등교육법 때문에 아직도 한국의 비정규직 교수들은 많은 차별을 받는다. 계약 연장은 전임 교수에게 의존되어 있고 강의 평가도 전임 교수에 비해 불이익을 받는다. 가령 전임 교수는 강의 평가가 낮더라도 큰 불이익이 없지만 비정규직 교수는 일정 점수가 되지 않으면 다음 학기 수업을 할 수 없다. 이는 비정규직 교수들의 재량을 제한해 수업의 질을 떨어뜨리는 한 요인으로 작용한다. 소위 학생들에게 인기 있는 수업, 학점 잘 주는 수업으로 변질될 가능성이 있는 셈이다. 대학 4년은 중요한 시기다. 한국에서는 이 시기에 제한적으로나마 학문을 접하고 사회에서 필요한 능력을 키운다. 다른 시기에 학문을 접하고 지속 가능한 지적 능력을 갖추기는 사실상 힘들다. 따라서 중요한 때 많은 비용을 지불하고도 제대로 된 교육을 받지 못하거나, 그러한 기회 자체가 제한되는 교육 환경은 학생들에게 큰 손실이다.

참여는 '복잡' 한 게 아니다

입시철마다 고등학생들은 대학교의 홍보 책자를 보게 된다. 많은 대학들은 자기 학교가 우수한 교수진과 우수한 교육 시설을 가지고 있고 세계 유수 대학과 교환학생 프로그램을 가지고 있어 다른 어떤 대학보다도 경쟁력이 있다고 학생들에게 홍보한다. 그리고 학생들은 대부분 자신의 성적 범위에서 사회적 평판과 학교에서 제공하는 홍보 자료를 참고해 대학을 결정한다. 그래서 입학하고 일정 시간이 지나기 전까지 대학 강의가 번지르르한 건물과 다르게 구조적으로 문제가 있다는 사실을 알지 못한다. 분명 우수한 교수진이라고 했는데 수업의 대부분을 맡고 있는 사람들은 비정규직 교수들이다. 또한 학교와 재단은 등록금 인상을 이야기할 때 질 높은 교육 서비스를 제공하기 위해서는 등록금 인상이 불가피하다는 말을 자주 한다. 이는 학생은 소비자이며, 학교와 재단은 교육 서비스를 제공하는 일종의 "교육 기업"이라는 방증이다.

하지만 학생들은 등록금 인상에 반대하고 학교의 교육 서비스에 불만이 있어도 학교 안을 결국 수용하고 감내한다. '모난 돌이 정 맞는다' 고 혹여나 재학 기간 동안 불이익을 받을까 두려워하기 때문이다. 자전거를 처음 타 본 아이처럼 학교와 재단에 자신들의 주장을 관철시키는 행위는 그들에게 어렵고 먼 이야기다. 하지만 학교와 재단이 '진리의 상아탑' 에서 '교육 서비스를 제공하는 기업' 으로 자신들의 포지션을 정한 만큼 학생들도 소비자로서의 포지션에 충실할 필요가 있다. 학교와 재단, 학생의 관계는 서비스를 제공하는 기업과 소비자의 관계다. 소비자에게는 서비스에 불만이 있을 때 언제라도 의견을 개진할 권리가 얼마든지 있다. 가령 〈옥션〉에서 개인 정보 유출 사고가 났을 때 소비자들은 공동으로 대응해 소송을 냈다. 이는 학생들이 제대로 된 교육 서비스를 제공받기를 요구하는 것과 크게 다르지 않다.

참여 방법도 그리 복잡하지 않다. 〈옥션〉 소송의 경우도 복잡한 절차가 필요하지 않았다. 변호사를 선임하고 각자 서명한 뒤 약간의 착수금만 지불했다. 〈옥션〉 소비자들이 지속적인 관심을 가지고 소송이 어떻게 진행되는지만 파악하는 상태에서 일은 별 무리 없이 진행됐고 현재까지 〈옥션〉 측과 소송이 진행 중이다. 비정규직 교수 문제도 마찬가지다. 학교마다 학생회가 있기 마련이다. 학생들이 학생회를 뽑고, 이러한 사안에 관심을 가지고, 서명과 같은 약간의 참여만 한다면

학생은 시간강사 문제의 또 다른 당사자다. 학생은 이 문제에 주체적이고 적극적으로 참여해야 한다.

생각보다 일이 수월하게 풀릴 수 있다. 과거 민주화 투쟁을 하던 때와 다르게, 무언가 큰 결심이 필요하지 않다. 작은 관심과 행동만 있으면 된다.

약자가 연대할 이유는 충분하다

세상에는 "착하게 살아야 한다", "싸워서는 안 된다" 등등 좋은 말들이 실로 많다. 나는 이런 이타적인 가치와 행동이 무엇보다 중요하다고 생각하는 이상주의자다. 하지만 누군가에게 사회적 지지, 참여를 제안할 때는 그런 이타적인 가치, 이타적인 행동을 배제한다. 사람들은 자기와 먼 불특정 다수를 위한 이타적인 행동을 이해하지 못한다. 지인이 다쳤다는 소식을 접했을 때와 몇 사람을 거쳐서 아는 사람이 다쳤다는 소식을 들었을 때 느끼는 감정의 기복만 살펴봐도 그렇다. 사람은 아무리 옳은 일이라고 해도 나 자신과 먼 일이라고 판단되면 무관심하기 마련이다. 따라서 상대방이 관심을 가질 만한, 상대방의 이해득실과 공통분모가 있어야 연대가 수월하다.

그런데 대학생들은 비정규직 교수 문제에 밀접한 이해관계를 가지고 있다. 박정희 정권 때 개정된 현재 고등교육법은 개정이 필요하다. 비정규직 교수들의 교원 지위를 보장해야 한다. 학생들은 제대로 된 교육 서비스를 받을 권리가 있다. 학생들은 이미 물가 상승률보다 높은 등록금 인상률을 부담하고, 연 천만 원의 등록금을 납부한다. 도덕적으로도, 상식적으로도 위 두 주장 모두 옳다. 하지만 이해관계자인 학교와 재단은 갑이고, 학생과 비정규직 교수들은 을이다. 소위 말하는 갑과 을의 관계다. 사회의 기존 규칙 또한 학교와 재단 측에 유리하다. 학생과 비정규직 교수들은 상대적으로 약자다. 이로써 약자인 둘이 서로 연대할 이유는 충분하다.

대학은 재정의 상당 부분을 학생들의 대학 등록금으로 충당하고 있다. 학생들이 비정규직 교수 측과 연대해 집단행동을 할 경우 학교는 입장이 곤란해진다. 실제로 영남 지역에서 등록금 납부 거부 운동이 있었는데, 학생들의 참여가 좀 더 높았다면 일반 기업에서 노조가 파업을 하는 것보다 파급 효과가 더 컸을 것이다. 기업의 노동자는 파업으로 자신들의 노동력 제공을 거부하는 것이지만 학생들은 등록금 거부로, 기업으로 치면 매출에 직접적으로 타격을 입히기 때문이다.

법 개정 투쟁에서 대학생의 역할

비정규직 교수 문제, 즉 비정규직 교수의 교원 지위 회복에 있어서 대학생들의 역할은 복잡하지 않다. 비정규직 교수 문제가 자신들의 교육권과 밀접한 관계가 있다는 사실을 자각하고, 비정규직 교수 문제에 관심을 가지고 시작하면 된다. 비록 학교와 재단이 갑, 학생과 비정규직 교수 측이 을이지만 학생들이 대거 관여하게 되면 상황이 달라진다. 현재까지 한국의 대다수 대학 재정은 대부분 학생들의 등록금으로 충당되었다. 학생들이 집단적인 움직임을 취하면 학교와 재단은 움츠러들 수밖에 없다.

우리는 '지성의 전당'에서 '인간성 파괴'를 배운다

김소라 | 서울대학교 학생

12

2월 어느 추운 날이었다. 『서울대 저널』기자로 활동하던 시절에 내가 다니는 대학의 선생님들이 한 국회의원 사무실 앞에서 기자회견을 연다는 소식을 듣고 취재를 하러 달려갔다. 학교에서부터 선생님들의 차를 얻어 타고 차 안에서 이런저런 이야기들을 다급한 손놀림으로 취재수첩에 받아 적어 내려갔다. 보도자료와 성명서를 미리 읽어 보고 취재수첩을 살펴보며 차를 타고 기자회견 장소로 가는 내내 머리 속에는 온갖 질문들이 오갔다. 시간강사가 왜 교원이 아닐까, 대학에서 학생을 가르치는 사람들이 왜 교원 지위를 '회복'해야 한다는 주장을 할까, 강단에 서 있어야 할 선생님들이 왜 이 추운 겨울에 거리에서 기자회견을 해야 할까…….

김소라는 『서울대 저널』의 기자였다. 자신이 강의를 들었던 강사 선생님이 자살했다는 소식을 듣고 이 글을 썼다.

기자회견장에서 내가 아는 몇몇 선생님들을 뵐 수 있었다. 『서울대 저널』에 멋진 기고문을 써 주신 선생님, 2학년 여성학 수업 시간에 흥미진진한 강의를 해 주신 선생님이 보였다. 선생님들은 강단에서 내려와 길거리에서 마이크를 잡고 성명서를 읽어 내려갔다. 그리고 그 추운 날씨에 지나가는 시민들에게 전단지를 일일이 건네주었다. 끊임없이 카메라 셔터를 누르면서 내 마음은 조금씩 타들어 갔다.

　내가 아는 '시간강사' 선생님들은 이럴 분들이 아니었다. 전공 공부에 흥미를 잃고 교양 강의에 재미를 느꼈던 나에게 교양 강의를 담당하시는 강사 선생님들은 특별한 존재였다. '교수'라는 이름에서 느껴지는 위엄과 권위를 갖지 않은 대신, 선생님들은 좀 더 친근하게 학생들에게 다가서려 했고 학생들과 함께 호흡하고자 했다. 언제나 빡

교수가 강단이 아닌 거리로 나선 상황이 우울하다.

빡하게 채워져 있는 강의 노트, 그것을 강의 시간 안에 반드시 전달하고자 노력하는 선생님들의 모습에서 학문에 대한 열정을 느낄 수 있었다. 그런 분들이 왜 강단이 아닌 거리로 나서게 된 것일까. 학생 언론에서 활동하는 기자로서, 또한 선생님들에게 강의를 듣는 학생으로서 이 문제를 어떻게든 파고 들어가야겠다는 책임감이 내 마음을 묵직하게 눌러 왔다.

『서울대 저널』 기자의 이름으로 시간강사 문제를 취재하기 시작했다. 국회의사당 앞에 자리 잡은 시간강사 선생님들의 농성장을 방문했고, 내가 다니는 학교의 시간강사 선생님들을 만나 시간강사에 대한 부당한 처우에 대해서도 들었다. 또한 시간강사 문제를 해결하기 위해 노력하고 있는 학생 단체와 여러 사회단체들과도 접촉했다. 특히 학내 언론이라는 특성상 범위를 학내로 좁혀, 우리 학교에서의 시간강사 문제의 실태에 집중했다. 우리 학교에서 강의하는 시간강사들은 어떤 대우를 받고 있는지, 어느 정도의 고용 안정을 누릴 수 있는지, 교직원 사회 내에서 어떤 직위로 인정받고 있는지 등을 자세히 파고들기 시작했다.

사실 취재를 시작하기에 앞서 모종의 기대 같은 것을 품고 있었다. 내가 다니는 학교는 사립대학이 아닌 국립대학이고, 그것도 국내에서 가장 이름 있는 국립대학이기 때문에, 그나마 시간강사 문제에서 어느 정도 비껴가 있지는 않을까, 다른 사립대학들과는 달리 국립대학이니 사정이 좀 낫지 않을까 하는 기대감이었다. 하지만 취재를 하면서 이런 기대가 허상이었음을 깨달았다. 서울대학교 시간강사들의 시간당 강의료는 4만 2,500원으로 전국 각 대학의 시간강사 강의료를 놓고 보았을 때 그나마 나은 편에 속했지만, 그렇다고 이러한 강의료가 적정(!) 수준인 것은 결코 아니었다. 3학점 강의를 맡았을 때 한 달 급여가 50만 원 내외라는 이야기인데, 이렇게 될 경우 우리 학교에서 강의하는 시간강사 역시 "보따리장수" 신세를 면치 못하게 된다. 연구 공간이나 강사 전용 휴게실도 턱없이 부족하다. 직접 학교 건물 곳곳을 돌아다녀 봤지만 시간강사 전용 휴게실이 있는 학과는 손에 꼽힐 정도였다. 방학이 되면 강의료를 받지 못하는 것, 국민이라면 누구나 누려야 할 사회복지 혜택인 4대 보험도 적용받지 못하는 것 역시 서울대라고 다를 바가 없었다.

시간강사들이 시달리는 가장 심각한 문제 중 하나인 고용 불안 역시 서울대도 예외는 아니었다. 서울대학교 시간강사들의 근로계약은 종강 무렵 조교가 강사에게 전화를 걸어 강의 담당 여부를 통보하는 '구두계약' 형태다. 임금 등 고용조건을 명시한 근로 계약서도 없고, 근로계약이 체결된 뒤에도 강사에게 전해지는 계약서나 위촉장도 없다. 서울대학교 홈페이지에 공개돼 있는 '서울대학교 시간강사에 대한 규정'을 아무리 읽어 봐도 이러한 근로 계약서나 위촉장 등에 대한 사항을 찾아볼 수 없었다. 이 사실이 믿기지 않아 인터뷰를 하는 선생님들마다 근로 계약서의 존재 여부를 물었지만 돌아오는 대답은 같았다. 종강 무렵에 조교에게 전화를 받으면 다음 학기에도 계속 강의를 할 수 있는 것이고, 전화를 못 받으면 강의가 없는 것으로 알고 있다는 것이다.

취재 과정에서 최근 대학들은 대우 교수, 강의 전담 교수 등 변형된 형태의 시간강사 제도를 만들어 운영하고 있다는 사실을 알게 됐다. 서울대학교에도 비슷한 사례가 있을 것이라 예상하고 비슷한 명칭의 '변형 시간강사'를 조사했다. 학내에서 각종 기초 교양 강의를 개발하는 〈기초 교육원〉에서는 '전임 대우 강의 교수'와 '전임 대우 연구 교수' 등을 두어 대학 국어, 대학 영어 등의 과목을 맡아 강의하고 〈기초 교육원〉 내의 각종 연구를 수행하도록 하고 있었다. 이름만 '전임 대우' 교수일 뿐 1년 단위로 계약을 맺는 비정규직이었다. 전임 대우 교수는 시간강사에 비해 그나마 나은 고용조건에서 강의를 하고 있었다. 〈기초 교육원〉 내에 전용 연구실도 있었고, 급여도 조금 나은 상황이었다. 하지만 이들이라고 경제적으로 그리 여유 있는 생활을 하는 것은 아니었다. '전임 대우 강의 교수'의 연봉은 3천만 원 선이며 연구비 지원은 일체 없다. 급여에 만족하기 어려워 추가 강의를 하고자 해도 타교 출강이 금지돼 있다. 설령 학내 프로그램 참여를 통해 급여를 높이려 해도 그만큼 연구 및 논문 작성 시간을 빼앗기기 때문에 선택이 쉽지 않은 상황이었다. 취재 과정에서 만난 전임 대우 교수는, 동료들 중에는 계약제이면서 급여는 낮은 대신 연구 시간이 많이 나는 각종 연구 프로젝트의 연구직으로 옮긴 강사도 적지 않다고 귀띔해 주었다.

한 분 한 분을 붙잡고 인터뷰를 요청하는 마음이 결코 편할 수가 없었다. 인터뷰에 응해 주시는 선생님 역시 편치 않으셨을 것이다. 어렵게 인터뷰에 응해 주신 선생님들은 처음에는 말을 아끼시다가도, 어느 정도 인터뷰가 진행되면 모든 것을 숨김없이 다 말씀해 주셨다. 시간강사로 살아가는 학자로서의 어려움, 수많은 사연, 수많은 응어리들이 내 취재수첩을 가득 채워 내려갔다. 학내에서 어떤 이름, 어떤 직위로 강의를 하든지 전임 교수가 아닌 시간강사들은 한결같이 어려운 처지에 놓여 있었다. '그래도 이 직위에서는 나은 대접을 받지 않을까' 하고 생각하고 인터뷰를 해 보면 항상 기대를 저버리기 일쑤였다.

이쯤에서 지금까지 내가 대학을 다니면서 받아 온 교육을 돌이켜 볼 수밖에 없었다. 전공과목만으로는 늘 배고픔을 느끼던 지적 호기심을 채워 준 시간강사 선생님들의 교양 강의들을 다시 생각해 보았다. 나의 노트로 옮겨진 시간강사 선생님들의 빡빡한 강의 내용, 과제를 돌려받을 때마다 가장 먼저 확인했던 선생님의 꼼꼼한 첨삭이 온전히 선생님 개개인의 열정에서 비롯된 것이 아니었음을 깨달았다. 시간강사 선생님들의 열성적인 강의 이면에는 비정규직 시간강사로서 느낄 수밖에 없는 불안감이 존재하고 있었던 것이다. 선생님들이 부족한 시간을 쪼개 가며 무언가에 쫓기는 심정으로 만들어 낸 강의 노트, 과제 첨삭을 나는 그저 감사히 받아들이고 있었다. 나는 그것을 교육 수요자로서 '당연한' 것으로 받아들이고 있었는지도 모른다. 대학은 최소 비용으로 최대한의 교육을 제공하기 위해 시간강사를 착취해 왔는데도, 나는 내 등록금이 어떻게 쓰이고 있는지도 모른 채 내가 낸 등록금에 대한 당연한 대가라 생각하며 시간강사 선생님들의 교육을 누리고 있었다. 전공과목은 뒤로 미뤄 두고 교양 과목을 열심히 들어 왔던 나의 대학 교육은 '착취'의 기반 위에 세워진 것이었다.

시간강사 선생님들의 열악한 처우는 결국 열악한 교육으로 돌아올 수밖에 없다. 대학에서 배우는 학문은 본질적으로 탐구의 산물이며, 학문을 전달하는 학자는 많은 시간을 연구에 투자해야 하는데도 시간강사들은 최소한의 생계유지를 위해 1주일에 15학점 이상의 강의를 해야 한다. 그리고 어쩔 수 없이 이 학교 저 학교로 "보따리장수"를 나서야 한다. 이런 상황에서는 끼니조차 제때 해결하기 어렵다. 하물며 자신이 강의하는 분야에 대한 연구는 얼마나 가능할까. 학생들의 과제에 대한 첨삭이나 수업 준비만으로도 벅차다. 전용 휴게실이나 연구실이 있는 것도 아니어서 학생들이 수업 내용을 질문하려 해도 찾아갈 곳이 없다. 강사가 수업을 마치고 강의실 문을 나서는 순간 강사와 학생과의 관계는 멀어지게 된다. 이렇게 시간강사에게 교육을 받는 학생들은 제2의 피해자가 된다. 열악한 처우는 열악한 교육을 낳고, 열악한 교육은 다시 열악한 인재를 낳는 악순환이 지속될 수밖에 없다.

지금 학생인 이들 중 누군가는 대학원에 진학할 것이고, 또 누군가는 교수의 꿈을 품을 것이다. 이들에게 시간강사 문제는 '그들만의' 문제로 끝나지 않는다. 한 친구는 내가 취재를 하는 모습을 보면서 마음이 무거워졌다고 털어놓았다. 졸업 이후에 대학원에 진학할 예정인데, 교수가 되고자 하는 꿈이 있지만 자신 역시 비정규직 시간강사가 되는 것이 아닌가 하는 불안감에 시달린다고 했다. 지금도 많은 연구생들이 대학원 과정을 밟으며 공부하고 있고, 많은 학생들이 대학원 진학을 목표로 하고 있다. 이런 상황에서 시간강사의 현재가 곧 학생들의 미래라는 사실을 부정할 수 없다.

나는 비로소 선생님들을 교육 서비스의 생산자가 아니라, 한 학교 울타리 안에서 함께 숨 쉬고 있는 인간 대 인간으로 바라보게 됐다. 다음 학기에 강단에 설 수 있을지조차 보장받지 못하는 불안감, 제대로 쉴 곳도 없이 이 학교 저 학교를 강의록을 들고 옮겨 다녀야 하는 고단함, 학자로서 제대로 된 연구를 할 시간조차 주어지지 않는 척박함 속에 시달려야 했을 선생님들의 고통을, 대학을 3년이나 다니고도 알지 못했다. 등록금을 냈으니 마땅히 누려야 한다며 그동안 편하게 수업을 듣고 이런 교육을 당연한 것으로 생각해 왔던 나 자신에 대해 모멸감을 느끼게 됐다. 왜 좀 더 일찍 선생님을 인간 대 인간으로 마주하지 못하고, 선생님들의 고통을 들여다보지 못했을까. 왜 나는 이렇게 가까운 이들, 고마운 이들의 고통에 관심을 기울이지 않았던 것일까.

올해 초 시간강사 고 한경선 선생님이 자살을 했다. 머나먼 이국땅에서 날아온 유서 한 장이 가져온 충격이 채 가시기도 전에, 내가 불과 1년 반 전에 수업을 받았던 선생님 또한 비슷한 시기에 자살했다는 사실을 알게 됐다. 1주일에 단 2시간, 2학점짜리 수업이었지만 나에게는 1주일을 기다리게 만들 만큼 유익하고 재미있는 수업이었다. 부드럽고 온화한 목소리로 프랑스어권 국가의 사회와 문화에 대해 흥미로운 지식을 전달해 주셨던 그 멋진 선생님이 자살을 택하셨다는 사실을 나는 한동안 받아들이기 힘들었다. 나와 개인적으로 마주해 보지도 못했고 좀 더 가까이 다가갈 기회도 없었지만, 그 선생님에게 수업을 들었던 인연이 있는 사람으로서 나는 선생님의 죽음 앞에 아무것도 할 수 없었다.

지금까지 자살을 택했던 우리 학교의 시간강사 선생님들, 다른 학교의 선생님들, 그리고 고 한경선 선생님까지. 잇따른 선생님들의 죽음 앞에 수많은 학생들은 나와 같은 좌절감을 느꼈을 것이다. 떠나간 선생님들이 겪었던 고통과 남아 있는 학생들이 감수해야 하는 슬픔은 대체 어느 누가 보상할 수 있을 것인가. 지성의 전당이라는 대학 안에서 선생님들은 목을 매고, 학생들은 선생님의 영정 앞에서 향을 피우는 모습, 이것이 우리나라 대학의 현실이다. 지성의 전당에서 인간성의 파괴를 목도하는 대학생, 나는 과연 대학에서 무엇을 배우고 있는 것일까.

강의 시간 선생님의 빽빽한 강의 노트에서 비정규직의 불안한 현실을 보고 싶지도, 황급히 강의실 문을 나서는 선생님의 뒷모습에서 우리의 불안한 미래를 보고 싶지도 않다. 선생님과 학생 모두 인간적인 대우를 받으며 사람답게 살 수 있는 대학을 만들어야 한다는 과제 앞에서, 학생 역시 시간강사 문제의 당사자임을 더 이상 부정할 수 없다. 지금 내가 다니고 있는 대학, 나아가 모든 대학이 빠른 시일 내에 인간에 대한 예의와 존중을 되찾기를 바란다. 시간강사의 교원 지위 회복은 학생들의 교육권 회복으로 연결되고, 나아가 학생들이 어느 무엇보다도 소중한 가치, 바로 '인간성'을 대학 안에서 충만하게 누리고 배울 수 있는 계기가 될 것이다.

13

나는 더 이상
가짜 대학생이기를 거부한다

홍상현 | 영남대학교 학생

"학생은 아니지만 대학에 나가고 있습니다." "어머, 그럼…… 교수님 이신가요?" "아뇨. 아직 시간강사예요. 헤헤……" 교수는 그만두고 전 임강사도 아닌 자신이, 그리고 백치처럼 말꼬리에 싱거운 웃음을 흘리 고 만 자신이 혐오스러웠다.

—김승옥, 서울의 달빛 O章(1977년) 가운데

학보사 활동과 비정규직 시간강사

새봄과 함께 시작된 첫 학기가 순식간에 지나가자, 고등학교 때 가 졌던 대학에 대한 이상은 그저 낭만 같았다. 회의에 빠져 있던 중 열

홍상현은 영남대학교 신문사 『영대신문』의 교육부장이다. 어쭙잖은 글 솜씨와 체력 탓에 늘 국 장과 다투고 있다고.

정을 되찾기 위해 학보사에 들어갔고, 수습 과정을 거친 후 어느새 사회부 기자라는 글자가 내 이름 앞에 새겨져 있었다. 무엇을 취재해야 할지, 어떤 기사가 재미있을지, 그날도 고민에 가득 찬 채로 강의실에 들어갔다. 곁눈질로 수업을 듣고 있었는데 교수님은 무작정 칠판을 지우고는 학생들과 함께 대화하기 시작했다.

다양한 사회문제들을 놓고 이야기하다가 어디선가 '시간강사'라는 말이 나왔다. 한 학생이 교수님을 향해 물었다.

"교원과 시간강사의 차이가 무엇인가요?"

"그것은 정규직과 비정규직의 차이에서 시작됩니다. 나 같은 비정규직 교수를 보고 흔히 '보따리장수'라고들 하지요."

담담한 표정으로 선생님이 답했다. 그러나 곧 무언가 생각하는 듯 근심 가득한 얼굴로 바뀌었다.

"구체적으로 무엇이 다릅니까?"

학생이 다시 물었다. 선생님은 잠깐 머뭇거리고는 곧 "대학의 교수 사회에는 다양한 직급과 역할이 있습니다. 여러분이 어떻게 생각할 지 모르겠지만 역시 말하는 것이 좋겠네요. 전임교원은 여러분이 잘 아는 '교수'입니다. 그러나 시간강사 등으로 불리는 비정규직 교수의 경우 교양 강의 대부분을 맡고 있지만, 처우나 복지 면에서는 현저한 차이가 있지요." 이어서 선생님은 "여러분은 고맙게도 저를 교수라고 부르지만 엄밀히 말하면 그것은 정확하지 않습니다. 또한 궁금한 점을 물으러 찾아오는 학생에게도 미안하지만 조언해 줄 연구실이 없습니다." 충격. 항상 열심히 강의하는 선생님이 비정규직이며 동시에 그러한 처우를 받고 있다는 것은 충격이었다. 그렇다면 도대체 대학에서 우리를 가르치는 사람은 누구인지 의문이 들기 시작했다.

국회 앞 허름한 천막에 가다

당시는 전국이 미국산 쇠고기로 인한 광우병 파동 문제로 몸살을 앓고 있을 때였다. 마침 그 문제의 정점에 서 있던 강기갑 의원을 국회에서 인터뷰할 자리가 생겼다. 강 의원의 바쁜 일정으로 취재는 예정보다 훨씬 일찍 끝났다. 시간이 많이 남아 국회 주위를 둘러보는데 차가운 인도 바닥에 자리 잡은 허름한 천막 하나가 눈에 들어왔다. 천막 주위에 펼쳐진 '비정규직 교수의 법적 지위 확보'를 요구하는 수많은 피켓과 펼침막, 그리고 학사모를 쓰고 서 있는 마네킹에 주눅이 들기는 했지만 들어가 취재를 해 보기로 했다.

겉모습과는 달리 안으로 들어가니 취사도구부터 연구를 위한 노트북에 초여름이지만 쌀쌀한 밤을 견디기 위한 이불까지…… 없는 게 없었다. 마침 천막을 지키고 있던 김영곤 선생은 우리를 반갑게 맞아 주었다. 인사를 한 후 이런저런 이야기를 나누었다.

"대학 강사는 유신정권 시절인 1977년에 교육법이 개정되면서 교원 지위를 박탈당했습니다. 당시 정부에 비판적이었던 젊은 강사들이 학생들에게 민주화 운동에 참여하기를 권하는 것을 막기 위해서 말이지요. 그러고는 지금까지 31년 동안 풀리지 않고 있는 문제입니다."

김영곤 선생님의 진지한 설명에도 나는 그저 교수 사회만의 문제이겠거니, 싶어 크게 관심이 가질 않았다.

"그렇다면 교수님이 이렇게 천막 농성을 하는 것은 임금과 복지 문제 같은 열악한 처우를 개선하기 위한 것입니까?"

"그런 건 부차적인 문제지요. 우리가 이 천막을 지키고 있는 것은 교원 지위를 '회복'하기 위한 것입니다."

김영곤 선생님은 그 말을 하면서 메모지에 '교원 지위 회복'이라는 글자를 힘주어 썼다.

고등교육법 개정 때문에 원래는 '교원'이었던 사람들이 현재는 교원이 아니게 된 것이라 했다. 대학에서 강의를 하는 사람들 중 대다수가 비정규직이라면, 대학은 비싼 등록금을 받고 저임금으로 강사들을 고용한 그 나머지를 어디에 쓰고 있다는 말인가. 또 해마다 학생들과 경매하듯이 최고가 등록금을 낙찰하고는 교원이 아닌 사람들에게 가르치게 하는 것이 과연 학원이 아닌 대학이 할 일인가 하는 의문이 들었다. 대구로 내려오는 기차에서 비정규 교수 문제가 교수 사회뿐만 아니라 학생들과도 얽혀 있는 문제라는 데 생각이 미치자 이를 기삿거리로만 생각했던 것이 부끄러워졌다.

비정규 교수 문제로 첫 기사를 쓰다

그후, 신문 발행일이 다가오자 회의 끝에 사회면에 비정규직 교수 문제를 연재하기로 했다. 첫 호에서는 비정규 교수 문제에 대한 인식 수준과 실태를 알리기로 했고, 다음 호에서는 학교 구성원이 모여 이 문제를 토론하기로 했다.

〈비정규교수노동조합〉 영남대 분회 취재를 하면서 동시에 학부생들에게 설문 조사를 해 보았다. 비록 재학생 수와 비교하면 적은 수이지만 2백 명을 대상으로 몇 가지 질문을 했다. 먼저 자신이 수강하는 강의의 담당 교수가 전임교원인지 비정규직 교수인지를 알고 있는지 물었다. 약 61.5퍼센트의 학생들이 '잘 모르겠다'고 답했다. 실제로 학생들을 무작위로 인터뷰했을 때도 담당 교수의 직급을 모르는 것을 떠나 교원과 비정규 교수를 구분하지 못하는 학생이 많았다. 반면 설문에서 그 차이를 '알고 있다'고 답한 학생들의 약 92퍼센트는 '처우 개선이 필요하다'고 답했으며, 그중 62퍼센트는 '전임교원과 비교해 강의의 질의 차이를 느끼지 못하기 때문'이라고 했다.

설문 조사를 한 뒤에는 대학생과 대학원생을 취재했다. 먼저 대학의 총학생회장을 만났다. "(여러 문제점을 설명하며) 이러한 문제들에 대해 어떻게 생각하십니까?" "구체적인 현황을 파악하지는 못했지만 비정규 교수의 처우 문제와 학생들의 수업권 문제라는 점에서 공감합니다." 대답이 다소 중의적이라는 생각이 들어 다시 물었다. "그렇다면 특별히 계획하고 있는 활동이 있습니까?" "앞으로 학내 여러 비정규직들의 의견을 학교에 반영할 수 있도록 많은 활동을 하겠습니다."라고 대답했다. 그러나 임기가 끝나가는 현재까지 문제 해결을 위해 총학생회가 특별하게 활동한 것은 없었다.

뜻밖으로 학생들은 이 문제에 관심이 없는 듯했다. 나름대로 가장 관심을 보이지 않을까 싶어 약속을 정한 것은 대학원생이었다.(누구인지는 구체적으로 밝힐 수 없다.) "대학원생이라면 향후 학자의 길을 걸을 가능성이 많은데, 비정규 교수 문제를 어떻게 보고 있습니까?" 대학원생은 친근한 표정으로 나를 바라보며 답했다. "물론 저희도 시간강사 분들의 문제점을 많이 봐 왔고 상황도 잘 알고 있습니다. 또 그것은 곧 저희들의 문제가 되기도 하고요. 그렇지만 대학원은 학부와 달리 교수님과의 관계가 매우 밀접합니다. 어떻게 생각하실지 모르겠지만 섣불리 문제 해결을 위해 나서기가 어려운 것이 현실입니다." 어떤 상황인지 알 수 있었다. 다음 호에 싣기 위한 학교 구성원 간 토

비정규 교수 문제를 해결하는 데 가장 큰 어려움은 대학 구성원의 무관심이다.

론에 와 달라고 청하고 씁쓸한 마음으로 편집국으로 돌아왔다.

이제는 어느 정도 취재가 정리된 것 같아 대학 본부를 찾아갔다. 본부에서 교원 인사팀장을 만났다. 여태까지 취재한 것들을 간략히 소개하며 운을 뗐다.

"우리 대학의 전임교원 수는 어느 정도입니까?"

"현재 전임교원 충원률은 약 51퍼센트 정도지만 계속해서 확보율을 높이려 하고 있습니다. 그렇지만 교원의 자질 문제와 재정 문제 때문에 잘 되지 않고 있지요."

"그렇다면 비정규 교수들의 처우, 그중에서도 4대 보험이나 연구실 부족 등의 문제를 어떻게 풀어 가려 하십니까?"

"보험 문제는 우리 대학만의 문제도 아니고 강사와 학교가 함께 그 비용을 부담해야 하기 때문에 만만치 않습니다. 연구 환경이 열악한 점은 인정하지만 현재로서는 연구실을 확충할 공간이 없기 때문에 당장은 무리입니다."

쓸쓸함의 연속이었다. 학교 구성원 모두 다들 한 발짝 뒤에 서서 이 문제를 바라보기만 했다.

두 번째 기사, 그리고 끝나지 않은 이야기

그렇게 취재가 마무리되고 첫 기사를 실은 신문이 발행됐다. 비정규직 교수 현황과 문제점, 교수 인터뷰 등으로 짜인 기사로 한 면이 채워졌다. 관심을 불러일으키기에는 부족하게 느껴졌다. 서둘러 다음 호인 비정규 교수 문제 토론회를 준비했다. 토론자를 꾸리는 것부터 난항의 연속이었다. 〈비정규교수노동조합〉에서는 세 분이나 참석하겠다고 답해 왔지만 전임교원 중에서는 강의에 들어가서 참석을 부탁하며 아무리 따라다녀도 수락하지 않았다. 또 대학 총학생회에서는 바쁜 일정을 이유로 참석을 거부한데다가, 전날까지 오겠다고 약속했던 대학원생은 정오로 약속된 토론회 당일 오전까지 수십 통 전화를 해도 받지 않았다. 앞이 까마득했다. 이미 비정규 교수님 세 분은 토론 장소인 신문사에 와 계신 상황에 다른 참석자는 참석 거부에 연락 두절까지…… 교수님들에게는 죄송하게 되었지만, 이 상황을 전하고 토론회 대신 '비정규직 교수 대담회'로 바꾸어 진행했다. 덕분에 좀 더 진솔한 얘기들을 들을 수 있었다.

"아까 학생들 자신의 목소리를 내야 한다고 하셨는데 어떻게 이 문제에 참여할 수 있을까요?"

윤병태 교수(영남대 분회 정책기획실장)가 답했다.

"우선 학생들이 권리 의식을 가져야 해요. 비정규직 교수들보다 약

스무 배 정도의 임금을 받는 정규직 교수들이 정말로 그만큼 강의를 잘하는지 강의 평가를 하자고 주장할 수도 있다고 생각합니다."

"강의 평가 말고도 학교 내에서 현실적으로 할 수 있는 것은 어떤 것이 있을까요?"

김용섭 교수(영남대 분회장)가 웃으면서 답했다.

"누가 내 연구실이 어디냐고 물어보면 7330이라고 말합니다. 제 자동차 번호예요.(웃음) 그런 의미에서 최소한의 연구 조건과 임금부터 갖춰야 하겠지요."

이어서 윤 교수가 말했다.

"나는 강의를 하고 연구를 하는 '노동자'예요. 이 노동자가 생활하기 위해서는 기본적으로 임금이 필요하고 그 밖의 다양한 것들이 있어야 하는데, 교육과 같은 특수한 문제는 국가가 나서서 해결해야 한다고 생각해요. 특히 강사들에게 최소한의 생활 기준은 마련해 주어야 하는데 그런 것이 미비한 것이 문제지요."

계속해서 처우 문제만 얘기한 것 같아 화제를 돌렸다.

"학생들 참여도 중요하겠지만 1977년에 교권을 박탈당한 후로 31년 동안 이 문제가 해결되지 않고 있는데, 〈비정규교수노동조합〉의 투쟁 방법에 문제가 있는 것 아닙니까?"

이번에는 하재철 교수(영남대 분회 사무국장)가 답했다.

"예전에는 시간강사로 지내다가 전임강사가 될 확률이 높았어요. 그런데 지금은 그 문이 좁으니까 다른 쪽으로 눈을 돌릴 수가 없어요. 오히려 비정규 교수들이 더 수동적으로 되고 있는 것이지요."

윤 교수가 거들었다.

"실질적인 투쟁을 한 적이 거의 없지요. 비정규 교수 제도가 본질적으로는 심각한 문제인데도 이를 고민하는 정규직 교수나 비정규직 교수, 대학생이나 지식인이 별로 없어요. 그게 문제죠."

"그렇다면 학생들에게 당부하고 싶은 말이 있습니까?"

하 교수가 말했다.

"학생들이 대학에 등록금을 내고 교육을 받는 만큼 확실한 주인의식을 가져야 합니다. 또 비정규 교수 문제뿐만 아니라 학내외 다양한 문제에 관심을 가졌으면 합니다."

진짜 대학생이 되고 싶다

비정규 교수 문제를 취재하면서 많은 생각을 하게 됐다. 비정규 교수 문제의 대안, 그중에서도 특히 법 개정 투쟁에 있어 대학생의 역할에 대해서. 이 글을 쓰기 위해 많은 사람들과 이야기를 나눴지만 마땅한 답을 내리기는 어려웠다. 또 잘 알지도 못하는 문제에 대해 대학생을 일반화시켜 가면서까지 그 역할을 논하는 것은 건방진 일일 것이다. 결국 개인적인 경험에서 나름의 방안을 찾았다. 학보사 기자 활동을 하고 있는 내 상황에서 대안을 굳이 꺼낸다면, 비정규 교수 문제에 지속적으로 관심을 갖고 기사를 통해 학생들에게 알리는 것이 최선이라는 생각이 든다. 또 다른 학생들은 그 학생이 자리하고 있는 바로 그곳에서 마찬가지로 관심을 갖고 비정규 교수 문제를 논의하는 것이 방법이 아닐까 한다. 최근 고려대학교 세종 캠퍼스 학생들이 '비정규 교수 노조와 함께하는 이 땅의 비정규직 바로 알기 주점 행사'를 열었다는 소식을 들었다. 이러한 방법도 법 개정 투쟁에서 사회적 관심을 환기하는 좋은 방법일 것이다.

뒤늦게 고백하건대 처음에 나는 비정규 교수 문제를 조금은 삐딱한 시선으로 바라봤다. 분명 비정규 교수의 처우나 연구 환경, 법적 지위 문제 등은 모든 면에서 관심과 개선이 필요한 문제임에도 특정 집단만의 문제라고 생각했다. 그래서 취재를 할 때 꺼림칙한 기분이 들 때가 있었다. 하지만 사람들과 이야기를 거듭할수록 비단 교수 사회의 문제만이 아닌 대학 구성원 모두와 연관된 문제라는 확신을 얻게 되었고, 모두들 너무도 무관심하다는 것이 의아하기만 했다. 천막 농성을 하는 교수님이 왜 차가운 바닥에서 4백 일이 넘도록 자리를 지키는지, 우리 대학의 비정규 교수님들이 가끔씩 나에게 연락하셔서 이야기를 하고 또 왜 이 글을 청탁하시는지 가만히 생각해 봤다. 결국 '모두의 문제'이기 때문이다. 이것은 특정 집단만의 문제가 아니다. 대학에서 학생을 가르치는 사람은 법적으로 교원이며 기본적인 생활과 처우가 보장되는 곳에서 교육할 권리를 가지고 있으며, 학생은 그 중에서도 훌륭한 교원에게 교육을 받을 권리가 있는 것이다. 그러므로 매년 치솟고 있는 등록금은 학생의 수업권을 보장하는 일에 가장 먼저 쓰여야 한다.

이 글의 제목에서 "나는 가짜 대학생이기를 거부한다"고 했는데, 그렇다고 나 자신이 쉬이 진짜 대학생이 될 수 있다고는 장담 못하겠다. 다만, 개인적으로 진정한 대학생은 한마디로 '행동하는 지식인'이라고 생각한다. 그리고 진리를 혼자서만 소유하는 것이 아니라 진리를 공유하는 사람일 것이다.

글재주도 없이 쓰느라 중언부언했다. 비정규 교수 문제가 제18대 국회에서 마무리되기를 기원하는 마음으로 마침표를 찍는다.

14

나는 소망한다,
내 자식이 배우는 선생님은…

오영미 | 목사

1980년대 초반 고종사촌 오빠는 도자기 굽는 예술가였다. 그런데도 대학교수가 되려면 교수님들을 대접 잘하고 돈을 많이 써야 한다는 말을 했다. 1980년대 중반, 대학 설립 신고서를 작성하여 교육인적자원부의 전신인 문교부에 서류를 제출하러 다닌 적이 있다. 멋모르고, 철모르는 어린 나이였다. 어느 대학에서 사무처장을 하던 분이 각 부처 중에 문교부가 가장 썩었다고 하더라는 말을 하셨다. 아마도 봉투 문화를 두고 말하는 것 같았다.

1990년대 중반이 지나면서 초등학교 학부모가 되었다. 학교 사회를 잘 이해하지 못해 우리 아이가 왕따를 당하는 경험을 했다. 선생님에게 필요 이상 혼나고 오고 잘못을 지적받았다. 나중에 생각해 보니 촌지 문화를 이해하지 못해서 생긴 일 같았다. 아이를 가르쳤던 네 선

오영미는 다솜 교회 목사이며, 다솜 공부방 대표로 있다.

생님 중에 두 선생님은 진실로 교사라는 직업을 즐기는 것 같았다. 참 재미나게 아이들을 가르쳤고 지도해 주셨다. 옆에서 그것을 지켜보는 학부모인 나도 함께 행복해하고 즐거웠던 기억을 갖고 있다. 지금 내 아이는 대학생이 되었다. 지금까지는 대학교에 얽힌 사회문제에 특별히 관심을 가진 적이 별로 없었다. 학부모 입장에서 비정규직 교수님들 문제에 관련한 글을 써 달라는 부탁을 받고 보니 이런저런, 내가 아는 교육 문제에 관하여 생각하게 되었다.

나는 10여 년 전부터 빈곤층의 어린아이들과 함께 살고 있다. 그러다 보니 교육 문제가 심각한 사회문제가 되어 있다는 것을 절감하게 되었다. 부모의 학력과 사회적 지위, 경제적 능력, 사는 곳에 따라 아이들의 미래가 결정된다는 사실을 알게 되었다. 의사는 의사 아들을

한국에서 교육 문제는 모든 국민의 문제이자 가장 심각한 사회문제다. 대학 강사 문제는 그 가운데서도 가장 심각한 현안 가운데 하나다.

두고 판사는 판사 아들을 둔다. 교사는 교사 아들을 둔다. 막일하는 사람은 막일하는 아들을 둔다. 가난한 집 자녀는 대개는 또 가난의 대물림 속에서 살아야 한다는 절망적인 사실을 깨달을 수 있었다.

가난이 대물림되는 원인 중 가장 중요한 것이 바로 교육 문제다. 내 아이들도 가난한 집 자녀로서 어릴 때부터 유치원 교육을 비롯해 사교육을 거의 받지 않고 성장하였다. 학교 갔다 와서는 책가방 집어 던지고 거의 자유롭게 생활을 했다. 나는 늘, 아이들을 화학비료로 키우지 않고 퇴비로 키운다고 내심 자랑스러워했다. 우리 아이들은 영어 공부를 힘들어했다. 현실을 잘 모르는 나는 왜 영어 성적이 오르지 않느냐고 다그치기만 했다. 아이들은 어려서부터 원어민 어학원에 다닌 아이들과, 방학 때마다 외국에서 살다 온 아이들이 너무 많아서 뛰어넘기 힘들다고 했다. 심지어는 "왜 엄마는 우리를 이렇게 무방비 상태로 내버려 둬서 수능 공부하는 데 지장을 주느냐, 조금 더 미리 영어 공부를 시켰더라면 아마 다른 공부하는 데 조금은 쉬웠을 것"이라고 원망을 하였다. 난 그럴듯한 좋은 말로 변명을 하였다. "얘들아, 서울 강남 사는 애들은 의과 대학원에 다니는 학생도 학원에서 공부한다더라. 그렇게 의존적으로 공부해서 어떻게 스스로 결정하는 의사가 될 수 있겠니? 너희들은 화학비료도 안 주고 농약도 안 주고 그냥 자연에서 유기농법으로 키운 아이들이라 지금 당장 때깔은 나지 않지만 아주 튼튼하니까 정말 너희들이 원할 때 무엇이든 스스로 할 수 있을 거야."라고 말해 주었다. 이것은 나 자신을 향한 자위의 말이기도 했다.

왜 아무 조치를 취하지 않았느냐고 원망을 들을 때마다 아쉬워한다. 유기농법으로 키우더라도 조금 더 일찍 제때 물을 주고 퇴비를 줄 수 있을 텐데. 다시 한 번 초등학교, 중고등학교 학부모를 한다면 잘

할 수 있을 텐데, 조금 더 일찍 영어 공부를 시킬 수 있었을 텐데, 하는 것은 부모로서의 숨은 욕심이다. 하지만 한편으로는 어차피 부모는 아이에게 필요한 사랑과 보살핌을 공급해 주고 아이 스스로 물 먹고 공기 먹고 햇볕을 쏘여야 하지 않을까 하는 생각을 한다.

유기농으로 아이를 키운 어머니라고 말하는 나는 어느덧 대학생 아들을 두게 되었다. 우리 아들은 지난 1학기 말 갑자기 반수*를 해서 대학 입시를 보겠다고 했다. 이유인즉 자기가 수강 신청한 '북한 바로 알기'란 교양 과목이 C+가 나왔다는 것이었다. 그러고 나서 이삼 일이 지나자 자신이 전공하는 경제학 관련 과목 점수가 그런대로 잘 나와서 반수를 안 하겠다고 한다. 아마도 자신의 잘잘못을 떠나 자신이 C+ 점수를 받은 데 대한 불만과 변명을, 반수를 하겠다는 이야기로 대신한 것이라 생각한다. 점수 받는 것을 포기하면 다시 수강할 기회를 준다는데 그 과목은 소위 말하는 '강사'가 가르친 과목이라 다시 번복할 수 없다고 한다. 그래서 다음 학기를 기약할 수 없단다.

나는 내 아이를 가르치는 교수님이 비정규직 교수님이기보다 잘못 받은 점수를 포기하고 다시 공부를 잘할 수 있는 기회를 줄 수 있는 정규직 교수님이기를 바란다. 나는 내 아이가 경제학을 전공하되 곱셈의 경제학보다 나눔의 경제학을 공부하는 학생이 되었으면, 하고 막연하게 바라고 있다. 50년마다 한 번씩 다시 땅을 골고루 나눠 갖고 다시 시작하는, 『구약성서』의 희년을 실천하는 경제학을 공부했으면, 하고 터무니없는 희망을 가져본다. 누구든 다시 기회를 주어 동등한 출발선에서 다시 경기를 시작할 수 있는 세상이다.

---

* 새로 생긴 말인 반수半修는 대학을 휴학하거나 다니면서 재수를 하는 것을 일컫는다.

나는 내 자식이 공부하는 대학 사회가 깨끗한 사회이기를 바란다. 교수가 되기 위해 많은 돈을 갖다 바쳐야 하는, 부패와 비리가 행해지는 학교에서 공부하기를 바라지 않는다. 내 자식이 공부하는 학교 교수님들은 돈으로 정규 교수직을 팔고사는 관계가 아닌 분들이기를 바란다. 정규직 교수님에게 줄을 대야 한다는 이야기도 많이 들었다. 그래서 많은 시간강사들이 10년, 20년 열심히 공부하고 연구하여 꿈을 갖고 학위를 따서 돌아오고 난 뒤에는 아부하고 줄을 대고 돈을 내야 교수 자리를 얻을 수 있는 현실을 비관하여 유서를 써 놓고 자살한다고 한다. 연구 성과가 탁월한 사람이라도 전임 교수에게 아부하지 않고 대접하지 않으면 채용 기회를 놓친다고 한다.

나는 내 아이가 돈이 아닌 실력으로, 아부가 아닌 연구 실적으로 인정받은 '교수가 아닌 교수'에게 배우기를 바란다. 보통 한국 대학들은 60퍼센트 이상 시간강사에 의존해서 학생들을 가르치고 있다는 이야기를 들었다. 그 시간강사들이 시간당 2만 5,000원에서 5만 원 하는 강사비를 받고 3학점짜리 3과목 이상을 강의하면 거의 기초 수급자에 해당하는 임금을 받는다고 들었다. 방학 때는 그 적은 임금마저 받을 수 없단다. 비정규직 교수님들인 시간강사들은 경제적으로 궁핍할 것이고 불안정한 신분 때문에 의기소침할 수 밖에 없다. 나는 내 아이가 공부하는 대학교의 교수님들이 비정규직에서, 고통과 한숨 속에서 몸부림치는 상황을 원하지 않는다. 충분한 물질적 대우가 뒤따라서 강의와 연구에 몰두할 수 있는 환경이 제공되기를 원한다. 내 자식을 가르치는 교수님들은 먹고사는 데 걱정 근심이 없어 밝은 얼굴로 자기 소신을 학생들에게 피력하는 분들이었으면 한다.

남북이 정전 협정이 아닌 평화 협정을 맺으면 무기 구입비로 쓰는,

대학 강의의 절반 이상을 담당하는 엄연한 교수가 교원 대우를 받지 못하면 앞으로 누가 대학원을 갈 것이며, 대학 교육은 어떻게 정상화될 것인가?

4조 원이 넘는 어마어마한 돈을 줄일 수 있다고 한다. '그러면 내 자식들이 대학 교육을 무상으로 받을 수 있지 않을까?' 꿈꾸어 본다. 무기를 사는 돈으로 비정규직 교수님들을 정부에서 책임지고 교원의 지위를 주고 정규직 교수로 채용할 수 있을 것이다. 종합부동산세가 없어지거나 허울만 남을 거라는 소문이 있는데 종합부동산세는 더 많이 거두어서 백년대계인 우리 자식들의 교육을 무상으로 하고 비싼 돈 들여 10년, 20년 이상 학자로 키워 놓은 비정규직 교수님들도 실력에 따라 정규직 교수로 채용한다면 얼마나 좋을까? 그렇게 된다면 아이들은 그분들의 전인적인 인격을 받아들여 흔들림 없는 인간으로 자라날 것이다.

어떤 강의는 2백 명에서 3백 명쯤 되는 학생들을 무더기로 놓고 강

의를 한다는데 거기에서 어떻게 인격을 배울 수 있겠는가? 1989년
〈전국교직원노동조합〉이 처음 창립되었을 때 노태우 대통령은 선생
님은 노동자가 아니라고 했다. 해직된 2천여 명의 선생님들이 버팀목
이 되어 일어나자 사회의 반응이 얼마나 컸던가, 그 기억이 새롭다.
전교조 선생님들이 사회 곳곳에서 참으로 큰 역할을 했다고 믿는다.
특히 아이들 입장에서 교육 개혁을 주장하고 참교육을 주창하였다.

오늘 한국 사회에서 가장 큰 이슈는 비정규직 노동자 문제라고 생
각한다. 대학 강사가 노동자냐고 묻는 사람들이 있을 것이다. 비정규
직 교수는 말이 좋아 '교수'이지 완전한 비정규직 일용 노동자다. 4
대 보험은커녕, 교원 지위도 없어 그저 '일용직'일 뿐이다.

2009년 4월 현재, 6백 일이 된 국회 앞 천막 농성에도 봄은 올 것인가?

대학 강사의 노동조합인 〈한국비정규교수노동조합〉이 국회 앞에서 농성을 한 지 4백 일(2008년 12월 현재)이 지났다고 한다. 비정규 교수들의 노동조합 운동이 부디 성공하여 깨끗한 대학 사회를 만드는 데 영향을 미치기를 바란다. 모든 비정규 교수들이 참여하여 건강한 〈한국비정규교수노동조합〉이 만들어지고 스스로 권리를 찾는 노동조합이 되기를 바란다. 부디 교원 지위를 합법화하여 시간강사의 처지를 비관하여 자살하는 일이 없기를 바란다. 비정규직 교수님들의 문제에 가장 큰 영향을 미치는 집단은 역시나 정규직 교수님들이다. 정규직 교수님들이 비정규직인 시간강사 문제에 관심을 갖고 삶을 나눌 수 있었으면 한다. 비록 함께 농성장에 참석하지는 못해도 크게 외쳐 본다. 비정규 교수의 교원 지위 회복!

15

고등교육법 개정, 안 하나 못 하나

권오광 | 천주교정의구현전국연합 전 공동대표

"아니, 정말로 대학에서 강의를 하시는 선생님들이 '교원'이 아니란 말이에요?"

작년 1월로 기억된다. 당시 나는 부천 지역에서 〈부천 학부모연대〉 활동을 하면서 〈부천 민중연대〉 상임의장 역할을 맡고 있었고, 임해규 의원(국회 교육위 한나라당 간사) 사무실 앞에서 비정규직 교수 노조의 교원 법적 지위 쟁취를 17대 국회에서 법적으로 관철시키기 위해 일인 시위를 하고 있었다.

날씨가 추워서 사람들이 종종걸음으로 바삐 걸어가고 있었는데 칠십이 다 되신 할머니 한 분이 길을 멈추고 시위를 하던 나를 유심히 살피시다가 다가오셔서 질문을 던지셨다. 당신 자식이 외국 유학까

권오광은 〈한국파트너십연구소〉 연구 위원이기도 하며, 천주교 인천 교구 노동사목위원회 위원이다.

지 갔다 와서 박사 학위를 받고 대학에서 강의를 하고 있다고 밝히시면서 그러지 않아도 "이제 자리 잡았으니 결혼하라"고 재촉해도 "아직 여유가 없어요"라고 말해 답답해했다고, 아들이 비정규직이라는 사실이 믿기지 않는다는 말씀과 함께 거듭 한숨을 내쉬면서 내 손을 꼭 잡아 주셨다. 그러시더니 이렇게 추운 날씨에 고생한다면서 근처 약국에서 따뜻한 쌍화탕 한 병을 사 가지고 와 "추운 날 고생하시는데 꼭 국회에서 법이 통과될 수 있도록 해 달라"고 당부하시면서 어두운 얼굴로 떠나셨다. 그 모습이 얼마나 안타까웠는지.

그러면서 일인 시위를 하고 있는 나 자신은 비정규직 교수들에 대해 얼마나 잘 알고 있는지 반문해 보았다. 내 처도 전업은 아니지만 시간강사로 대학에 나가는데, 강의하고 나서 받는 강의료가 일반 강의료보다 너무 적어서 의아해했던 기억이 났다.

이런 열악한 생활고와 고용 불안에 시달리면서 어떻게 비정규직 교수들이 더 전문적이고 구체적인 연구 활동을 할 수 있을 것이며, 대학생들에게 어떻게 자신들의 전문 지식을 잘 전달할 수 있을 것인지 의문이 들었다.

내가 일인 시위를 하고 있는 사무실의 임해규 의원도 국회의원이 되기 전에 부평에서 노동운동을 하다가 대학원에 진학해 부천 시의원을 하면서 박사 학위를 취득해 성공회대 겸임 교수로 출강한 것으로 알고 있다. 비정규직 교수들의 어려움을 몸소 체험한 적이 있는 것이다. 내가 알고 있는 임해규 의원은 한나라당 국회의원이 아니었다면 이러한 투쟁에 함께 참여했을 것이 분명하다고 생각한다. 그런데 국회 교육위(한나라당) 간사를 맡으면서 비정규직 교수들의 교원 법적 지위 회복을 가로막고 있으니 참으로 한심하기만 하다.

벌써 〈한국비정규직교수노동조합〉이 국회 앞 국민은행 앞에서 천막 농성을 시작한 지 (2008년 12월 현재) 460일이 넘어가고 있다. 한 해를 넘기고도 백 일이 더 지나가고 있다. "이렇게 장기적인 투쟁을 하고 있으니 얼마나 힘들고 지칠까?" 하는 걱정과는 달리 꿋꿋이 투쟁하고 있는 김동애 〈교원법적지위쟁취특별위원회〉 위원장님과 부부로서 함께 천막을 사수하고 있는 김영곤 선생님을 보면 감동과 더불어 느끼는 바가 많다.

국회 앞이라 경찰과 구청에서 수시로 와서 협박하고, 천막을 걷으라고 강요하지만 전혀 동요하지 않고 오히려 경찰들을 이해시키는 당당한 모습, 그리고 기륭전자, 강남성모병원의 비정규직 노동자들을 안타깝게 걱정하는 마음, 그리고 천주교 시국 회의에서 주관하는 촛

국회 앞 천막이 안팎으로 철거 위협에 시달리면서 버틴 지가 2009년 4월 현재, 6백 일이다.

불 평화 미사(2008년 6월부터 매주 토요일에 진행)에 항상 함께 참여하는 모습 등등 보기에 너무나 아름답다.

　성서에는 예수가 포도밭의 비유를 들어 노동의 가치에 대해 강조하는 대목이 있다. 포도밭 주인이 아침에 와서 일한 사람이나 점심에 와서 일한 사람이나 오후에 와서 일한 사람이나 모두 똑같이 한 데나리온의 임금을 나누어 주니까, 아침에 온 사람이 왜 똑같이 주느냐고 항의를 한다. 그러자 포도밭 주인이 임금을 주는 것은 주인 마음이라고 하면서 노동의 가치는 각자의 능력에 따라 대가로 주어지는 것이 아니라 사람이 사람답게 살 수 있는 노동의 가치로 계산되어야 한다고 얘기한다.

　그런데 지금 한국의 대학들은 어떤가? 대학의 80퍼센트를 사립대

노동이 아름다운 사회에서 살고 싶다.

학이 차지하고 있다. 보도에 의하면 155개 사립대학의 누적 적립금이 2006년 현재 6조 8,503억 원이라고 한다. 평균적으로 한 학교당 441억 원이고 지난 4년간 누적 적립금 증가율은 31.9퍼센트나 된단다. 심지어 대학에 대한 국고 지원은 매년 한국학술진흥재단, 누리사업, BK 21, HK 사업 명목으로 3조 2,500억 원에 달한다.

이러한 대학들이 노동의 가치는 고사하고 노동의 대가만큼이라도 제대로 비정규직 교수들의 임금을 주고 있는가? 그러면서도 재정이 어렵다며 한편으로는 대학생들의 등록금을 인상하고 있는 실정을 보면서 도대체 현 정부가 생각하는 교육 정책은 누구를 위한 교육 정책인지 반문할 수밖에 없다.

그런데 국회는 아직도 고등교육법 개정안을 처리하지 못하고 있다. 아니, 안 하고 있는 실정이다. 정부나 국회가 교육 정책에 대해 고압적이고 편향적인 자세를 보이는 것은 새삼 얘기해 봐야 입만 아프고, 정부나 국회가 이러한 모습을 갖게 하는 데 우리 국민이 협조했다는 점에 대해 먼저 자성해야 문제가 풀리지 않을까 생각된다.

18대 국회 구성을 보면 한나라당이 압도적으로 당선됨으로써 현 정부와 같은 코드로 교육 정책을 풀어 가게 되었다. 그렇게 만든 지난 선거 결과에 대해 다시 한 번 각성하고 지금부터라도 국회를 압박하여 18대 국회에서는 대학에서 올바른 교육 정책을 수립하도록, 고등교육법 개정안을 처리하게끔 우리 국민, 특히 학부모들이 나서야 할 것이다. 비정규직 교수들의 교원 지위 회복은 〈비정규직교수노동조합〉만의 문제가 아니라 지식 사회의 미래를 걱정하는 모든 국민들의 과제임을 절감해야 문제가 해결될 것이다.

고 3 수험생을 둔 학부모로서 벌써부터 걱정이 앞선다. 취업을 위한 학원이 되고 만 대학에서 무엇을 배우고 느낄 수 있을까, 70퍼센트에 달하는 비정규직 교수들의 비인간적으로 열악한 처우와 조건을 보면서 가짜 대학생 같은 비애 속에서 대학을 마치지는 않을까 걱정이다.

한 사람이 꾸는 꿈은 희망이 되지만 열 사람이 꾸는 꿈은 현실이 된다고 한다. 신영복 선생님은 "꿈이 아니라 깸이 희망을 만들어 간다"고 하셨다. 이제 힘들고 외롭게 투쟁하고 있는 비정규직 교수 노조와 함께 연대하여 희망을 만들어 갔으면 좋겠다.

대학 비정규 교수들의 권익 운동과 학부모의 수업권 문제를 뛰어넘어, 고등교육에 대한 질을 높이기 위해 주변의 많은 사람들에게 교원 법적 지위를 회복하는 고등교육법 개정안의 의미를 알려야 한다. 그래서 국회 교과위원회 의원들뿐만 아니라 18대 국회 전체 국회의원들에게 압력을 행사하는 큰 물결을 만들어 갔으면 좋겠다.

'중년 88만 원 세대'의
무너진 자부심

16 이명원 | 문학평론가

한국의 비정규직 교수가 처해 있는 난관, 그 가운데서도 이른바 '시간강사'의 삶과 학문을 둘러싼 부조리는 잘 알려져 있다. 나는 어느 글에서인가 진정한 의미에서의 '88만 원 세대'는 시간강사라고 언급한 바 있는데, 청년들이 처해 있는 위기보다 이들이 직면하고 있는 생존의 하중이 더 심각하다고 생각했기 때문이다. 비정규직 교수에 대한 대학과 국가의 노동력 착취 구조는 단기적으로는 고등교육 부문에서의 '비용'을 낮추고 '효율성'을 증대시키는 것처럼 보이겠지만, 중장기적으로는 한국에서 주체적 학문의 재생산 토대를 붕괴시킬 것이 분명하다는 점에서 매우 우려스러운 상황이다.

여러 논자들이 지적한 바와 같이, 한국 학계가 학문 내적으로 직면하고 있는 고질적 모순 가운데 하나는 한국 학계를 상징화할 만한 주체적인 학문이나 학파를 가늠할 수 없다는 점에 있다. 이유는 여러 가지겠지만, 오늘의 학계가 처해 있는 대외적 '식민성'이 가장 큰 문제로 지적될 수 있다. 한국의 연구 상황을 두루 검토해 보면 '수입학'이 지배적이다. 국내적 사안이나 학문적 의제에 대한 방법론과 시각 모두가 이른바 '유학파'의 시선으로 도배되어 있을 뿐만 아니라, 정체 불명의 '세계화'라는 구호가 일반화된 이후 한국 학계의 대외 종속성은 더욱 심화되어 갔다.

그러면서도 1980년대를 기점으로 국내 대학원 박사 과정 정원은 폭발적으로 증대했고, 이에 따라 박사 학위 수여자 수도 꾸준히 증가했다. 1980년대 군사정부의 유화 정책 중의 하나인 대학 정원 자율화와 대학 설립 요건의 간소화 정책에 따라, 1980년대부터 1990년대 초반까지는 박사 학위 취득자들은 물론 석사 학위 취득자들조차 비교적 쉽게 대학에 임용될 수 있었다. 그러나 1990년대 중반을 넘어서면서 고등교육상의 수요와 공급에 불균형이 생겼고 한국 대학들은 전면적 구조 조정의 압력에 노출된다. 그러나 이러한 사회적 변화와 무관하게 과잉 연구 인력을 양산하고 있는 대학원 교육은 별다른 변화 없이 오늘에 이르렀다.

그러면서도 이른바 '국내 박사'에 대한 학계의 이유 없는 차별은 전혀 개선되지 못했다. 대학원 입학 정원의 확대에 따라, 동시에 한국 사회 전반의 기이하다고 밖에 할 수 없는 고학력화 추세에 따라, 국내 대학원에서 박사 학위를 취득하는 연구 인력은 말 그대로 폭발적으로 증가했지만, 이들이 대학 사회로 순조롭게 '연착륙'하지는 못했다. 대학과 교육 당국이 진심으로 합리적인 교원 수급 정책과 '수입학'을 벗어난 주체적인 한국 학문(자생학) 정책을 취하고자 했다면, 마치 영화계의 스크린 쿼터 제도와 비슷하게 일정한 수준에서 '국내 박사 우대 제도'를 취했어야 마땅하다. 동시에 이러한 정책과 함께, 박사 과정 정원의 합리적 축소를 포함한 엄격한 학사 관리 제도를 도입함으로써, 과잉 연구 인력 공급을 조절하는 지혜를 발휘했어야 옳다.

그러나 현실은 정반대여서 대학원 박사 과정의 정원은 꾸준히 증가한 반면, 교원 임용시의 '해외 박사' 우대, 더 나아가 '해외 석학 초빙 사업'을 포함한 대외 종속적인 학문 정책을 대학과 정부가 오히려 노골화함으로써, 결국 국내에서 박사 학위를 취득한 학문 후속 세대 및 비정규직 교수들의 대학 사회로의 '경착륙'을 구조화하는 정책 오류를 범하였다. 실제로 매학기 『교수신문』 등에 발표되고 있는 대학의 신임 교수 공채 현황을 검토해 보면, 국문학을 포함한 한국학 분야와 의대, 약대를 포함한 일부 학과를 제외하고는 임용되는 신진 교수들이 이른바 '미국 대학 출신 유학파'가 과반수 이상을 점유하고 있다는 점을 발견하게 된다.

요컨대 이것은 국가나 대학 당국, 그리고 많은 수의 전임교원들이 암묵적으로 한국의 대학원 교육을 불신하고 있거나, 해외 학문에 비해 한국 학문이 '비교우위'에 있어 대체로 열등한 상태에 있다고 인식하면서도, 한국의 고등교육 체제의 모순을 무책임하게 방치하고 있다고 볼 수 있는 여지가 충분하다. 사정이 이러하다면 아예 국내 대학원 박사 과정에 진학하고자 하는 학문 후속 세대에게 '국내 대학'은 희망이 없으니, '유학'을 가라고 조언하는 것이 더 현실적이며, 정부나 대학 당국에서도 교육 사업의 일환으로 박사 과정을 운영하는 것이 아니라면, 입학 정원을 과감하게 축소하는 것이 합리적이다.

설사 국내 박사가 개인적인 노력으로 학문적으로 뛰어난 업적이나 가능성을 보인다고 해서, 대학 사회로 부드럽게 진입할 수 있는 것은 아니다. 한국의 대학 입시가 전쟁인 것에서 볼 수 있듯, 소수 세칭 서울 명문대 중심의 학벌주의 카르텔 구조와 그것을 축소 모방한 지역 명문대 중심의 동종 수혈 관행은 여전히 강력한 것이어서, 개인적인 연구 역량과 무관하게 이러한 학벌 공동체에 소속되지 못한 많은 수의 연구자는 특별한 예외를 제외하고는 '중년의 88만 원 세대'로 고착될 가능성이 실상 다분한 것이다.

그래서 한국의 제도 학계는 미국의 동부 지역 명문대를 중심으로 한 전 지구적 학벌 구조와 함께, 국내 대학의 중앙 및 지역의 학벌 구조가 일종의 소용돌이 현상을 일으키면서, 이러한 구조에서 배제된 연구자들로 하여금 비정규직 노동자들이 처해 있는 가혹한 착취 구조와 유사하게, 고등교육 부문에서의 비정한 착취 메커니즘에 순응하고 동화하게 만들고 있다. 그런 점에서 보면 차라리 대학 사회의 모순을 일찍이 인식하고 기대를 거둔 채 '박사 설렁탕'이나 '박사 갈비' 같

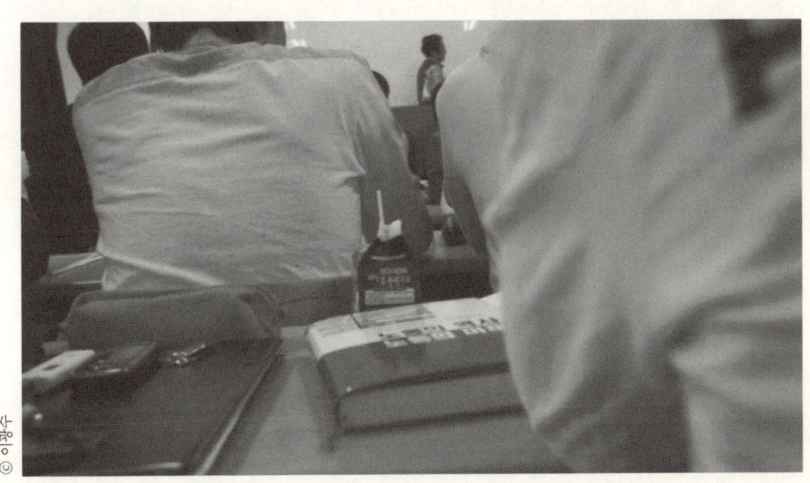

중년의 88만 원 세대.

은, 거리에서도 간간이 발견하게 되는 직종으로 전업하는 것이 차라리 합리적인 선택일 수 있다. 그러나 이것은 얼마나 심각한 사회적 낭비인가. 그럼에도 대다수의 비정규직 교수들은 이러한 항상적인 신분 불안 상태 속에서 언젠가는 대학 체제 내부로 편입할 수 있을 거라는 '선망'과 그것이 끝내는 불가능할지 모른다는 '공포'가 착종된 채로, 오늘도 낡아빠진 검은 가방을 어깨에 짊어지고 기약 없는 캠퍼스 유랑을 계속할 수밖에 없는 것이다.

문제는 이러한 심각한 구조적 모순에 대해 책임지는 사람이 없다는 것이다. 모두가 이러한 모순을 알고 있지만, 모순의 해결 주체가 정작 '그 자신'이라는 것에 대하여 국가나 대학 당국, 그리고 전임 교수들과 비정규직 교수 모두, 극히 예외적인 일부를 제외하고는 예리한 고민을 회피하고 있다. 그런 가운데, 한국 학문의 대외 종속성은 더욱 깊어 가고 있으며, 부유하는 박사급 연구자들의 누적은 오작동하는 사회를 향한 분노와 압력의 수위를 더욱 높여만 가고 있다.

연구와 교육에 투입한 이들의 막대한 '기회비용'은 무심하게 흘러가는 시간 속에 형태 없이 휘발되고 있으며, 고등교육에 대한 열정과 자부심은 온 데 간 데 없어지고, 노동시장에서의 정규직과 비정규직 사이의 "노노 갈등"처럼 정규직 교수와 비정규직 교수의 은폐된 내적 갈등은 더욱 깊어지고 있다. 그것은 대학 당국과 국가에 대한 신뢰 상실도 마찬가지다. 이렇게 학력 자본의 수준에서는 사회적 꼭짓점에 속하면서도, 삶의 양식은 도시 하층민과 유사한 지식 계급의 불만이 집단적으로 누적되다 보면, 그것은 필연적으로 이 오작동하는 체제에 대한 근본적인 고민으로 이어질 수밖에 없다. 장구한 한국사와 세계사를 고려해 보건대, 한 사회의 시스템이 근본적으로 재편되는 계기를 이룬 것은 이렇게 지식인 계층 내부에서의 누적된 불만이 일시적으로 폭발할 때였음을 우리는 드물지 않게 확인할 수 있다.

그래서 국가에 의해 기획되는 한국의 고등교육과 학문 정책은 이들에게 〈학술진흥재단〉에 의한 연구비 지원이라는 '안정제'를 단기적으로 투여함으로써, 체제에 대한 지식인들의 분노와 압력을 서서히 제거하는 정책을 써 왔다. 결과적으로 김대중 정부를 기점으로 활발하게 가동된 이른바 '학진 체제'는 사회적으로 공론화된 학문 후속 세대 및 비정규직 교수들의 집단적인 불만을 1년에서 3년에 이르는 단기 프로젝트 중심의 연구 과제 및 연구비 지원으로 봉합하고자 했던 정책의 일환이었다.

사실상 이 시기를 기점으로 한국의 전임 교수들과 비정규직 교수들은 '중소기업 경영자'나 '자영업자' 비슷한 처지로 가감 없이 전락했다. 연구 책임자인 전임 교수들은 대학 내에서의 '논문 생산' 및 '연구비 수주' 압박에 종속되는 동시에 학문 후속 세대 및 미취업 비정규직 교수의 '생계'를 책임져야 한다는 압력에 노출되었고, 학문 후속 세대와 비정규직 교수들 역시 생존을 위해 자신의 전공과 관심 분야와 무관한 일회성 프로젝트에 골몰하면서, 소모적인 연구 계획서를 작성하는 데 온 힘을 쏟아부어, 결과적으로 그 자신의 학문적 역량을 증대시키는 데 써야 할 시간을 소모하게 되었던 것이다.

그렇게 해서 연구 역량과 학문 수준이 획기적으로 증대되고 비정규직 교수를 둘러싼 구조적인 모순이 시원하게 해소되었다면 좋겠지만, 오히려 이러한 사태의 진전은 정규직과 비정규직을 가리지 않고 교수 공동체 전체를 학문에서의 '총력전 체제'와 유사한 프로젝트 경쟁에 종속된 '노예 상태'로 전락시켰고, 오히려 대학 사회에 상존하고 있는 모순에 더하여 연구 자율성 상실이라는, 학문 공동체의 근본적인 위기를 구조적으로 심화시켰다.

사실 오늘의 고등교육과 학문 정책을 기획하는 데 가장 중요한 것은 주체적인 학문 의제의 설정과 실행, 그것을 가능케 할 연구 인력의 안정적인 재생산, 포괄적인 연구 인프라의 제도적·비제도적 구축에 있다. 학문 영역에서의 선진화라는 것은 단지 외국인 교수와 해외 박사를 더 많이 채용하는 데 있는 것이 아니라, 중심을 잡지 못하는 한국 학문의 자생성과 주체성을 끈질기게 확대하고, 이를 통해 구미의 학문 경향과는 차별적인 한국의 학맥과 지적 생산물을 창안하는 데 있다. '수입' 이나 '모방' 이 아니라.

이런 작업은 물론 단기적인 땜질식 학문 정책으로 실행될 수 있는 성질이 아니다. 지식 생산의 장기적 전략과 주체적인 학문 정립에 필요한 학문 철학의 구상, 그리고 연구자의 수요와 공급상의 '선순환 구조' 를 만들기 위한 합리적인 교원 정책 수립, 특히 학문 후속 세대와 비정규직 교수에게 연구에 전념할 수 있는 최소한의 제도적 장치를 만들어 주는 것이 필요하다. 그러나 이러한 희망에도 현실의 학문 구조 속에서 우리가 발견하게 되는 것은 거의 총체적이라 해도 과언이 아닌 '무책임 구조' 의 심화와 전면화다. 비정규직 교수에게는 교육자로서의 '헌신' 같은 '비시장적 가치' 를 구조적으로 강제하면서도, '시장 논리' 에도 결코 부합하지 않는 노동력의 과잉 착취를 노골적으로 감행하고 있다. 부정하고 싶지만 이것이야말로 오늘의 고등교육이 처해 있는 명백한 실상이다.

그러나 가장 우려스러운 것은 고등교육의 절반을 담당하는 비정규직 교수들이 연구와 강의에 대한 '자부심' 을 급격하게 잃고 있는 현실이다. 사회적 여론화를 통해서 비정규직 교수들이 처해 있는 한계 상황은 선정적으로 전파되고 있으면서도(미디어에 재현된 비정규직 교수들의 처진 뒷모습, 블라인드 처리된 얼굴, 변조된 음성 등을 상기해 보라), 이에 대한 현실적인 처방은 전혀 없다. 비정규직 교수들은 명백한 '구조적 모순'을 '개인의 무능'으로 돌리는 오도된 상징 폭력에 속수무책으로 노출되어 있고, 이것이 연구와 교육 행위는 물론 그 자신의 포기할 수 없는 연구자로서의 '존재감'을 근본적으로 침식시키고 있다.

『직업으로서의 학문Wissenschaft als Beruf : Politik als Beruf』에서 사회학자인 막스 베버조차 자신이 동료들보다 학문적 역량은 없었지만 운 좋게 교수가 되었다고 고백한 바 있다. 이는 아무리 합리적으로 제어한다고 해도, 학문 세계의 경쟁 논리는 불가피한 측면이 있다는 은유로 읽혀질 수 있다. 그러나 오늘의 대학 사회에서 비정규직 교수들이 처해 있는 상황은 막스 베버 시절처럼 '운'을 논의하기에는 생존 그 자체가 문제된다는 점에서 매우 우려스러운 상황이다. 막스 베버는 같은 책에서 근대 학문을 은유적으로 "종교상의 평일이며, 오직 진리라는 유일신을 섬긴다"고 말한다. 그러나 한국의 비정규직 교수들이 처해 있는 한계 상황은 학문이라는 유일신은커녕 한 덩어리의 빵조차 안심할 수 없는 '절대 빈곤' 상태에 처해 있다.

비정규직 교수를 둘러싼 구조적 모순이 물질적 빈곤의 문제로만 그친다면 차라리 그것은 더디기는 하지만 언젠가 극복할 수 있다는 희망이나마 품음직하다. 사실 가장 큰 문제는 한국의 비정규직 교수들 대다수가 어쩌면 더 치명적이라 할 수 있는, '학자로서의 자부심 붕괴'라는 악순환에 노출되어 있다는 점에 있을 것이다. 과거의 학자들이 스스로를 일컬어 "딸깍발이"라는 겸양의 표현을 쓰면서도 도도

할 수 있었던 것은 학자로서의 '자부심' 에 대한 사회적 인정과 존경이 있었기 때문이다. 하지만 강의를 수강하는 학생들에게서조차 "강사님"이라는 마뜩찮은 호칭을 듣고 있는 오늘의 비정규직 교수들에게 이는 체감하기 힘든, 덧없는 과거의 추억일 뿐이다.

비정규직 교수들의 대사회적 주장, 즉 자신들을 '교원' 으로 인정하라고 국회를 향해 촉구하는 풍경에서 많은 사람들이 연상하는 것은 '빵' 의 문제인 듯하다. 그러나 이것은 지식인의 일원인 비정규직 교수를 결과적으로 일방 모욕하는 단견이다. 오히려 오늘의 비정규직 교수들은 사회적 보상 논리와 가장 먼 거리에서 삶의 희생을 감수하면서까지 실천하고 있는 자신들의 연구와 교육이 공적 '자부심' 을 가질 만한 일이라는 점을 타인들은 물론 스스로에게 납득시키고자 하는 것이다.

바로 이 평범한 사실을 과거 30여 년간 한국 사회가 그래 왔던 것처럼, 오늘의 한국 사회 역시 몰염치하게 무시하거나 간과한다면 학계의 미래는 매우 어둡다. 학계는 물론이고 정부가 앞장서서 비정규직 교수들의 붕괴된 자부심을 회복시켜야 한다. 그것이야말로 한국 학문의 주체성과 자부심을 고양시킬 수 있는 실천의 첫걸음이라는 점을 절대로 잊어서는 안 된다.

3부
비정규 교수 문제의 해법은?

17

대학생들이여, 교원 지위 없는 비정규 교수의 학점을 거부하라!

이강옥 | 네티즌

나는 비정규직 노동자 문제의 깊숙한 부분까지는 잘 모른다. 아마 대한민국 대부분 사람들이 그럴 것이다. 우리는 비정규직 문제에 대해 학습이 안 돼 있다. 그러나 느낀다. 비정규 교수 문제를 31년 동안 풀지 못한 것을 보면 몹시 어려운 문제일 것이라는 것 정도는 느끼고 있다. 마치 여성참정권처럼, 쟁취한 다음에는 당연한 문제라고 생각하듯이 이 문제도 지금은 어렵지만 해결한 뒤에는 당연한 일로 생각할 것이다.

내가 비정규직 문제에 대해 관심을 갖게 된 계기는 '생명 윤리 및 안전에 관한 법률'의 올바른 개정을 위해 국회 앞에서 천막 농성을 시작하게 되면서다. 지난해, 그리고 올 겨울에 투쟁한 많은 동지들과 함께 하면서 여의도 주변에서 투쟁하는 분들의 사연에 관심을 갖게

되었고, 〈비정규교수노동조합〉의 천막 농성 이야기를 듣게 됐다.

그러면서 매주 수요일에 열리는 여의도 수요 촛불 문화제를 인터넷 방송 〈아프리카〉를 통해 생중계했고, 방송을 통해 비정규 교수의 국회 앞 농성과 고등교육법 개정안 진행, 여의도 알리안츠 생명 파업, 코스콤 비정규직 노동자의 농성, KBS 공정 방송 지키기, 그리고 서울대 산학 협력 재단 앞의 천막 농성 이야기를 전달했다.

많은 비정규직 관련 농성에 함께 참여하고 많은 걸 느끼고 아파했다. 오늘도 사회 곳곳에서 비정규직 문제 해결을 위해 투쟁하고 있고, 때로는 촛불을 드는 시민들도 함께하고 있다. 하지만 한편으로는 노사 간의 문제라 당사자들이 아니면 참여하는 것이 문제가 있을 수도 있지 않을까 하는 생각도 들었다.

자신들의 신념을 펼치는 것도 기술이 필요한 시대인 것 같다. 어떻게 효과적으로 서로 연대하고 즐기면서 각자의 희망을 현실로 실현시킬 수 있는가에 대한 많은 투쟁 기술이 필요하다. 그래서 오늘도 나는 사회 곳곳에서 사회정의를 위해 투쟁하는 동지들과 함께 하러 나간다.! "끝까지~~! 빡세게~~! 부끄러운 줄 알아야지.~~!" 그래서 여기 내 나름의 해법을 제시해 본다.

비정규 교수의 교원 지위 회복은 여성참정권처럼 당연하다

전국에 대학 강사가 7만 명 정도 있고 비정년 트랙을 포함해 비정규직 교수까지 포함하면 13만 5천 명 정도다. 이 숫자는 전임 교수 6만 명의 두 배가 넘는다. 대학교수 사회에서 비정규직 문제가 심각한 것은 알고 있지만 비정규 교수들은 각종 이유를 들어 가며 자신들의 문제를 주제로 한 투쟁에 동참하지 않는다.

국회 앞에서 (2009년 1월 현재) 500일 가까이 천막 농성을 하며 투쟁하는 비정규직 교수들이 있다. 전국에서 열 명 이내의 비정규직 교수들이 돌아가며 투쟁하고 있다. 지난해에는 비정규 교수 문제 해결을 촉구하며 자살한 고 한경선 교수 일도 있었다.

국회 앞에서 천막 농성하시는 김영곤 교수님이나 김동애 교수님은 본인들이 정규직이 되고자 투쟁하시는 것이 아니다. 이미 이분들은 정규직이 되기에는 연세가 많다. 두 분은 대학생과 후배 교수를 위해 이 문제를 해결하려고 국회 앞 길거리에서 천막 노숙 투쟁을 하고 있는 것이다.

민주주의는 후퇴하고 있는가? 2008년 12월 8일, 비정규 교수 농성장을 경찰이 박살냈다.

천막 농성을 하면서 여러 일을 겪었다. 지난해 겨울 이명박 대통령 취임식 즈음에는, 한겨울인데도 텐트마저 제대로 치지 못하고 지냈다. 여름에는 아스팔트에서 올라오는 뜨거운 열기 속에서 지냈다. 국민은행 리모델링 때는 내장재를 제거할 때 나오는 석면 먼지 속에서 지냈다. 그러다가 이번에는 끔찍한 일을 겪을 뻔하기도 했다.

2008년 12월 8일의 일이다. 국회 막바지에 즈음하여 민주노총, 민주노동당, 진보연대 분들이 "MB 악법"을 반대하는 농성장을 비정규 교수 농성 텐트 앞에 만들었다. 그러나 채 5분도 지나지 않아 경찰 기동대가 천막을 부수기 위해 덤벼들었고 비정규 교수 농성 텐트 위에도 수십 명이 뛰어들어 짓밟아 박살을 냈다. 만약 그 속에 교수님들이 있었더라면 어찌 되었을지, 생각만으로도 끔찍하고 아찔하다.

많은 교수들은 사회 쟁점에 대해 열심히 떠든다. 하지만 자신들과 같은 일을 하는 비정규 교수 문제에 대해서는 침묵하고 행동하지 않는다.

당사자인 비정규 교수도 마찬가지다. 촛불의 현장에서 자주 마주치는 모 교수도 내가 알기로는 비정규직이다. 그 교수는 다른 사회 쟁점에 대해서만 열심히 떠든다. 하지만 정작 자신의 문제인 비정규 교수 문제에는 침묵하는 그에게 들려주고 싶은 촛불 구호가 있다. "부끄러운 줄 알아야지~~~" 이제라도 모 교수는 천막 농성장에 가서 동지들과 함께 하기를 바란다.

전국 7만 명의 대학 강사 가운데 열 명 정도만 투쟁한다는 사실이 부끄럽지 않은가? 자신들의 문제에 대해서도 싸우지 않는 사람들이 학생들에게 뭘 가르칠 수 있을까? 이제라도 지식인들은 자신들의 문제에 대해 투쟁해 주기를 바란다.

노동자들은 전태일 열사 정신 계승을 외치며 노동 문제에 대해 끊임없이 투쟁한다. 비정규직 교수들도 비정규직 문제 해결을 바랐던 한경선 열사의 정신을 계승해서 투쟁해야 된다. 비정규 교수의 국회 앞 농성 텐트 앞에는 지금도 한경선 선생님의 유서를 판넬로 만들어 세워 놓고 오가는 사람이 볼 수 있도록 해 놓았다. 다음은 유서의 한 부분이다.

"이 글을 받으실 때, 저는 이곳 오스틴에서 그토록 바라던 평온한 휴식을 비로소 얻게 되었으리라 생각됩니다……. 그동안 겪은 이러한 부조리와 모순은 열심히 연구와 강의를 하리라는 초기의 순수한 열정에서 이 사회에 대한 환멸과 더불어 애초의 희망과 비전을 접게 만들었습니다. 마지막으로, 더 이상 저와 같은 이가 있지 않았으면 하는 작은 기원을 위해 두서없이 이 글을 써서 전해 드립니다."

촛불 집회에서 대학생을 만나기 어렵다. 여중생이나 고등학생보다 보기 어려웠다. 대학생들도 할 말이 있다. 취직이 어려우니 토익을 봐야 하고, 학점을 관리하려면 다른 데 돌아볼 겨를이 없다고 한다. 그러면 대학생이 여중생이나 고 3보다 바쁘냐고 묻고 싶다. 우리 사회에서 언제부터인가 대부분의 대학생은 개인 문제만 생각하지, 이웃과 사회를 생각하지 않는 집단이 되었다. 자신만 잘하면 잘살 수 있고, 지식 사회의 주역이 될 수 있다고 생각하는가?

이들이 촛불 집회에 대해 모르는 것이 아니다. 우리 역사에서 대학생이 일제에 저항하고 분단을 반대하고 독재를 거부한 일을 열거하지 않더라도, 지금의 대학생은 여중생이고 남중생이었을 때 효선이와 미선이의 죽음에 분노해 촛불을 들었던 이들이다. 이제는 마치 벌거벗은 임금님의 나라에서처럼 대학에서 현실을 말하는 교수나 촛불을 드는 학생이 이상하게 되어 버렸다.

이런 일은 지난 31년 동안 바른말하는 대학 강사가 대학에 발을 붙이지 못했기 때문이고, 전임 교수나 대학, 프로젝트를 주는 〈학술진흥재단〉 같은 정부 기관이나 재벌 기업의 눈 밖에 나지 않으려고 애쓰면서 강의하는 풍토가 대학생들에게 영향을 미친 결과라고 자주 설명하신다.

이런 현상은 법적 신분 없는 비정규 교수 문제를 놔두고 해결할 수 없단다. 비정규 교수는 한 번 찍히면 강사 자리를 잘리고, 30대 후반이나 40대 초반에 어렵게 들어간 교수 노동시장에서 전임 교수 임용을 포기해야 한다고 한다. 비정규 교수 스스로 문제를 해결하기에는 너무나 어려움이 많고 시간도 많이 걸린단다.

대학생은 이제 교원 지위가 없어 주체적으로 강의할 수 없는 비정규 교수 문제를 봐야 한다. 이것은 제대로 된 교육을 받으려고 대학에 입학한 대학생의 기본적인 의무다. '교원' 신분이 있어야 가르칠 수 있다는데, 지금의 모든 비정규 교수들은 '교원'이 아니다. 대학생들은 교원이 아닌 교수님에게는 학점을 받지 못하겠다고 말해야 한다.

고등교육법을 개정해 비정규 교수의 교원 지위를 회복하라고, 국회에도 호소하고 정부에도 호소해야 한다. 그리고 국회나 정부가 귀담아듣지 않는다면 소비자보호원이나 법정에라도 끌고 가야 한다. 대학에 입학하면 "최고의 교수진, 최고의 시설로 창의적인 인재로 키우겠다"고 한 대학의 약속을 기억하고 비정규 교수에게 받는 학점을 리콜하고 손해배상을 청구하라!

서울대학교 학생들이 이 문제를 학생운동의 주요 과제로 삼아 교육과학기술부 앞에서 일인 시위를 하고 있고 고려대학교 세종.캠퍼스 학생들이 비정규 교수와 연대하는 주점 행사를 열어 2007년 12월 8일 이후 재정이 어려운 농성장을 도운 것은 이런 노력의 시작이다.

노사 간의 문제 같은 다른 노동 현장에는 시민들이 참여하기 어려운 면이 있지만 비정규 교수 문제는 다르다. 학생, 학부모 등 많은 국민들이 참여할 수 있다. 그렇게 함께 투쟁하면서 비정규직 문제를 학습하자. 그런 학습을 토대로 사회적인 합의를 끌어내 모든 비정규직 문제 해결의 밑거름이 됐으면 좋겠다.

"끝까지 ~~! 빡세게~~! 부끄러운 줄 알아야지.~~!"

한국 대학이여,
곳간을 열어라

최병성 | 뷰스앤뉴스 기자

18

어렵게 돌아갈 필요가 없다. 대한민국 '시간강사'의 비애는 아주 간단한 원칙이 지켜지지 않았기 때문에 생겨났다. 노동에 대한 정당한 대가를 지급하지 않았기 때문이다. 노동 자체도 인정하지 않았다.

전국의 대학에서 시간강사들이 겪어야 하는 비애는 결국, 행위는 있되 행위 자체를 인정받지 못하는 '유령'들의 움직임 그 이상의 대접을 받지 못하는 데서 생겼다.

시간강사들의 정당한 노동이 왜 노동으로 인정받지 못하는지는 너무나 다양한 실증적인 명제를 통해 밝혀져 왔다. 문제는 다시 결과론이다.

여전히 2백 개가 넘는 국공립대학, 사립대학에서 7만 명이 넘는 시간강사들이 일주일에 9시간 이상 학생들을 가르치고 있다. 철학 전공 박사 학위를 가진 시간강사가 전공 필수에 속하는 인식론이나 관념론을 가르치는 일은 흔하다.

대학들은 이를 철저히 이용한다. 양질의 인력이 제공하는 교육 서비스를 대학은 고작 많아야 시간당 5만 5천 원, 적으면 1만 7천 원에 쓰고 있다. 시간강사는 정당한 대가를 지불하지 않는 대학과, 그들의 노동 자체를 어느 곳에도 속하지 않게 만드는 모호한 법 사이에서 10년 넘게 배운 그들의 지성을 남김없이 쏟아붓고 있는 것이다.

이쯤에서 궁금증은 이어진다. 그렇다면 대학은 왜 이들을 터무니없이 싼 가격에 고용하려 할까. 간단하다. 대형 마트가 자체 브랜드를 통해 상품 단가를 저점에서 조정하는 것과 다를 바 없다.

한 사립대학 관계자는 "우리만 시간강사들의 강의료를 현실화할 수는 없다"며 "큰 틀에서 강제 조정이라도 이뤄지지 않는다면 누가 먼저 나서겠나"라고 말했다. 침묵의 카르텔인 셈이다.

정상적인 대학이라면 이들에게 정당한 대가를 치러야 한다. 그러나 대학은 비용을 부담할 능력이 없다고 말한다. 과연 그럴까.

2009년, 우리 사회의 대학은 곳간에 곡식을 지나치게 쌓아 두고 있다. 서울 시내 사립대학이 쌓아 놓은 적립금만 6조 원을 넘어섰다. 평균 연봉이 1천만 원을 넘지 못하는 시간강사에게 연봉 3천만 원 정도를 보장한다고 할 때 20만 명의 시간강사를 신규 채용할 수 있는 엄청난 액수다.

교육과학기술부의 2008년 관련 통계에 따르면 한국 사회의 시간강사는 '고작' 7만 2,419명이다. 비용 부담 능력이 떨어진다는 대학의 주장은 결국 펀드를 통해 수조 원을 날릴 돈은 있어도 대학 교육의 60퍼센트 이상을 담당하는 시간강사들의 연봉을 현실화할 비용은 없다는 말에 다름 아니다.

대학의 부조리는 시중 은행들이 자기 자본 비율을 늘리기 위해 가계 대출을 줄이는 것처럼, 생존을 위한 것이라고 할 수도 있겠다. 그 이상을 바라기에는 한국 대학의 폐쇄성은 대학 자체의 문제를 넘어 우리 사회의 구조적인 모순이기도 하기 때문이다.

그렇다면 정부는 어떤가. 지난 1997년 정부는 'BK 21' 정책을 발표했다. 자기 학문 위주로 지나치게 폐쇄화된 상아탑을 향한 정부 나름의 개혁적인 시도였다. 인문학과 공학, 물리학과 어문학 등 상이한 전공들의 이종교배를 통해 대학 교육의 '실용성'을 극대화하는 프로젝트라고 정부는 말했다.

'BK 21'은 정부가 고등교육을 위해 배정할 수 있는 예산을 총동원한 거대 프로젝트였다. 2001년에는 〈학술진흥재단〉 누리사업과 'BK 21'을 통합하면서 2012년까지 3조 4천억 원의 예산을 배정했다.

그러나 이 거대 프로젝트의 어디에도 대학 인력을 양성한다는 내용은 없었다. 각 대학을 벤처기업화하고 정체 모를 학술 세미나만 봇물을 이뤘을 뿐이다. 정부는 실용을 강조하고 대학은 돈벌이를 꾀하는 사이 한국 대학의 전임교원 확보율은 고작 60퍼센트선에 그쳤다.

교육과학기술부는 2008년 시간강사 현황을 조사하면서 이렇게 말했다.

"우리나라의 경우 전임교원 확보율이 낮다. 대학 교원의 전임교원 확보율을 높이면 일반적으로 시간강사 문제를 해소할 수 있을 것으로 판단되나 (…) 전임교원 확보율이 100퍼센트 이상인 서울대의 경우 전임교원과 시간강사의 비율이 56 대 44이고 가천의과대학의 경우도 전임교원과 시간강사의 비율이 58 대 42다. 그러니 전임교원 수를 늘린다 하여 시간강사 문제가 전면 해소되는 것은 아니다."

정부 또한 명확히 이해하고 있다. 대학 교원의 전임교원 확보율을 높이는 것이 시간강사 문제를 해소하는 길이라는 것을 말이다. 그런데도 사족을 단다. 서울대의 전임교원 확보율이 100퍼센트 이상이라 예외라고 규정한다. 그러나 전임교원 확보율 100퍼센트를 달성한 서울대에 시간강사가 존재할 수밖에 없는 이유에 대해서는 침묵한다.

이건 상식의 문제다. 상식적으로 전임교원 확보율이 100퍼센트라면 시간강사에게 강의를 맡겨서는 안 된다. 고연봉의 전임교원들이 응당 강의 전반을 책임져야 한다. 그런데 무려 44퍼센트의 교원이 시간강사다. 대한민국의 주택 보급률이 110퍼센트를 넘어섰는데도 집 없는 사람이 40퍼센트가 넘는 것과 무엇이 다른가.

적어도 통계는 현실을 반영하지 못하고 있다. 2009년 한국의 대학 사회에는 '시간강사'라는 유령이 배회하고 있다.

시간강사에게 배운 졸업생들이 매년 수만 명씩 사회로 나서고 있지만 정작 가르친 이들은 일용직도, 임시직도, 교원도 아닌 부조리극이 끊임없이 펼쳐지고 있다.

어렵게 돌아갈 필요가 없다. 다시 결과론이다. 대학은 수만 명의 학생들을 배출하고 있는 시간강사들의 '가르침'을 외면해서는 안 된다. 이들이 4년이라는 시간 동안 얻은 지식은 과연 누구의 것이었나. 강의료보다 비싼 기차표를 끊고 자기 연구를 뒷전으로 미루고 학생들의 전공 수업을 무겁게 책임져야 했던 시간강사들을 배제한다면 대학이 무수히 쌓아 온 업적과 결과는 허구다.

대학은 이제 곳간을 열어야 한다!

19

한국의 법 속에
'시간강사'의 자리는 없다

김진 | 변호사

현황 1—입법

2004년 〈국가인권위원회〉가 교육부에 시간강사의 차별 시정과 법적 지위 개선을 권고한 지 벌써 4년이 흘렀다. 당시 인권위 결정의 주문은 "교육인적자원부장관에게, 대학시간강사에 대한 근무 조건·신분보장·보수 및 그 밖의 물적 급부 등에 있어서의 차별적 지위를 개선할 것을 권고한다"는 것이었는데, 지난 4년간 이러한 '지위 개선'은 얼마나 진행되었는가. 지위의 제도적 개선의 핵심은 고등 교원 지위 인정과 법제화에 있으므로, 우선 법률안을 중심으로 살펴보자.

2006년과 2007년 최순영(민노당), 이상민(열린우리당), 이주호(한나라

김진은 법률사무소 〈이안〉에서 일한다. 서울대학교 법과대학과 동 대학원을 졸업(노동법 석사)했으며 〈국가인권위원회〉차별 시정 전문위원, 서울지방노동위원회 공익 위원을 맡고 있다.

당) 의원 등 3당이 각기 대학 강사에게 교원 지위를 부여하는 고등교육법 개정안을 발의하였으나, 모두 임기 만료로 폐기되었다. 정작 인권위의 권고를 받은 교육부는 정부안을 만들지 않았고 당시 교육부 관계자가 17대 국회에서 교육부안을 만들어 청와대에 보냈으나 청와대가 성안시키지 않았다고 했다. 그러나 그 내용은 공개되지 않았다. 18대 국회에서 다시 입법안을 제출하겠다고 했지만 18대 국회 들어서는 아직 단 한 건의 고등교육법 개정안도 제출된 바 없다.

이제는 임기 만료로 폐기된 그 의원 입법안은, 고등교육법의 교원 구분에 포함되어 있지 않은 시간강사를 "강사" 또는 "연구 교수"라는 명칭으로 교원 범위에 포함시키고 겸임 교원에서 빼는 것을 주된 내용으로 한다. 이는 헌법 제31조 제6항의 "교원 지위 법정주의"를 실

강사 문제 해결의 핵심은 교원 지위 확보에 있다. 사진은 2007년 8월 23일 열린 국회 정책 토론회 모습이다.

현하는 것이라고 할 수 있다. 교원의 지위를 법으로 정하는 것은 ①
교원 직무의 중요성, ② 교원 직무에 대한 대우, 또는 존경, ③ 교원의
근무 조건·보수 및 그 밖의 물적 급부 등의 기준을 법률로 정하여 그
신분을 보장함으로써 교육의 전문성, 자주성을 보장하기 위한 것이라
고 풀이되고 있다. 이러한 헌법적 요청이 그동안 무시되어 온 것은 국
공립대학의 경우, "정원 및 예산이 확보되어야 하는 문제"가 있고 사
립대학의 경우 재정 여건상 일시에 전임교원 확보율을 확대하는 데
어려움이 있기 때문이라고 할 수 있다. 이 입법안들에 대한 국회 전문
위원 검토 보고서에 의하면 2008년부터 2012년까지 시간강사 처우
개선에 따른 재정 소요 규모는 최소(국공립대 100퍼센트, 사립대학 30퍼센트
지원시) 1조 8,893억 원에 달한다(현재 전임강사 연봉의 50퍼센트인 연 2,250만
원 기준).

현황 2―비정규직법과 시간강사

강사의 법적 지위와 관련하여 최근에 쟁점이 된 또 한 가지는 바로
"기간제 및 단시간 근로자 보호 등에 관한 법률(이하 '기간제법'으로 약
칭)"이다. 종래 시간강사들은 모두 학기 단위로 기간을 정하여 계약을
체결하기 때문에, 기간제 근로자를 규율 대상으로 하는 이 법의 적용
대상이 된 것이다. 물론 이 기간제법을 적용하기 위한 전제로 시간강
사의 '근로자성'이 문제가 되겠지만, 대법원은 이미 "학교 법인이 운
영하는 대학교에서 강의를 담당한 시간강사들은 학교 측에서 시간강
사들의 위촉, 재위촉과 해촉 또는 해임, 강의 시간 및 강의료, 시간강
사의 권리와 의무 등에 관하여 정한 규정에 따라 총장 등에 의하여 시

간강사로 위촉되어 대학교 측이 지정한 강의실에서 지정된 강의 시간표에 따라 대학교 측이 개설한 교과목의 강의를 담당한 점, 대학교 측의 학사 관리에 관한 규정 및 학사 일정에 따라 강의 계획서를 제출하고 강의에 수반되는 수강생들의 출결석 관리, 과제물 부과와 평가, 시험 문제 출제, 시험 감독, 채점 및 평가 등 학사 관리 업무를 수행한 점, 위와 같은 업무 수행 대가로 시간당 일정액에 실제 강의 시간 수를 곱한 금액(강의료)을 보수로 지급받은 점, 시간강사가 제3자를 고용하여 위와 같은 업무를 수행하는 것은 규정상 또는 사실상 불가능한 점, 시간강사가 위와 같은 업무를 수행하면서 업무 수행에 불성실하거나 대학교의 제반 규정을 위반하고 교수로서의 품위를 유지하지 못하는 경우 등에는 전임교원(총장, 학장, 교수, 부교수, 조교수 및 전임강사)에 대한 재임용 제한 및 해임 또는 파면 등 징계 처분과 동일한 의미를 갖는 조치인 재위촉 제한 또는 해촉(해임)을 받도록 되어 있는 점 등을 종합하여 보면, 대학교의 시간강사는 임금을 목적으로 종속적인 관계에서 학교 법인에게 근로를 제공한 근로자에 해당한다고 봄이 상당하다(대법원 2007년 3월 29일, 선고 2005두13018, 13025 판결)"고 하여 시간강사의 근로자성을 인정한 바 있다. 시간강사의 기간제법 적용과 관련하여 제기된 첫 번째 문제는, 법 시행을 앞두고 2007년 6월 11일에 제정된 시행령에서 2년이 지나면 정규직으로 전환되는 법, 제4조 제1항의 예외를 정하면서 "박사 학위(외국에서 수여받은 박사 학위를 포함한다)를 소지하고 해당 분야에 종사하는 경우"를 포함한 것이었다. 이에 대해서는 박사 학위 자체가 직장에서의 지위와 근로조건을 결정하는 요소가 아님에도 학위 취득만을 이유로 비정규직 기간 제한의 보호 범위에서 제외하는 것은 합리적 이유가 될 수 없고, 특히 '전문직 특례'에 해당하기 위해서는 전문성이 있는 것만으로 충분한 것이 아니라 노동시장에서 전문성을 바탕으로 취업에 있어서 전문 지위를 활용할 수 있어야 할 것인데, 현실적으로 연구소 등에 근무하는 연구원들이나 시간강사들은 대부분 박사 학위 소지자지만 이들의 근로조건이 그다지 좋지 않고, 충분한 교섭력을 확보하고 있다고 보기 어렵다는 반론이 제기되었으나 법안 그대로 의결되었다.

또 하나의 쟁점은 "기간제 근로자임을 이유로 당해 사업 또는 사업장에서 동종 또는 유사한 업무에 종사하는 기간의 정함이 없는 근로계약을 체결한 근로자에 비하여 차별적 처우를 하여서는 아니 된다"는 기간제법 제8조의 차별 금지 규정 적용과 관련된 것이었다. 이에 대하여 전남대, 조선대, 성균관대, 성공회대, 영남대, 대구대, 경북대 등 7개 대학의 시간강사들이 〈지방노동위원회〉에 차별 시정 신청을 제기한 것이다. 이들 시간강사들은 〈지방노동위원회〉 초심 과정에서는 전임강사와 시간강사의 비교 가능성을 주장하였으나 전임강사가 기간제 노동자라는 이유로 비교 대상자 선정 단계에서 기각되었고, 〈중앙노동위원회〉에서는 신청인은 비교 대상자에 관하여 전임강사를 주의적 취지로 하되, 강의 초빙교수를 예비적 취지로서 신청 취지를 변경하였고 심문회의 결과 강의 초빙교수에 대한 비교 대상 선정을 인정하였으나 시간급 임금을 계산하는 과정에서 강의 초빙교수의 근로시간은 강의 시간 외의 강의 준비 시간을 인정한 반면, 시간강사에 대해서는 강의 시간만을 근로시간으로 인정하여 불리한 처우가 없다고 판단하였다. 현재 이들 사건 중 경북대학교, 대구대학교 사건에 관하여는 노동자 측에서 행정소송을 제기하여 서울행정법원에 계류 중이다.

현황 3—시간강사와 퇴직금

마지막으로 그 법적 지위를 정면으로 문제 삼는 것은 아니나, 시간
강사의 퇴직금 문제를 짚어 볼 필요가 있다. 시간강사 퇴직금 문제에
서 주로 문제되는 것은 '초단시간 근로' 해당 여부와 '계속 근로 연
수'에 관한 것이다. 먼저 구 근로기준법 시행령 제9조 제2항은 "4주
간을 평균하여 1주간의 소정 근로시간이 15시간 미만인 자에 대하여
는 근로기준법 중 퇴직금 규정(제34조)을 적용하지 아니 한다"고 규정
하고 있었기 때문에 1주간 강의 시간이 통상 6시간 내지 9시간 정도
인 시간강사가 이에 해당하는지가 문제다. 법원은 "…강의 업무의 성
격상 강의를 준비하기 위한 연구와 자료 수집, 수강생 평가 및 그와
관련한 학사 행정 업무의 처리 등에 상당 시간이 소요되리라는 점은
경험칙상 쉽게 예견할 수 있고, (…) 시간강사들은 한 시간 강의를 위
해 적어도 두 시간 이상 강의 준비와 연구를 하고, 특히 수강생이 많
은 교양 과목을 담당할 경우 수강생의 답안지와 보고서를 평가하고
전산 입력을 하는 데 수일이 소요되는 사정 (…) 전임 교수들의 강의
시간 역시 연간 5시간에서 18시간에 불과하다는 점, 그리고 전임교원
들의 경우 강의 이외의 연구 업무나 학사 행정 업무도 모두 교원 업무
에 포함시켜 강의가 없는 때도 보수를 지급하는데, 시간강사들의 근
로가 대학 전임교원들이 제공하는 근로와 그 양적인 면에서는 다소
차이가 난다 할지라도, 그 질적인 면에서는 본질적으로 다르게 평가
될 아무런 근거가 없다는 점" 등을 들어 시간강사의 근로시간을 반드
시 강의 시간에 한정하지 않고 강의를 준비하고, 수강생의 성적 평가
및 기타 강의와 관련된 학사 행정 업무에 소요되는 시간도 포함하여

평가해야 한다고 판단하였다(서울지방법원 2003년 10월 30일. 선고 2002나 55815 판결). 다음으로 '계속 근로 연수'와 관련해서는 강의가 없고 임금도 지급되지 않는 방학 기간 동안을 근로계약 존속으로 보아 산정해야 하는지가 문제될 수 있겠으나, 형식적으로 일용 근로자라 하더라도 일용 관계가 중단되지 않고 계속된 경우에는 상용 근로자로 보아야 하고 사용자는 취업 규칙 및 보수 규정상의 직원에 준하여 일용 관계가 계속된 기간을 계속 근로 연수로 계산해 그에 상응하는 퇴직금을 지급해야 하고, 반드시 월 평균 25일 이상 근무해야만 근로자의 상근성, 계속성, 종속성을 인정할 수 있는 것은 아니라는 대법원 판결(대법원 2002년 7월 26일. 선고 2000다27671 판결 등) 취지를 고려한다면, 비록 방학 동안 고용 관계가 단절되는 것처럼 보이더라도 실제 계약 관계에 있던 기간을 통산하여 계속 근로 연수를 산정해야 한다.

마무리하며

위에서 본 것처럼 대학 강사들은 근로자로서의 지위가 인정되기는 하지만 비정규직법의 보호를 전혀 받지 못하고 있고, 무엇보다 실제 대학 교육의 50퍼센트 이상을 담당하고 있으면서도 고등 교원 지위를 인정받지 못하고 있다. 이러한 법적 지위 문제는 헌법이나 국제 기준에 정면으로 반하는 것일 뿐 아니라 대학 교육의 질과도 밀접하게 연결되어 있음은, 여러 말이 필요 없을 것이다. 이러한 상황을 벗어나기 위해서는 하루 빨리 교육부가 인권위 권고 내용을 상기하여 고등교육법 개정안을 마련하고, 이를 뒷받침할 수 있는 재정 지원이나 예산 확보 정책을 내놓아야 할 것이다.

너무나 간단한
'고등교육법'의 위헌성

20

김종서 | 배재대학교 교수

대학의 시간강사들이 헌법 소원을 제기한다고 한다. 이유는 간단하다. 시간강사들에게 헌법상 보장된 교원 지위를 인정하라는 것이다. 〈한국비정규교수노동조합 교원법적지위쟁취특별위원회〉가 국회 앞에서 천막 농성을 계속한 지 (2008년 12월 현재) 450일을 넘었다. 농성 이유 역시 시간강사의 교원 지위를 인정하라는 것이다. 이 농성은 김동애 위원장 등 비정규 교수들이 시작한 천막 농성으로, 시간강사의 열악한 처우에 항의함은 물론이거니와 그 교원의 지위를 인정하는 입법을 촉구하기 위한 것이었다.

지난 17대 국회에서 시간강사의 교원 지위 인정이나 차별적 처우

김종서는 서울대학교 대학원 법학과에서 법학 박사 학위(시청자의 방송 통제에 관한 연구)를 받았으며, 1995년부터 배재대학교 법과대학 교수(헌법학)로 재직하고 있다. 〈민주주의법학연구회〉 회원(전 회장, 현재 편집위원장)이며 언론, 교육, 인권, 국가보안법에 관심이 많고 관련 논문을 여러 편 썼다.

개선을 위한 법률안이 제출되었으나 이러한 법안들은 교육위원회의 법안 심사 소위의 토론만 거친 채 아무 진전이 없는 상태에서 17대 국회의원들의 임기 만료로 모두 자동 폐기되었다. 18대 국회 들어 새로운 법률안의 제출이 가시화되지 않고 있다가 그나마 이상민 의원이 17대 국회에 제출했던 것과 같은 법안을 제출해 놓은 상태다. 한나라당이 절대다수를 차지하고 있는 국회에서 이 법률안이 통과될 가능성은 결코 높지 않아 보인다. 시간강사들이 헌법 소원을 모색하게 된 것은 헌법 소원이 이와 같은 막다른 상황에서 취할 수 있는 마지막 수단이라고 보았기 때문이다.

시간강사의 처우 등 실태에 관해서는 앞에서 많은 이야기들이 나왔으니 여기서는 법적 문제만 살펴보자. 법적 문제는 상세한 논의가 필요하여 다소 긴 글이 될 것이다.

시간강사는 교원이다

헌법 제31조 제6항은 "교원 지위에 관한 기본적인 사항은 법률로 정한다"고 규정하고 있다. 그러면서도 헌법은 스스로 교원 개념을 정의하지도 않고 있고, 그렇다고 교원의 개념 정의를 법률에 맡기고 있지도 않다. 이는 헌법 스스로 교원에 대한 일정한 개념을 전제하고 있음을 의미한다. 1980년 헌법 이전까지는 교원에 대한 일체의 언급이 없었다. 즉 1948년 헌법부터 1972년 헌법까지는 "교육제도는 법률로 정한다."거나 "교육제도와 그 운영에 관한 기본적인 사항은 법률로 정한다."고만 규정하고 있었고, 따라서 교원 역시 교육제도의 한 내용으로 법률의 규율 대상에 포함되어 있었다.

그러나 1980년 헌법과 현행 헌법은 교육제도와 교원을 구분하여 규정한다. 즉 1980년 헌법 제29조 제6항과 현행 헌법 제31조 제6항은 "학교 교육 및 평생 교육을 포함한 교육제도와 그 운영, 교육 재정 및 교원의 지위에 관한 기본적인 사항은 법률로 정한다."고 함으로써, 교육제도와 교원을 분리시키고 있다. 이처럼 교육제도와 교원을 분리 규정하게 된 것은 아마도 교원의 "노동 3권"을 부인하기 위해서인 것으로 보인다.

　　즉 교원을 별도로 규정하지 않을 경우 사립학교 교원의 노동 3권을 부정할 헌법적 근거가 없기 때문이다. 이에 관해 헌법재판소는 헌법 제31조 제6항을 근거로 하여 제정되는 법률에는 "교원의 신분보장, 경제적·사회적 지위 보장 등 교원의 권리에 해당하는 사항뿐만 아니라 국민의 교육을 받을 권리를 저해할 우려가 있는 행위의 금지 등 교원의 의무에 관한 사항도 당연히 규정할 수 있는 것이므로 결과적으로 교원의 기본권을 제한하는 사항까지도 규정할 수 있게 되는 것"이라고 하여 이 점을 분명히 하고 있다(1991년 7월 22일, 89헌가106). 그러나 다른 한편으로 헌법 제31조 제6항은 교원의 개념을 "교육의 물적 기반이 되는 교육제도"에서 분리시킴으로써 이제 교원 개념이 교육제도의 설정과는 별도로 헌법 스스로 전제하는 것으로 보아야 할 근거를 제공해 주고 있다.

　　그렇다고 다른 법률에서 교원 개념을 설정하고 있는 것도 아니다. 교육기본법은 "교원의 임용, 복무, 보수 및 연금 등에 관하여 필요한 사항은 따로 법률로 정한다."고 규정하고, 고등교육법은 "학교에 두는 교원은 제1항의 규정에 의한 총장 및 학장 외에 교수, 부교수, 조교수 및 전임강사로 구분한다."고 규정하며, 초중등교육법은 학교에 두는 교원을 "교장, 교감, 교사"로 구분하고 있고, 유아교육법에는 유치원에 두는 교원을 "원장, 원감, 교사"로 구분하고 있을 뿐이다. 즉 개별 법률에서는 교원의 유형을 구분하고 있을 뿐 개념을 정의하고 있지는 않다. 즉 교육기본법은 물론 개별 교육 관련 법률에서도 교원의 개념은 이미 전제되어 있는 공통 개념으로 볼 수 있다.

교원의 개념을 정의하고 있지 않은 헌법과 법률의 태도로 볼 때 교원의 개념은 헌법의 해석을 통하여, 그리고 일반 용례에 따라 판단함이 마땅하다. 즉 교원이란 "국가에서 마련한 정규 교육제도(학교 교육 및 평생 교육을 포함한 교육제도) 속에서 가르치는 일을 정규적이고 지속적인 고유 역할로 삼는 모든 사람"이라는 의미로 풀이할 수 있다. "교육제도 속에서"라는 부분과 "정규적이고 지속적"이라는 부분은 교원이라는 용어를 구성하고 있는 '원員'이라는 한자의 의미를 고려한 것이다.

시간강사가 이러한 개념 요소들을 모두 갖추고 있는 한 '교원'임을 부정할 수 없다. 시간강사는 교육제도(고등교육법에 의하여 수립된 대학) 속에서 정규교육 과정에 의하여 개설된 과목의 강의를 지속적으로(15주 이상) 담당함으로써 학생들을 가르치는 것을 고유 역할로 삼고 있는 사람이다. 그러므로 시간강사는 앞에서 정의한 교원 개념의 구성 요소인 교육제도 속이라는 사업장, 역할 수행의 정규성과 지속성, 가르치는 것을 고유한 역할로 삼는다는 개념 요소들을 모두 충족한다. 즉 시간강사는 교원이다.

시간강사의 교원 지위를 부정하는 고등교육법은 위헌이다!

교원과 관련하여 헌법 제31조 제6항이 법률에 위임한 것은 "교원의 지위에 관한 기본적인 사항"이다. 문제는 교원의 지위에 관한 기본 사항이 무엇인가, 하는 점이다. 헌법재판소에 따르면 이러한 사항에는 "교원의 신분보장, 경제적·사회적 지위 보장 등 교원의 권리에 해당하는 사항뿐만 아니라 국민의 교육을 받을 권리를 저해할 우려가 있는 행위의 금지 등 교원의 의무에 관한 사항"이 포함된다거나, "교원의 지위"란 교원 직무의 중요성 및 그 직무 수행 능력에 대한 인식 정도에 따라서 그들에게 주어지는 사회적 대우 또는 존경과 교원의 근무 조건·보수 및 그밖의 물적 급부 등을 모두 포함하는 의미"라고 밝힘으로써, 교원 개념의 정의가 이에 해당하지 않음을 분명히 하고 있다. 그렇다면 교원의 지위에 관한 기본적인 사항이란 "교원의 임용, 복무, 보수 및 연금 등에 관하여 필요한 사항"(교육기본법)과 헌법재판소가 말한 교원의 의무에 관한 사항을 의미한다고 말할 수 있게 된다.

요컨대 헌법 제31조 제6항이 법률이 정하도록 위임하고 있는 "교원의 지위에 관한 기본적인 사항"에는 교원의 개념 자체는 포함되지 않는다. 그럼에도 고등교육법 제14조 제2항은 "학교에 두는 교원은 제1항의 규정에 의한 총장 및 학장 외에 교수, 부교수, 조교수 및 전임 강사로 구분한다."고 규정하여 대학 등에 두는 교원을 소위 '전임' 교원으로 한정하고 있다. 즉 고등교육법은 교원의 구분 규정을 통하여, 시간강사를 포함하여 "국가에서 마련한 정규 교육제도(학교 교육 및 평생교육을 포함한 교육제도) 속에서 가르치는 일을 정규적이고 지속적인 고유의 역할로 삼는 모든 사람"의 상당 부분을 교원 범주에서 제외시키고 있는 것이다. 이는 교원 개념의 외연 범위에 시간강사를 포함시킬 것을 예정한 헌법 취지에 어긋나는 것이다. 즉 고등교육법 제

14조 제2항은 헌법 위반이다.

또한 시간강사들은 교육의 자주성, 전문성, 정치적 중립성을 보장받지 못하여 교원으로서의 교육권을 침해받게 된다. 즉 시간강사의 경우 교원 지위가 부인됨으로써 교육과정 결정이나 과목의 담당 여부 등을 결정하는 과정에 참여할 수 없으므로 교육의 자주성이 부인된다(이는 어디까지나 대학이나 학과에 의하여 주어진다). 또한 다음 학기의 강의 담당 여부를 본인이 전혀 알 수가 없고 생계 보장을 위하여 여러 대학에서 매우 많은 강의를 담당해야 하므로 강의의 전문성을 기할 수가 없어 교육의 전문성을 보장받지 못한다. 결국 학생들을 교육하고 지도할 시간강사들의 권리는 크게 침해받을 수밖에 없다.

뿐만 아니라 대학에서 전체 강의의 30퍼센트에서 50퍼센트를 시간강사가 담당하고 있다는 점을 고려하면, 시간강사의 교원 지위를 부인함으로써 나타나는 연구력 저하, 강의 준비 미흡 등의 피해는 고스란히 이들의 수업을 수강하는 학생들에게 돌아갈 수밖에 없다. 즉 시간강사의 교원 지위 부정은 곧 학생들의 교육권에 대한 직접적 침해를 발생시키는 것이므로, 이 역시 헌법에 위반된다.

위헌적 고등교육법은 헌법 재판을 제기할 수 있다

이처럼 고등교육법 제14조 제2항이 헌법 취지에 반하여 헌법이 예정한 교원의 개념을 축소하고 그 결과 시간강사의 교육권뿐만 아니라 학생들의 교육받을 권리를 침해하는 위헌의 법률 규정이라면 이를 다툴 수 있는 법적 절차, 즉 사법적 구제 절차를 모색해 보아야 한다. 시간강사를 교원 범주에서 제외시키고 있는 고등교육법 제14조 제2항이 위헌이라고 주장할 수 있는 사법적 구제 절차로는 두 가지 방안을 생각해 볼 수 있다. 하나는 헌법 소원 심판이고, 다른 하나는 위헌 법률 심판이다.

　먼저 헌법 소원의 경우를 보자. 헌법재판소법 제68조 제1항은 "공권력의 행사 또는 불행사로 인하여 헌법상 보장된 기본권을 침해받은 자는 법원의 재판을 제외하고는 헌법재판소에 헌법 소원 심판을 청구할 수 있다"고 규정하고 있다. 따라서 헌법 소원 심판을 청구하기 위해서는 공권력의 행사 또는 불행사가 있어야 하고, 그로 인하여 헌법상 보장된 기본권의 침해가 있어야 한다. 이 경우 기본권의 침해는 공권력의 행사, 불행사로 인하여 직접, 현재, 그리고 자기의 기본권에

강사를 교원에서 제외시킨 것은 입법부작위에 해당하는 공권력 불행사다.

대해서 이루어진 것이어야 한다.

우선 헌법재판소법 제68조 제1항에서 말하는 공권력에는 법원의 재판을 제외하고는 모든 공권력, 즉 입법, 집행, 사법 권력이 모두 포함되는 것이며, 고등교육법과 같은 법률 또는 법률 조항은 입법의 대표적인 사례로 볼 수 있다. 엄밀히 따지자면 고등교육법 제14조 제2항은 국회가 입법을 하면서 헌법 취지에 반하여 시간강사를 교원에서 제외시킨 것이므로 입법부작위에 해당하는 공권력의 불행사다.

그러나 고등교육법 제14조는 교원의 개념을 전혀 정하지 않고 있는 것이 아니라 시간강사 등을 제외하고 있는 경우이므로 헌법재판소의 판례에 따르면 이는 '부진정입법부작위不眞情立法不作爲'에 해당하게 된다. '부진정입법부작위'를 대상으로 하여, 즉 입법의 내용, 범위, 절차 등의 결함을 이유로 헌법 소원을 제기하려면, 결함이 있는 당해 입법 규정 자체를 대상으로 하여 그것의 헌법 위반을 내세워 적극적인 헌법 소원을 제기해야 한다(헌재 2000년 4월 27일, 99헌마76 결정 등). 앞서 본 바와 같이 고등교육법 제14조 제2항은 헌법이 예정한 교원인 시간강사를 교원 범주에서 제외하고 있는 규정이므로, 이는 입법 내용상의 결함에 해당하는 '부진정입법부작위'로서 당연히 헌법 소원의 대상이 된다.

그러나 헌법 소원을 제기하려면 헌법상 보장된 기본권의 침해가 있어야 한다. 그리고 이러한 침해는 당해 공권력의 행사 또는 불행사 때문에 직접, 그리고 현재 발생하고 있어야 하며, 그러한 기본권은 청구인 자신의 기본권이어야 한다. 앞서 보았듯이 1차적으로 문제되는 시간강사들의 권리는 교육의 자주성, 전문성, 정치적 중립성을 바탕으로 하는 교육권이라고 추정된다. 이러한 권리는 시간강사와 계약을 맺는 대학 의사와는 관계없이 시간강사를 교원 범주에서 제외시켜 놓고 있는 고등교육법 제14조 제2항에 의하여 직접 침해되는 것이고 그러한 침해는 시간강사의 지위가 유지되는 한 항상적으로 이루어지는 것이므로, 침해의 직접성, 현재성, 자기 관련성 요건은 모두 충족된다.

문제는 헌법재판소가 교원(시간강사)의 교육권을 기본권으로 인정할 것인가 하는 점이다. 이에 대해서는 헌법재판소의 결정에서 반대 의견으로 기본권에 해당함을 밝힌 예(1992년 11월 12일, 89헌마88)를 제외하고는 헌법재판소가 명시적으로 그 입장을 밝힌 바 없다. 예컨대 헌법재판소는 "교사의 교육권(수업권)은, 이것이 헌법상 권리인지 여부는 다툼이 있으나, 법적으로 보장되어야 할 권리임에는 틀림이 없"다고 하였다(2001년 11월 29일, 2000헌마278). 이러한 판단에 따른다면 교육권이 헌법상 보장된 기본권으로 인정될지는 불투명하다.

물론 교원의 교육권은 학생들의 교육을 받을 권리(수학권)와 표리일체의 관계를 이루는 것으로, 당연히 그 기본권성을 인정해야 한다고 주장할 수는 있으나 이러한 주장을 헌법재판소가 받아들일 것이라고 장담할 수는 없다. 물론 시간강사의 교원 지위 부정이 학생들의 수학권, 즉 교육을 받을 권리를 침해하는 것으로 본다면 침해된 기본권 문제는 해결된다. 그러나 이 경우에는 교육을 받을 권리를 침해받은 학생들이 직접 헌법 소원을 청구해야 한다. 그러나 이는 현실적으로 기대하기 어려워 보인다.

요컨대 헌법 소원 심판 청구를 시도해 볼 수는 있으나 교육권의 기본권 인정 여부가 핵심 쟁점으로 부상할 가능성이 있고, 헌법재판소가 이를 부인할 가능성(따라서 본안 심사는 받아 보지도 못한 채 청구가 각하될 가능성)을 배제할 수 없다는 점이 가장 큰 문제다.

이처럼 고등교육법 제14조에 대한 헌법 소원의 인용 가능성이 매우 낮다(각하 가능성이 있다)고 본다면, 헌법 소원과 함께 또는 헌법 소원을 대신하여 다른 방법을 취하여야 한다. 그 방법으로 생각해 볼 수 있는 것이 위헌 법률 심판이다. 위헌 법률 심판이 이루어지기 위해서는 법원에 소송이 계속 중이어야 하고 이러한 소송에 적용될 법률의 위헌 여부에 따라 당해 재판 결론이 달라지는 경우라야 한다. 그러므로 이러한 요건을 충족시킬 수 있는 소송 방법을 면밀하게 검토할 필요가 있다. 헌법 소원에 비하여 위헌 법률 심판이 가지는 장점은 반드시 기본권의 침해를 요구하지 않고 객관적 헌법 원리나 헌법 규정에 위반되는 것만으로 위헌 결정을 이끌어 낼 수 있고 청구 기간의 제약을 받지 않는다는 점이다.

위헌 법률 심판을 위해서는 우선 법원에 소송이 계속 중이어야 하므로 법원에 일정한 형태의 소송을 제기해야 하는데, 그 형태로는 시간강사들이 민사 법원에 교원 지위 확인 청구 소송을 제기하는 방법이 유력할 것이다. 물론 법원으로서는 고등교육법 제14조 제2항에 따라서 시간강사들의 교원 지위를 인정할 리 만무하지만, 바로 이런 이유로 교원 지위 확인 청구 소송에 적용될 고등교육법 제14조 제2항 자체가 헌법 위반임을 주장하면서 이 조항의 위헌 여부에 대한 심판을 제청해 달라고 해당 법원에 신청을 할 수 있게 된다.

헌법 위반의 근거로는 헌법 소원과 마찬가지로 시간강사들의 교육권 침해를 제시하는 한편으로, 시간강사의 교육권을 기본권으로 인정하지 않을 경우를 대비하여 고등교육법 제14조 제2항이 헌법이 예정한 교원 범위를 축소함으로써 헌법 제31조 제6항을 위반하였다는 점과 학생들의 교육을 받을 권리를 침해하였다는 것을 주장할 수 있을

것이다. 설사 이러한 위헌 법률 심판 제청 신청이 법원에 의하여 기각
되더라도 헌법재판소법 제68조 제2항에 의하여 헌법재판소에 다시
헌법 소원 심판을 청구할 수 있다. 법률 조항에 대하여 바로 헌법 소
원 심판을 청구할 경우 그 청구는 각하될 가능성이 있지만, 위헌 법률
심판의 경우 본안 판단까지 받을 수 있는 길이 열리게 되는 것이다.

헌법 재판을 통한 해결 전망

그러나 위헌 법률 심판(또는 헌법 소원 심판)에 의하여 시간강사들이
원하는 결과, 즉 고등교육법 제14조 제2항이 위헌이라는 결정을 얻어
낼 가능성이 있는가는 별개 문제다. 교수 재임용제에 대한 헌법 불합
치 결정(2003년 2월 27일, 2000헌바26)을 선고한 예가 있기는 하지만, 헌법
재판소 결정의 일반적 경향에 비추어 본다면 헌법재판소는 교육을 둘
러싼 일련의 결정들에서 결코 교원들에게 유리한 결정을 하고 있지
않다. 학생의 수학권이나 학부모의 교육 선택권은 매우 중요한 것으
로 다루면서도(2000년 4월 27일, 98헌가16 등) 그러한 권리와 불가분의 일
체를 이루는 교사의 교육권 등은 한 단계 낮은 것으로 취급하고 있기
때문이다.

교육권을 기본권으로 볼 것인지조차도 다툼의 여지가 있다는 판단
은 이 점을 명확하게 보여 주는 사례다. 게다가 교육을 받을 권리와
같은 사회적 기본권의 경우 재산권과 같은 자유권에 비하여 그 보호
의 정도를 낮게 보고 있으며 따라서 국회의 입법 재량권을 폭넓게 인
정하고 있는 것으로 평가할 수 있고, 이렇게 될 경우 위헌 결정이 내
려질 가능성은 높지 않다.

즉 헌법재판소가 교원의 교육권을 기본권으로 인정하지 않거나, 헌법 제31조 제6항에서 법률이 정하도록 하고 있는 "교원 지위에 관한 기본적인 사항"에는 교원의 범위 결정도 당연히 포함되므로 고등교육법 제14조 제2항이 교원의 범주에서 시간강사를 제외하고 있다고 하더라도 이는 입법 재량권의 범위에 속하는 것이라고 판단할 수 있는 것이다. 이 경우에는 헌법재판을 통하여 시간강사의 교원 지위를 인정받으려는 시도는 무위로 돌아갈 수도 있다.

즉 고등교육법 제14조 제2항이 위헌이라는 주장은 본안 심사 전 단계에서 각하되거나 본안 판단까지 가더라도 합헌 결정이 내려질 가능성이 높다. 물론 기본권 침해가 없다는 이유로 각하되거나 입법 재량권에 속하는 사항이라는 이유로 기각된다 하더라도, 이는 시간강사의 교원 지위 문제를 사법적으로 해결할 수 없고 결국 입법적으로 해결하지 않으면 안 된다는 점을 분명히 보여 주는 것이라 판단할 수 있다. 따라서 이를 국회에 대한 입법 촉구의 수단으로 활용할 수 있다는 점에서 전혀 의미가 없다고 할 수는 없을 것이지만, 헌법 재판을 통한 문제 해결에는 뚜렷한 한계가 존재한다는 점도 분명하다.

한편 이처럼 헌법 재판을 하여 원하는 결과를 얻지 못할 경우 그 영향은 단순히 그 사건에 국한되는 것이 아니라 향후 국회가 입법을 할 경우에 지침이나 한계로 작동할 수 있다는 점에서 상당한 위험성을 수반한다는 점도 고려될 필요가 있다. 그간 시민단체나 인권단체 등에서 인권 문제 해결을 위하여 헌법 소원 등 헌법재판소를 찾는 경우가 많았으나 오히려 헌법재판소의 결정(위헌이든 합헌이든)을 통하여 향후의 입법적 개선에 새로운 장애가 형성되는 경우도 많았다는 것을 기억해야 한다.

노력하지 않는 곳에 천사는 오지 않는다.

　이런 점을 고려한다면, 450일 이상의 천막 농성이라는 어려움을 겪고 있기는 하지만, 국회에 대한 사회적 압력을 계속 가함으로써 시간강사의 교원 지위를 인정하는 법률안이 제출, 통과될 수 있도록 하는 편이 바람직해 보인다. 그러므로 시간강사 문제 해결을 위한 법률안이 제출되어 있고, 또 지금이 18대 국회의 출범 초기인 점을 고려하면, 국회에서의 입법 전망이 극도로 불투명해지는 경우에 최후 수단으로, 그리고 국회의 입법이 아니면 해결 방법이 없다는 것을 재확인하기 위한 목적으로만 헌법 재판에 의지할 것을 권하고 싶다.

고등교육법 개정과 함께 국가의 재정 지원이 뒷받침되어야 한다

　이처럼 사법적 해결의 전망이 불투명하다면 입법적 해결 방법만이 남게 되는데, 현재 국회에 제출되어 있는 이상민 의원안의 경우 전임

강사와 시간강사를 합쳐서 연구 교수로 하는 내용의 고등교육법 제14조 제2항 개정을 내용으로 하고 있다. 이에 따라 고등교육법이 개정될 경우 해결되는 문제는 무엇이고 여전히 남는 문제는 무엇인가?

교육 공무원 임용령 등 관련 법령의 개정이 수반되어야 하지만, 일단 고등교육법 개정으로 시간강사의 교원 지위가 인정되면 객관적 사유와 절차에 따른 임용과 재임용이 이루어지게 되고, "교원 지위 향상을 위한 특별법"의 적용을 받게 되어 예우, 복무, 신분보장 등은 물론 4대 보험의 가입 자격이 주어지는 등 신분상의 많은 개선이 이루어질 수 있을 것이다. 하지만 시간강사의 교원 지위가 인정된다 하더라도 여전히 남는 문제도 존재한다.

즉 전임교원과의 처우(임금, 후생 복지 등)상의 차별이나 연구 공간의 문제 등은 여전히 남게 된다. 예컨대 기존 전임교원과의 임금상의 차별이나 의사 결정 과정 참여, 연구비, 복지 혜택 등에서의 차별은 교원 지위가 인정된다고 해서 당연히 해결되는 문제는 아닌 것이다. 특히 교육과학기술부가 입법 예고한 개정안에 따르면 교원은 "학칙이나 정관이 정하는 바에 따라 학문 연구뿐만 아니라 교육, 지도 또는 산학 협력만을 전담할 수 있도록 함"으로써 "강의 전담교원" 또는 "산학 협력 전담교원"의 가능성을 열어 두고 있다.

즉 이에 따르면 시간강사에게 교원 지위가 인정된다고 하더라도 학생의 교육과 지도만을 전담하는 교원으로 설정되고, 기존의 전임교원은 학문 연구와 학생의 교육, 지도를 함께 하거나 학문 연구만을 전담하는 교원으로 그 직무를 분리함으로써 기왕에 존재하고 있던 전임교원과 시간강사의 차별 처우가 온존될 가능성은 여전히 열려 있는 것이다(기간제법 시행 후 〈우리은행〉을 필두로 금융기관에서 기간제법 적용을 피하면서 차별 처우를 지속할 수 있는 직군 분리제를 시행했음을 생각해 보라). 더구나 현재도 많은 대학에서 소위 "비정년 트랙 교원"을 두어 전임교원이면서도 정년 트랙 전임교원에 비하여 임금 등 측면에서 열악한 처우를 받고 있는 것이 현실이고 보면, 차별 문제는 교원 지위 인정 여부와 무관하게 남게 될 가능성이 높다. 그러므로 이러한 차별 처우 문제는 교원 지위 인정과는 별도로 접근할 필요가 있다.

차별 문제에서 무엇보다 핵심 문제는 임금, 즉 강의료의 문제다. 주지하듯이 시간강사에게 지급되는 시간당 평균 강의료는 2008년의 경우 사립대학 3만 4천 원, 국공립대학 4만 3천 원 정도이며, 이미저 1학기에 4개월(또는 15주)치만 지급된다. 전임교원의 주당 책임 시수가 보통 9시간이므로 이를 기준으로 계산해 보면 2학기를 각 9시간씩 강의하는 시간강사 연봉은 918만 원에서 979만 원(국공립 1,161만 원에서 1,238만 원)으로, 이는 대학 전임강사 평균 연봉(4,123만 원)의 22퍼센트에서 24퍼센트(국공립 28퍼센트에서 30퍼센트) 수준에 불과하다.

즉 네 배 이상의 임금 격차가 존재하는 것이다. 설령 전임교원이 강의뿐만 아니라 학생의 과외 지도, 학문 연구, 교내외 봉사 등의 기능을 수행한다는 점을 고려하더라도, 시간강사 역시 기본적 연구 기능은 수행한다는 점을 고려한다면 이러한 엄청난 임금 격차는 정당화할 수 없다. 따라서 이런 문제를 해결하기 위해서는 전임교원과 시간강사 업무에 대한 정밀한 비교를 통하여 누구나 수긍할 수 있는 객관적 기준에 입각하여 강의료를 산출해 내는 작업이 시급하다. 또한 강의 준비에 소요되는 시간, 성적 처리에 소요되는 시간 등을 고려하면 강의료는 당연히 4개월치가 아니라 6개월치를 지급하여야 하며, 이는 교원 지위 인정과는 무관하게 진행되어야 할 일이므로, 법 개정과 관계없이 당장 실행되어야 한다.

또 하나의 문제는 이상민 의원안에 따르더라도 시간강사가 자동적으로 연구 교수로 전환되는 것은 아니므로 신규 임용 절차를 거쳐야 한다. 이 경우 박사 학위가 없는 사람을 포함한 많은 수의 시간강사들은 임용 대상에서 제외될 것이다. 뿐만 아니라 각 대학에서는 시간강사를 연구 교수로 임용하는 데 따른 비용 부담을 완화하기 위하여 신규 임용 인원을 최소화하는 한편 연구 교수의 책임 시수를 늘리는 방식을 취할 것이고, 연구 교수의 신분은 현재 많은 대학에서 도입하고 있는 비정년 트랙 전임교원의 형태가 될 가능성이 높다.

더구나 강의 전담 교원 등을 인정하겠다는 교육과학기술부의 입법 예고안까지 고려하면 종래 편법적으로 운영되면서 차별 처우 등, 많은 문제를 야기했던 비정년 트랙 전임교원을 제도화하는 결과만 가져오게 될 것이다. 말하자면 연봉 9백만 원 내외의 연구 교수(강의 전담 연구 교수)에 대해 교원 지위를 인정하는 것으로 바뀔 뿐이다. 또한 모든 강의에 연구 교수를 확보할 수 없는 경우에는 필요한 과목임에도 폐강되거나 전임교원들에게 강의 부담이 가중될 가능성도 매우 크다.

이런 문제를 해결하기 위해서는 단순히 시간강사의 교원 지위를 인정하는 것에 머물러서는 안 되며, 최소한의 적정 처우에 관한 기준이 함께 설정되지 않으면 안 된다. 그러나 적정 처우를 위해서는 예산 부담이 수반되어야 하는데, 이를 모든 대학에 강제하기는 어렵다. 따라서 결국 대학들에게 시간강사를 연구 교수로 전환시켜 교원 지위를 인정하는 것과 함께 대학에 대한 국가 차원의 지원이 뒷받침되지 않으면 안 된다.

시간강사를 교원으로 인정하는 데 정부는 적극 앞장서야 한다.

문제는 국가의 의지다

사실 연구 교수제 등의 도입을 통하여 시간강사의 교원 지위를 인정하는 등의 방식은 헌법의 당연한 요구를 법제화하는 것일 뿐 시간강사 문제의 근본 해결과는 거리가 있다. 가장 원칙적인 방법은 법정 교원 확보율의 충족을 모든 대학에 강제하는 것이다. 법정 교원 확보율이 대학을 설립, 운영하기 위한 최저 기준이라는 점을 생각한다면 이는 지극히 당연하다. 즉 "대학 설립, 운영 규정" 제2조 제1항 제2호에 따르면 설립 인가 신청 때 법정 교원의 2분의 1 이상의 전임교원을 확보해야 하고, 나머지 교원은 편제 완성 연도 전까지 모두 갖추어야 한다. 동 규정 제10조 제2항은 교육과학기술부가 이러한 요건 충족 여부를 평가하여 그 평가 결과를 "학과 등의 증설, 학생 정원의 증원,

학생의 모집, 행정 및 재정 지원 정책"에 반영하도록 하는 데 그치고 있지만, 동 규정의 취지는 대학이 되기 위한 최저 기준을 정한 것임이 분명하기 때문이다(외국의 경우 이러한 여건이 충족되지 않을 때는 대학 폐쇄 사유까지 된다).

요컨대 시간강사 문제를 해결하기 위해서는 법정 교원 확보율을 강제함으로써 시간강사들이 전임교원으로 임용될 수 있는 길을 확대하여 전임교원만으로도 대부분의 강의를 소화할 수 있도록 하는 것을 전제로 하되, 법정 교원 확보율을 충족하더라도 여전히 전임교원들이 담당하기에 적절하지 않은 강의가 있을 수 있으므로 이런 경우에만 시간강사를 쓸 수 있도록 해야 한다. 이 경우 학생을 가르치는 업무에 종사하는 시간강사들에게 교원 지위를 인정해야 함은 말할 필요도 없다(굳이 업무의 성격과 부합하지 않는 "연구 교수"라는 명칭을 사용할 이유는 없으며, 교원 범주에 시간강사를 추가하면 된다).

그리고 이를 위해서는 한편으로는 전임교원 확대에 따른 예산 부담 경감을 위하여 국고 지원이 병행되어야 한다. 무리한 준칙주의 도입으로 대학 설립 인가를 남발한 데 대해서는 국가도 책임을 피하기 어렵기 때문이다. 뿐만 아니라 일정 기간 내에 법정 교원 확보율을 충족하지 못하는 대학에 대해서는 정원 감축과 같은 제재를 가해야 하며, 고의적으로 법정 교원 확보율을 충족하지 않는 대학에 대해서는 학교 폐쇄 등 강력한 행정적·재정적 제재를 병행해야 한다.

문제는 국가의 의지다.

21

비정년 트랙 제도를
들여다보면

송병춘 | 변호사

비정년 트랙 교원 제도의 도입 배경

"비정년 트랙 교원"이란, 재임용 내지 승진 임용의 요건, 즉 일정한
연구 및 교육 역량을 갖출 경우, ① 계속해서 재임용을 받거나 ② 정
년을 보장받는 교원으로 승진 임용될 수 있는 '정년 트랙tenure track'
교원과는 달리, 임용 당시의 계약으로 재임용 내지 승진 임용 기회를
제한받는 교원을 말한다.

그러나 비정년 트랙 전임교원에 대해서는 대외적으로 '비정년 트
랙'이라는 용어를 사용하지 않으며, 관할청(교육과학기술부의 위탁을 받은

송병춘은 서울대학교 교육학과를 졸업했으며, 석사 논문으로 「재학 관계에 관한 사법적 연구」
를 썼다. 〈민주사회를위한변호사모임〉의 교육·청소년위원회 위원장이며 〈대한교육법학회 〉
감사를 맡고 있다.

대학교육협의회)에 임면 보고를 할 때도 교원으로 보고되는 등, 초빙교수, 겸임 교수 등 비전임 교원과는 달리 대외적으로 전임교원으로 인정받고 있다. 또한 독립적인 교수 연구실을 제공받으며, 사학 연금 가입 등 전임교원과 동일한 혜택을 받는다.

비정년 트랙 교원에 대해 대다수 대학들은 정관이 아닌 교원 인사 규정에 그 근거를 두고 있으며, 그 하위 규정으로서 비정년 트랙 전임교원에 관한 규정을 따로 두고 있는 경우도 있다. 또한 신규 임용 당시 1년에서 2년의 계약 기간을 정해 전임교원으로 임용하되, 재임용을 한 번에서 두 번 정도로 제한하며, 임기가 만료되면 당연 퇴직한다는 내용으로 계약서를 작성하고 있다.

대부분 사립대학들은 비정년 트랙 교원을 교수 충원율을 높이는 데 활용하되, 흔히 계약으로 재임용 기회를 제한한다든가, 급여 등을 일반 전임교원의 50퍼센트에서 80퍼센트 수준으로 하여 '연봉제'(일반 전임교원의 '호봉제'와 대비됨)로 지급하고 있다. 또한 일반 교원의 주당 수업 시수가 7.5시간인 데 비해, 비정년 트랙 교원은 12시간에 이른다.

물론 정년 트랙 교원과의 급여 차이가 없고, 연구, 강의, 봉사 업무를 교원으로서 동일하게 수행하며, 교수회에 참여할 수 있을 뿐 아니라 의결권, 발언권도 있어서, '재임용이나 승진 임용의 기회가 없다'는 것만을 제외하면 업무와 처우 면에서 정년 트랙 전임교원과 차이가 없는 경우도 있다(직급, 경력에 따라 동일 호봉을 지급하는 경우도 있다. 이화여자대학교 교원 인사 규정 13조의 3 참조).

비정년 트랙 교원은 재계약을 하지 않는 '강의 전담 교수'라는 이름으로 1994년경 경희대학교 등이 처음 도입하였으며, 당시에는 정년 트랙 전임교원과 업무 내용이나 처우 등에 아무 차별이 없었고, 단지 3년 단임으로 계약함으로써 재임용 기회를 박탈했을 뿐이다. 그 후 2003년 3월 연세대학교가 '비정년 트랙 교원'이라는 명칭으로 재임용 기회만이 아니라, 임기나 연봉 등에서 차별적으로 처우하는 전임교원들을 임용하기 시작하였다(1년 단위로 한 번에 한하여 재임용하는 것으로 한다. 연세대학교 교원 인사 규정 제16조 제2항, 부칙 제27조 참조).

비정년 트랙 전임교원과 강의 전담 교수는 혼용되는 경우가 많은데, 본래 강의 전담 교수로 임용되었다가 2005년경 비정년 트랙 교원 제도가 본격 도입되면서 비정년 트랙 교원으로 전환된 교수들이 많기 때문이다(연세대학교, 동덕여자대학교, 조선대학교 사례 참조).

2005년도에 비정년 트랙 교원 제도가 본격적으로 도입된 것은, 이즈음 헌법재판소 및 대법원이 대학 교원 기간 임용제에 따라 임용된 대학 교원(기간제 교원)에 대하여 조리상 재임용 심의 신청권을 인정하게 되었고(기왕의 법원 판례는 재임용 심의 신청권을 인정하지 않았기 때문에, 부당하게 재임용에서 탈락한 교원이 그 구제를 청구하는 경우, 재임용 거부의 당·부에 관하여 실체적 판단을 하지 않고, 소의 이익이 없다 하여 각하했다), 그에 따라 사립학교법 제53조의 2에 재임용 심의 절차에 관한 규정이 삽입되었기 때문이다. 즉 학교 측은 기왕의 기간제 교원과 달리 계약으로 재임용 기회를 제한하는 교원 제도를 도입함으로서 이를 잠탈하고 회피하려 하였다.

비정년 트랙 전임교원 임용 현황

2006년 국정감사에서 교육인적자원부가 국회에 제출한 자료에 따르면, 비정년 트랙 제도를 도입한 주요 대학들은 2006년 4월 1일 현재, 홍익대학교가 168명(28.5%), 경희대학교가 104명(9.3%), 연세대학교가 82명(4.9%), 청주대학교가 74명(21.6%), 한림대학교가 73명(22.9%), 국민대학교(15.3%)와 동명대학교(25.6%)가 64명, 영산대학교가 61명(24.8%), 세명대학교가 60명(28.6%), 숭실대학교(15.5%)와 안양대학교(35.2%)가 56명, 인천대학교가 54명(22.4%)이었다.

또한 『교수신문』이 조사한 바에 따르면, 2006년도에 전국 162개 4년제 대학에서 채용한 2,303명의 교수 중 최소한 538명(23.7%)이 비정년 트랙으로 임용되었는데, 2008년도 하반기 신임 교수 892명 가운데 비정년 트랙 교원은 106명(11.9%)으로, 2007년 하반기(8.9%)에 비해 늘었고, 2008년 상반기(16.6%)에 비하면 다소 줄어든 것으로 나타났다.

비정년 트랙 전임교원 제도의 문제점

근로기준법은 제5조(균등 처우)에서 "사용자는 근로자에 대하여 남녀의 차별적 대우를 하지 못하며, 국적, 신앙 또는 사회적 신분을 이유로 근로조건에 대한 차별적 처우를 하지 못한다"고 하고 있고, "기간제 및 단시간 근로자 보호 등에 관한 법률"도 제8조(차별적 처우의 금지)에서 ① "사용자는 기간제 근로자임을 이유로 당해 사업 또는 사업장에서 동종 또는 유사한 업무에 종사하는 기간의 정함이 없는 근로계약을 체결한 근로자에 비하여 차별적 처우를 하여서는 아니 된다"고 규정함으로써 임금이나 그 밖의 근로조건 등에 있어서 합리적인 이유 없이 불리하게 처우해서는 안 됨을 명시하고 있다.

특히 교원의 신분은 일반 근로자에 비하여 두텁게 보장되는 바, 헌법재판소는 2006년 5월 25일, 선고 2004헌바72 결정에서, "국공립대학의 교원뿐만 아니라, 사립대학의 교원도 헌법 제31조 제6항이 의미하는 교원 개념에 포함됨은 물론이다. (…) 교원의 '지위'라 함은 교원의 직무의 중요성 및 그 직무 수행 능력에 대한 인식 정도에 따라서 그들에게 주어지는 사회적 대우 또는 근무 조건·신분보장, '보수' 및 그 밖의 물적 급부 등을 모두 포함하는 의미다. (…) 헌법이 교육의 물적 기반인 교육제도 이외에도 인적 기반인 교원의 지위를 특별히 국회가 제정하는 법률로 정하도록 한 것은 그에 관한 사항을 행정부의 결정에 맡겨 두거나 전적으로 사적 자치의 영역에만 귀속시킬 수 없을 만큼 교육을 담당하는 교원의 지위에 관한 문제가 교육 본연의 사명을 완수함에 있어서 중대한 의미를 갖는다고 보았기 때문"이라고 하여 교원 지위 법정주의란 교원에게 주어지는 사회적 대우, 근무 조건, 신분보장, 보수 등을 법률로 정해야 함을 의미한다고 판시하고 있다.

따라서 비록 사립학교법 제53조의 2(학교의 장이 아닌 교원의 임면) 제3항은 "대학교육기관大學教育機關의 교원教員은 정관定款이 정하는 바에 따라 근무 기간勤務期間·급여給與·근무 조건勤務條件, 업적業績 및 성과 약정成果約定등 계약 조건契約條件을 정하여 임용任用할 수 있다"고 하고, 정관 또는 학칙에 비정년 트랙 교원에 관한 규정을 두었다고 하더라도, 사립학교법 제53조의 2, 제4항 내지 제8항의 재임용 심의 절차를 잠탈한다든가, 합리적 이유 없이(즉, 자격 요건이나 업무 내용이 다르지 않음에도) 급여나 근무 조건을 일반 전임교원과 달리 저하시킨 계약제 교원을 임용할 수 없다 할 것이다.

그러나 실제로 대부분의 대학들에서 비정년 트랙 교원에 대하여 합리적 이유 없이 재임용·승진 임용의 기회를 제한·박달한다든가,

급여에 있어서 차등을 둔다든가 하는 사례가 발견되고 있다.

가. 재임용 기회 제한

비정년 트랙 교원 제도를 도입하고 있는 대부분의 대학들은 비정년 트랙 교원 인사 규정에 재임용 기회를 한두 번으로 제한하고, 임용기간 만료로 당연 퇴직한다고 규정하여 두고 있으며, 이를 계약서에도 명시해 두고 있다.

그러나 2006년 9월 8일에 교육부가 "사립학교법에 따라 재임용 심의 신청 기회는 계약으로 제한할 수 없는 것이므로 재임용 심의 신청기회를 제한하거나 불합리하게 차별하는 일이 없도록 해야 한다"라는 내용의 공문을 각 대학에 시달한 바 있고, 최근 교육인적자원부 교원 소청 심사위원회는 (신규 임용 절차 및 지원 자격, 교원으로서의 직무 수행, 관계 기관에 전임교원으로 보고된 점, 사립학교 교직원 연금에 가입된 점 등을 고려하여) 비정년 트랙 교원을 고등교육법 제14조 제2항의 교원으로 보아, 재임용 기회를 제한하는 계약 내용을 무효로 보고, 재임용 거부 처분을 취소한다는 결정을 내리고 있다.

또한 서울행정법원 2007년 10월 2일에 선고 2007구합8997 판결에서도 "원고가 이 사건 대학 교원 인사 규정에 비정년 트랙과 정년 트랙 교원을 따로 정하여 두고 비정년 트랙 전임교원에 대하여는 위 규정상의 재임용, 승진, 정년 등에 관한 규정이 적용되지 아니하고 비정년 트랙 전임교원 임용에 관한 시행 세칙이 적용되도록 규정하고 있고, 참가인 등이 원고와의 사이에 계약 기간을 2년으로 하되 기간이 만료되면 퇴직하고 재계약을 하지 않는다는 내용의 이 사건 임용 계약을 체결하여 정년 트랙 전임교원과 구별하고 있다고 하더라도, (가) 고등교육법 제14조 제2항은 학교에 두는 교원을 총장 및 학장 이외에 교수, 부교수, 조교수 및 전임강사로 구분하고 제17조는 위 교원 이외에 겸임 교원, 명예교수 및 시간강사 등을 둘 수 있다고 규정하고 있을 뿐, 정년 트랙 전임교원, 비정년 트랙 전임교원에 대한 구분이 없는 점, (나) 원고는 참가인 등에 대하여 다른 정년 트랙 전임교원과 동일 절차에 의하여 임용하고, 대학교육협의회장에게 참가인 등에 대한 임용 사항을 보고하였으며, 보수 및 책임 강의 시수, 교수 회의 등 교수 활동에서 다른 정년 트랙 전입교원과 동등한 대우를 하고, 교원 확보율 산정에서도 정년 트랙 전임교원과 구분하지 아니 한 채 산정하였으며, 동일 내용의 교수 업적 평가를 실시하였고, 참가인 등은 사립학교 교직원 연금에 가입되어 있다는 점, (다) 이 사건 대학 교원 인사 규정은 비정년 트랙 전임교원에 대하여 재임용, 승진 임용, 휴직, 복직, 정년 등에 관한 규정을 제외하고 나머지 규정을 정년 트랙 전임교원과 동일하게 적용하고 있고, 비정년 트랙 전임교원에 대하여 대외적으로 '비정년 트랙'이라는 명칭을 사용하지 않을 수 있다고 규정하고 있는 점 등에 비추어 보면, 참가인 등은 고등교육법 제14조 제2항 또는 '교원 지위 향상을 위한 특별법' 제9조 소정의 교원에 해당한다고 할 것이다"라고 판시하여 비정년 트랙 교원도 고등교육법 제14조 제2항의 교원으로서 사립학교법 제53조의 2가 적용된다고 했다.

나. 승진 임용 기회의 제한

비정년 트랙 교원이 전임강사로만 신규 임용, 재임용되는 경우도 있으나(상지대학교), 겸임 교원이나 시간강사 등과는 달리 처음부터 전임강사, 조교수, 부교수 등의 직급을 부여받아 신규 임용되기도 하고, 승진 임용되는 경우도 있다(연세대학교, 영산대학교 등).

비정년 트랙 전임교원의 경우 승진 임용의 기회가 없는 것이 일반적인데, 이것은 재임용 기회가 한 번 정도로 제한되어 승진 임용을 받을 만큼 장기간 근무하지 못하기 때문이며, 재임용 기회를 계약으로 제한할 수 없다는 판례에 비추어 비정년 트랙이라고 해서 승진 임용을 받지 못할 필연성은 없다. 따라서 아예 승진 임용의 기회 자체를 박탈하는 것은 위법하다고 할 것이다.

다만 일반 전임교원이라 하더라도 승진 임용에서 부당하게 탈락하였을 경우, 재임용과는 달리 구제를 받지 못한다. 승진 임용은 임면권자의 완전한 자유 재량 행위라고 보는 것이 법원의 태도다.

예컨대 서울행정법원 2006년 5월 9일의 선고 2005구합28478 판결은 "사립대학을 경영하는 학교 법인의 정관과 교원 인사 규정에서 승진 임용 자격의 요건을 정하고 있을 뿐 일정한 자격 요건을 충족한 교원이 학교 법인에 대하여 승진 임용 신청을 할 수 있거나 또 이에 대하여 승진 임용 의무를 규정하고 있지 아니한 점, 승진 임용 여부는 교원의 지위를 박탈하는 재임용 거부와 달리 교원 정원, 보직 교수의 수, 학부 조직, 학생 수와 학교 법인의 재정을 비롯한 학교 법인에 대한 경영 평가 등 여러 사정에 의해 해마다 기준이 달라질 수 있는 것이고, 승진 임용이 되지 아니한다고 하더라도 그 자체로 교원으로서의 지위에는 아무 변동이 없다는 점 등을 이유로 (…) 최소 근무 연수나 다른 승진 자격 요건을 충족하면 곧바로 승진 임용되리라는 법규상의 권리나 조리상 기대권을 가진다고 보기 어렵고, 따라서 해당 교원이 승진 임용 여부에 관하여 '합리적인 기준과 정당한 평가에 의한 심사를 받을 권리'를 가지게 된다고 할 수 없다"고 하였다.

그러나 조교수, 부교수, 정교수로의 승진 임용은 각각 조교수, 부교수, 정교수로 새로 채용하는 신규 임용이 아니고, 이미 교원 신분을 취득하고 있음을 전제로 직급을 상향하여 재임용하는 것으로서(대법원 1996년 7월 12일. 선고 96누3333 판결 참조), 이러한 판례는 조만간 변경돼야 할 것으로 보인다.

다. 담당 업무 및 자격 요건, 업적 평가 기준 등의 차이

강의 전담, 연구 전담 등의 경우, 강의 전담 교수에게는 연구 업적 발표 의무를 부과하지 않고, 연구 전담 교수에게는 학생 교육이나 강의를 맡기지 않으며, 또한 공히 학생 지도나 학사 행정 업무를 맡기지 않는 것이 일반적이다. 따라서 연구 및 봉사 영역에 대해서는 업적 평가를 하지 않는다.

그러나 비정년 트랙 교원이라 하더라도 신규 채용 때 일반 전임교원에 비해 완화된 자격 요건이 제시되는 경우는 거의 없다.

라. 급여 차이

강의 전담이나, 연구 전담의 경우 업무 내용이 다르기 때문에 급여 등에서 차별이 있을 수 있으나, 자격 요건이나 교수로서의 업무 내용이 정년 트랙 교원과 동일한 경우에도 급여 등에서 차별을 두는 경우가 있는데, 이는 근로기준법 제5조(균등 처우) 위반으로, 해당 교원은

비정년 트랙 교수라는 이유로 차별 대우를 하는 것은 위법이다.

손해배상이나 미지급 급여의 지급을 청구할 수 있을 것이다.

맺는 말

결론적으로 대학 교원을 임용함에 있어 자격 요건이나 업무 내용에 따라 급여, 업적 평가 방법, 근무 조건 및 성과 약정, 승진 임용 여부 등을 달리 정할 수 있다고 할 것이다. 그러나 단지 정년 보장을 받을 수 없는 비정년 트랙 전임교원이라는 이유로 해당 교수들의 재임용 심의 신청권을 학칙이나 계약으로 박탈하거나, 동일한 업무를 부여하고 동일한 자격 요건을 요구하면서도 급여 등에서 차별적으로 처우한다면, 이는 위법이라고 할 것이다.

22

일본 비정규 교수의 현실

임정기 | 일본 동북대학교 비상근 교수

일본도 한국의 경우처럼 비정규 교수 처우에 불만을 품고 있는 것
이 일반적이다. 비정규 교수의 처우 개선을 위해서, 일본의 비정규 교
수들은, 일부 지역(관서권關西圈, 수도권首都圈, 동해권東海圈)이기는 하지
만, 조합을 결성하여 정부와 대학에 개선점을 요구하고 협상을 벌이
고 있다. 일본의 비정규 교수들도 만족할 만한 환경조건을 만들기 위
해서는 스스로 노력할 수밖에 없는 것이다. 각 지역의 비정규 교수 조
합은 기관지를 발행하여 자신들의 노력을 외부에 알리고 모든 비정규
교수에게 협조를 요청하고 있다. 이 기관지들의 최신호를 통하여, 비
정규 교수의 권익을 위해서 어떠한 노력을 하고 있는지에 대해 보고
자 한다.

먼저 관서권의 비정규 교수 조합 기관지인 『히조킨노코에(非常勤の
聲, 비정규 교수의 목소리)』 제16호(2008년 7월 5일 발행)를 보면, 「강의료 교

섭의 결과」, 「시험 감독에게 수당이 지불되는 대학」, 「건강진단 비용의 절반이 지불되는 대학」, 그리고 「강의 시간이 줄거나 해고당했을 때의 대처 방법」 등의 내용이 실려 있다. 물론 수당이라든가 건강진단 비용은 대학에 요구를 해서 실현된 것임을 밝히고 있다.

수도권의 비정규 교수 조합 기관지인 『히카에시츠控室』 제68호(2008년 9월 14일 발행)에는, 「비정규 교수의 대학 시절에 받은 장학금 반납에 대해서」, 또 「세계의 대학 비정규 교수 문제—일본에서의 외국인 비정규 교수 문제」, 「비정규 교수 부당 해고를 둘러싼 재판」 등의 내용이 실려져 있다.

동해권의 비정규 교수 조합 기관지인 『이랴이찌세いりゃ一ぜ』 제3호(2008년 6월 14일 발행)에는, 「구국립대학舊國立大學 강의료의 월급제 요구」, 「비정규 교수의 후생 연금 가입 요구」, 「비정규 교수의 처우 문제」 등의 내용이 실려져 있다.

이상의 기관지 내용을 통해 보면, 비정규 교수의 기본 생활을 중심으로 한, 대학과 정부에의 요구가 주내용이 되고 있음을 알 수가 있다. 연구자, 교육자로서의 비정규 교수 입장에서 본다면, 연구 활동이나 교육 활동에 관한 요구도 있음직하다. 그런데도 위의 기관지에서 연구 활동, 교육 활동에 관한 요구를 찾아볼 수 없는 것은, 일본의 비정규 교수가 기본적인 생활을 함에 있어서도 아직 안정적이고 충분한 대우를 받고 있지 못하다는 증거일 것이다.

그 증거로서 동해권의 비정규 교수 조합 기관지 『이랴이찌세』 제3호를 보면, 「비정규 교수도 인간이다. 노동자다」라는 슬로건을 내걸고 기사를 쓰고 있다. 일본이라는 사회 안에서의 비정규 교수가 처한 입장을 말해 주는 구절이다. 이와 관련하여, 위의 세 비정규 교수 조합에서는 한 강좌(90분)에 3만 엔(월급으로 계산했을 경우다. 시간으로 계산하면 시간당 6천 엔에 해당) 이상을 공통 목표로 내걸고 있다.

또한 이상의 기관지를 통하여, 일본의 비정규 교수가 껴안고 있는 문제의 배경에는 법적 환경의 미비함이나 대학 측의 대처 부족이 큰 요인으로 작용하고 있음을 알 수가 있는데, 특히 강의 시간이나 해고 문제에 이르러서는 대학 측의 배려가 너무나도 부족하다는 것을 간과할 수가 없다. 비정규 교수 측에서 보면 강의 시간은 생활과 직결되고 있는 문제임을 누차 강조하고 있는 것이다.

이 강의 시간이 비정규 교수에게 더욱 절실한 문제로 다가오게 된 것은, 비정규 교수가 증가한 것도 한 원인이 된다. 『대학 비정규 교수의 실태와 목소리 2007大學非常勤講師の實態と聲 2007』이라고 하는, 2005년에서 2006년에 걸쳐 조사한 대학 비정규 교수의 실태 조사 설문 보고서가 있는데, 이 보고서의 부록에는 1974년부터 2004년까지 3년 간격으로 비정규 교수의 숫자와 비율을 조사한 기록이 있다. 이 보고서의 부록에 의하면, 비정규 교수는 1992년에 29,502명(18.8%, 전임에 대한 비율), 1995년에 51,853명(31.3%), 2004년에 77,155명(43.7%)으로, 1992년에서 1995년 사이에 두 배 가까운 증가를 보이고 있고, 2004년에는 전임 교수의 절반 가까이에 도달하고 있음을 볼 수가 있다.

1992년에서 1995년 사이에 비정규 교수가 갑작스럽게 증가한 것은 거품경제가 붕괴된 뒤의 불경기와 대학원생의 정책적인 정원 증가를 그 배경으로 하고 있다고 생각된다. 이에 따른 비정규 교수의 갑작스런 증가가 강의 시간의 충분한 확보를 불가능하게 하는 요소로 작용하고 있는 것이다. 비정규 교수의 이러한 절실한 문제를 정부와 대학 측에서 즉각 해결해 준다는 것은 불가능한 일이었다. 이러한 시기를 맞이하여 비정규 교수는 노동조합을 결성하고 기관지를 만들어, 비정규 교수의 현실을 알리고 그 권익을 위해 노력해 왔다고 할 수 있다.

또한 각 조합은 각각 별도의 활동을 펼치면서도, 문교부나 보건사회부 진정 등에 있어서는 힘을 합쳐 공동으로 행동하면서 비정규 교수 전체의 권익을 위하여 노력하고 있다.

비정규 교수 조합은 기관지 외에도 위에서 언급한 『대학 비정규 교수의 실태와 목소리』라는 설문 조사 보고서를 간행하여, 비정규 교수의 실상과 심정을 일본 사회에 널리 알리고자 노력하고 있다. 『대학 비정규 교수의 실태와 목소리』는 지금까지 세 번 간행되었다.

위에서 언급한 『대학 비정규 교수의 실태와 목소리 2007』이 가장 최근인 2007년에 간행된 것이고, 그 이전에 2001년에 간행된 것(1999년부터 2000년까지 조사)과 2003년에 간행된 것(2002년부터 2003년까지 조사)이 있다. 『대학 비정규 교수의 실태와 목소리』는 2001년에는 케이지京滋 지구 사립대학 비정규 교수 조합(나중에 관서권 비정규 교수 조합에 합병)이 단독으로 간행하였지만, 2003년부터는 조합 전체가 공동으로 간행했다.

그럼 이 설문 조사와 간행 취지에 대해서, 직접 그들의 말을 들어보도록 하자.

"이번에 (…) 아마도 일본에서 처음으로 대학 비정규 교수의 노동과 생활의 실태에 관한 설문 조사를 시행할 수가 있었습니다. 현재 케이지 지구뿐만 아니라 수도권, 한신阪神에서도 비정규 교수 조합이 활동하고는 있지만, 대학 비정규 교수의 실태는 아직 사회적으로 인식되고 있지 않은 것이 사실입니다. 대학원 중점화에 의해서 비정규 교수 예비군은 앞으로 더욱 늘어날 것이라고 생각합니다. 우리들은 이번 조사를 통해 대학 비정규 교수 문제를, 일본의 고등교육이 안고 있는 심각한 사회문제로 인식하게 하고, 대학과 사회 전체를 향해 문제 제기하려고 생각하고 있습니다.

이번 조사에는 자유 기술란을 중심으로, 평소 표면화되기 힘든 비정규 교수 각자의 생생한 목소리가 많이 접수되었습니다. 비정규 교수는 경제적으로도 시간적으로도 여유가 없고 대부분 고립된 생활을 하고 있으며, 게다가 고용이 극히 불안정하여 솔직한 발언을 하기 힘든 구조 속에 있습니다. 대학 당국이나 전임교원 여러분은, 일상적으로 대학 교육 현장에서 함께 일하고 있는 비정규 교수의 이러한 생각을 접하고, 놀라실 지도 모르겠습니다. 특히 공격적인 심정의 토로에 대해서는 반발을 느끼는 면도 있을 것이라고 생각합니다. 그러나 이것은 어려운 상황에 처해 있으면서, 발언할 자리가 보장되어 있지 않은 비정규 교수의 절실한 외침이고, 이 귀중한 발언을 아무쪼록 성실하게 받아들여 주기를 바라는 마음에서, 가능한 한 게재했습니다."

—『대학 비정규 교수의 실태와 목소리 2001』의 「요약」

비정규 교수를 둘러싼 문제를 대학과 사회에 제기하고, 비정규 교수의 절실한 마음을 이해해 주기를 바란다고 하는 취지와 함께 일본 사회에 자신들의 위치를 확보하려고 하는 그들의 시도에서, 미약하지만 절실한 외침을 읽을 수가 있다.

비정규 교수 일부에 의한 설문 보고서이기는 하지만, 이 보고서를 통하여 일본 비정규 교수의 실태를 구체적으로 소개하고자 한다. 보고서는 가장 최근에 간행된 『대학 비정규 교수의 실태와 목소리

2007』을 그 자료로 사용한다. 설문에 참가한 비정규 교수 중에는, 전임으로 있으면서 다른 학교에 비정규직으로 강의를 하는 사람도 포함되어 있는데, 여기서는 순수 비정규 교수의 통계만을 사용한다.

비정규 교수의 수

『대학 비정규 교수의 실태와 목소리 2007』의 부록에 대학의 전임교수, 비정규 교수 등에 관한 자료가 있는데, 이 자료는 문교부의 『학교 교원 통계조사 보고서』에 의해 작성된 것이다. 이 자료는 2004년까지의 자료로, 지금부터 4년 전의 통계다. 우선 이 자료를 중심으로 소개하고자 한다.

2004년의 전임 교수는 17만 6,677명이고, 비정규 교수는 7만 7,155

기관별 전임 교수와 비정규 교수 비율

교육 연구 기관	전임 교수	비정규 교수	비정규 교수의 비율
국립대학	61,492	8,435	13.7
공립대학	11,394	2,283	20.0
사립대학	86,838	53,092	61.1
국립 단기 대학	172	94	54.7
공립 단기 대학	1,333	442	33.2
사립 단기 대학	10,964	11,432	104.3
국립고등전문학교	3,946	1,169	29.6
공립고등전문학교	380	169	44.5
사립고등전문학교	158	39	24.7

명으로 비정규 교수가 전임의 43.7퍼센트라고 하는 것은 이미 지적한 대로다. 이러한 전임 교수와 비정규 교수의 비율을 대학 교육 연구 기관별로 보면 앞의 표와 같다.

사립 단기 대학의 비정규 교수 비율이 104.3퍼센트나 된다고 하는 것은 놀랄 만하다. 사립 단기 대학에 이어 사립대학, 국립 단기 대학이 50퍼센트를 넘고 있어, 비정규 교수에의 높은 의존도와 더불어 교육 현장에서 비정규 교수가 얼마나 중요한지를 한층 절감하게 하고 있다.

비정규 교수의 강의와 수입

여기서부터는 설문 조사 결과를 정리해 보겠다. 먼저 강의에 관한 질문 사항을 보면, 전문 분야, 경력, 학교 수, 강좌(90분) 수, 등이 있다. 전문 분야로는 인문과학이 가장 많고 그 다음이 사회과학인데, 이 두 분야가 전체 회답의 80퍼센트 이상을 차지하고 있다. 경력에 있어서는 평균은 11년인데, 15년까지가 78퍼센트로 가장 많다. 경력 16년부터는 갑자기 그 숫자가 줄어드는 것을 볼 때, 경력 15년이 전환점이 되고 있고, 이것은 앞에서 언급한 1992년에서 1995년 사이의 갑작스런 비정규 교수 증가와 관련이 있는지도 모른다. 통계를 통해 비정규 교수가 출강하는 학교 수는 평균 3.1교이고, 강좌 수는 평균 9.2강좌라는 것을 알 수 있다.

수입은 강좌 수와 관련되겠지만 평균 306만 엔이다. 그렇지만 설문에 참가한 사람의 44퍼센트가 250만 엔 이하의 저소득이다. 이러한 실정에 직면하여, 앞에서 이미 언급했듯이, 일본의 비정규 교수는 기본 생활에 있어서 안정적이고 충분한 대우를 받고자 노력하고 있다고 볼 수 있다.

강의료에 대해서 잠깐 언급하면, 관서권의 비정규 교수 조합 기관지인 『히조킨노코에』제16호에 관서권 주요 대학의 강의료가 실려 있는데, 시간당 5,000엔에서 6,685엔이다. 내가 강의한 동북 지방 학교도 대부분은 이 범위 안에 속하지만, 이보다 적은 시간당 3천 엔대의 학교도 있었다. 따라서 일본 전체로 보면 강의료의 폭은 적어도 시간당 3천 엔대에서 6천 엔대까지의 폭을 보이고 있다고 할 수 있다.

사회보험(건강보험, 연금)

설문 조사에 의하면, 직장 사회보험에 들어 있는 비정규 교수는 3퍼센트에 불과하다. 비정규 교수의 75퍼센트가 개인적으로 국민건강보험에 들어 있고, 부양가족으로 가족의 보험에 들어 있는 사람도 15퍼센트나 된다. 건강보험에 가입하지 않은 사람도 4퍼센트나 있다. 한편 국민연금보험은 보험료를 내고 있는 사람이 비정규 교수의 70퍼센트이고, 내고 있지 않은 사람도 17퍼센트나 된다.

국민건강보험 보험료의 연평균은 26.4만 엔이고, 이것은 비정규 교수의 연 평균 수입 306만 엔의 8.6퍼센트에 해당한다. 국민연금 보험료 연 166,320엔은 연평균 수입의 5.4퍼센트에 해당하는데, 연금보험과 건강보험을 합하면 연평균 수입의 13퍼센트에서 14퍼센트나 된다. 현재의 후생 연금, 건강보험료의 노동자 부담분은 보수의 11.244퍼센트(건강보험 4.1%, 후생 연금 7.144%)이므로, 비정규 교수가 직장 사회보험에 가입하지 못함으로 해서 입는 불이익은 크다고 할 수 있다.

직장 "사회보험에 가입하고 싶은가" 하는 질문에는 비정규 교수의 79퍼센트가 "가입하고 싶다"고 대답하고 있다.

고용 불안정 및 교통비 지급 등

설문 조사를 통해 본 결과, 대학 비정규 교수의 노동조건과 교학 조건에 대해서 불만이 있는 비정규 교수는 95퍼센트나 된다. 특히 고용 불안정, 저임금, 사회보험 미가입, 연구자로 대우받지 못하는 것, 시설 불충분 등의 순으로 불만을 가진 사람이 많다.

고용 불안정 문제는 나 역시 강의 시간이 줄고 해고당한 경험이 있는데, 설문에 참가한 비정규 교수의 50퍼센트가 해고당한 경험이 있다고 대답하고 있다. 해고 이유로는, "과목이 없어졌다, 다른 사람이 담당하게 됐다, 과목은 있지만 강좌 수가 줄었다"가 비슷한 정도로 많고, 그 다음에 "처음부터 기한이 정해져 있었다, 감정적인 이유에서, 학교나 학부가 없어졌다" 등의 순으로 이어지고 있다. "해고 이유가 불명하고 아무 설명이 없는" 경우도 있는데, 이것은 해고당한 경험이 있는 비정규 교수의 19퍼센트가 겪은 일이다.

교통비에 관한 불만에 대해서도 잠깐 언급하도록 하겠다. 설문 조사 보고서의 '자유 기술' 란에 적힌 불만 사항을 보면, 주차장 사용에 관한 것과 교통비 지급에 관한 것이 있다. 주차장 사용료로 반 년에 만 2천 엔씩 선불로 내야 하는 학교가 있는데 납득이 가지 않는다는 내용이었다. 교통비 지급에 대해서는 실제 사용 금액이 아니라 일률적인 금액을 지급하는 학교도 있고, 교통비 전액을 지급하지 않는 학교도 많다는 내용이었다.

내 경험에 의하면, 다른 현縣에 있는 대학에 출강할 때는 교통비 전액을 받았지만, 같은 시내에 있는 대학에서는 교통비를 받지 못했다. 그런데 설문 보고서에 의하면 다른 현의 대학에 출강해도 교통비 전액을 받지 못했다는 경우도 있다. 이런 것으로 볼 때 일본의 대학은 교통비 지급을 원칙으로 하고 있기는 하나, 교통비 지급의 규정과 지급액의 규정은 각 대학마다 다르기 때문에 불만이 생기고 있지 않나 생각된다.

이상에서 일본 사회의 비정규 교수 실태와 불만, 그리고 그러한 열악한 환경조건을 개선하기 위한 조합 결성과 활동에 대해 간단히 살펴보았다. 앞으로 일본 사회에 자신들의 위치를 확보하려고 하는 비정규 교수의 활동이 어느 정도 결실을 맺을지는 모르겠지만, 당당한 일본 사회 구성원으로 인정받기를 바라는 마음 간절하다.

23

미국 대학에는 있고
한국 대학에는 없는 것

박광주 | 부산대학교 교수

세상에는 많은 직업이 있다. 제각기 살아가는 목적과 목표가 다른 만큼 생활방식도 다양하다. 고등학교 졸업자 중 절반 정도밖에 대학에 진학하지 않는 미국에서 대학을 졸업하고도 모자라 대학원까지 진학한 사람 중에는 대학교수가 되는 것을 최종 목표로 삼고 있는 사람들이 많다.

미국에서 대학교수가 되는 것은 사회적 명성이나 금전적 보상, 그 어느 면에서도 매력적이지 않다. 한국에서처럼 대학교수의 사회적 지위가 높아서 언론이나 방송의 단골 출연자가 되기도 어렵고, 각종 위원회나 이사회에서 한자리를 차지하는 것도 쉽지 않으며, 정치판이나

박광주는 1984년부터 부산대학교 행정학과에 재직하고 있다. 공정한 교수 임용을 주장하다 동료 교수들과 학교 당국에 의해 2년 반 동안 학교 밖으로 퍠각 추방당한 바 있다. 전공은 한국 정치이며, 민주화와 민주주의가 꾸준한 학문적 관심사다.

관계에서 기회를 잡아 화려하게 진출하는 것도 쉽게 꿈꿀 수 없다. 기독교 국가라 결혼식은 성직자들이 주로 주례를 서기 때문에 대학교수라고 그 흔한 주례 설 일도 없다. 그럼에도 돈 안 되고 사회적 지위도 없고 권력도 없는 대학교수가 되려는 사람들은 미국에도 넘쳐흐른다.

미국 교수 사회에는 "논문을 써내지 못하면 망한다"는 말이 불문율처럼 자리 잡고 있다. 제대로 된 논문을 발표하고 제대로 평가를 받아야만 교수직도 유지되고 봉급도 제대로 받을 수 있기 때문이다. 그런데 제대로 된 논문을 발표한다는 것이 말처럼 쉬운 일이 아니다. 오죽하면 미국 교수들을 일컬어 "뒤통수만 보이는 인간"이라 하겠는가. 책상머리에 앉아 연구에 전념하지 않고서는 제대로 된 논문을 만들어내기가 그만큼 어렵기 때문이다.

엄격한 심사 제도를 자랑하는, 전국적으로 평판 있는 학술지에 글을 싣는다는 것은 그야말로 뼈를 깎는 고통을 수반한다. 세계적인 학문 중심지인 미국에서 남의 나라 논문을 적당히 짜깁기하거나, 철 지난 주제를 되풀이하거나, 이미 학술지에 널리 알려진 논문을 적당히 베끼거나, 남이 대필한 논문에 자기 이름을 적당히 얹거나, 이미 나온 자신의 옛 논문을 적당히 변조하여 재탕, 삼탕하는 것은 거의 불가능하다. 지켜보는 눈이 하도 많아서 그 같은 파렴치한 행위는 조만간 밝혀지고 말기 때문이고 그 결과는 어렵게 진입한 교수 사회에서의 완전한 퇴출을 의미하기 때문이다.

신자유주의 범람과 더불어 유행어가 된 '경쟁력'을 제고한다는 명분으로 한국 대학에서도 교수 업적 평가가 자리 잡기는 했지만, 남의 나라 논문을 짜깁기하는 것부터 자신의 옛 논문을 재탕 삼탕하는 것까지, 파렴치한 논문이 지금도 여전히 쉴 새 없이 여기저기서 만들어지고 있다. 〈한국학술진흥재단〉이라는 국가 공인 기관이 인증하는 학술지가 우후죽순처럼 증대하면서 외견상 교수 업적 평가가 자리 잡은 것처럼 보이지만 실상을 들여다보면 창피하기 짝이 없는 일이 버젓이 저질러지고 있는 것이 한국의 대학 사회다.

그러다 보니 한국의 대학교수는 "뒤통수만 보이는" 인간들일 필요가 없다. 오히려 대학 바깥 여기저기에 얼굴을 부지런히 내미는 사람들일수록 대중성을 획득하고, 이것이 관계로 정계로, 또는 각종 위원회나 이사회로 진출해 남다르게 풍족한 생활을 누릴 수 있는 기회가 되고 있다. 논문은 적당히, 요령껏 발표하면 되니 논문을 써내지 못해 망할 일도 없다.

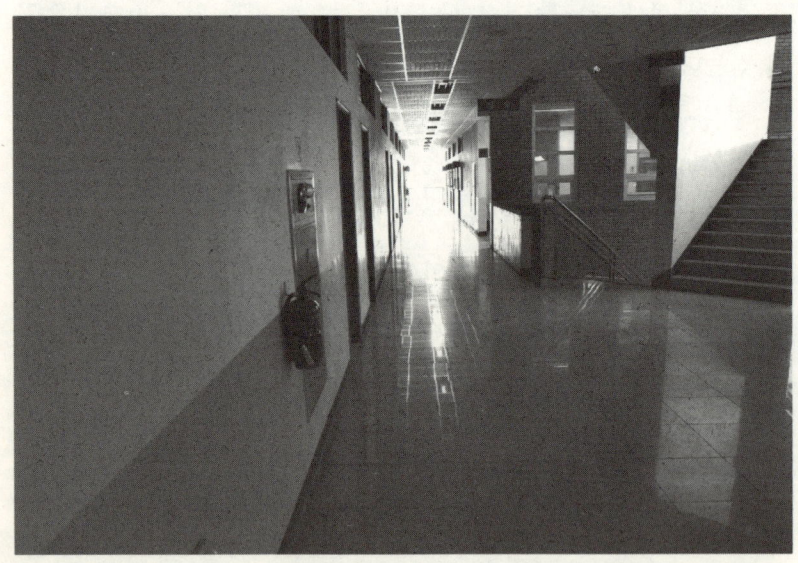

한국에는 연구하지 않는 교수, 낯내기에만 바쁜 교수가 부지기수다. 결국 이것이 비정규 교수 문제의 근원 가운데 하나다.

한국 대학에 비해 평가 제도가 엄격한 미국의 대학 사회에서 교수 직분을 수행하기란 훨씬 더 힘들다. 그리고 학자의 길을 삶의 목표로 삼고자 하는 사람들이 흘러넘치니 교수직을 얻는다는 것 또한 결코 쉽지 않다. 그러나 한편으로 보면 미국에서 교수가 되는 것은 한국에 비해 엄청 쉽다. 여전히 실력보다는 연줄이나 정실, 그리고 금력에 의해 교수가 되는 관행이 없어지지 않고 있는 한국의 대학 사회에서 교수가 된다는 것은 기왕에 대학에 자리 잡고 있는 사람들의 자의적 판단에 의존해야 하는 만큼 불확실성이 매우 높다.

미국에서는 누구라도 제대로 된 실력을 갖추고 있기만 한다면 인종이나 심지어 국적까지 불문하고 교수가 될 수 있다. 교수 채용을 위한 심사에서 고려 대상이 되는 것은 오로지 실력을 바탕으로 한 경쟁력이다. 실력만 있다면 조교수에서 시작하는 승진 계단을 바로 뛰어넘어 정교수로 발탁될 수도 있고, 아이비리그 출신이 아니더라도 학위 논문만 우수하면 명문 대학의 교수가 될 수 있으며, 심지어 학위 논문을 집필 중이더라도 논문의 가치가 우수하다고 인정될 경우에는 이미 학위를 취득한 지원자를 제치고 교수로 채용될 수도 있다.

"실력"이라는 철저한 경쟁력이 지배하는 곳이 바로 미국의 대학 교수 사회다. 미국 교수들의 봉급 역시 개인의 경쟁력에 따라 매겨진다. 우리처럼 직급별로 일률적으로 봉급이 주어지지 않는다. 나이만 들면 자동적으로 차상위 직급으로 승급하고 봉급도 그만큼 높아지는 시스템이 아니다. 해마다 높아지는 봉급액도 사람마다 다르다. 직급이나 호봉이 아니라 전년도에 이룬 각자의 학문적 성과(학자로, 선생으로, 그리고 사회 봉사자로)에 따라 어떤 사람은 천 달러 인상에 그치기도 하고 어떤 사람은 1만 달러 인상을 받기도 한다. 이러니 뒤통수만 보인

채 논문을 써내지 않을 수 없다. 대학 바깥에 여기저기 얼굴을 내밀며 나돌아 다닐 여유가 없다.

미국 대학이라고 비정규직 교수 문제가 없을 수 없다. 한국보다 심각하지는 않지만 비정규직 교수가 차지하는 비율이 33.1퍼센트(1987), 41.6퍼센트(1992), 42.6퍼센트(1998), 45.8퍼센트(2003)로 계속 증대하고 있다. 이 때문에 대학 교육의 질이 손상될 우려가 있다는 지적이 심각하게 제기되고 있다. 직업 안정성을 위협받으며 박봉에 시달리는 비정규직 시간강사들이 정규직 교수처럼 연구와 강의를 제대로 해내기가 어렵다는 이유에서다.

미국 대학에서 비정규직 교수의 비중이 근년 들어 지속적으로 증가하고 있는 가장 중요한 이유는 역시 비용 문제다. 신자유주의의 팽배는 경제적 효율성의 논리가 대학 운영에까지 영향을 미치게 하였고, 이는 비정규직에 의존하여 대학 강의를 채워 나가는 경향을 강화시켰다. 특히 대학 저학년들을 대상으로 하는 개론 과목들의 경우 비정규직 시간강사들에 대한 의존도가 심각하게 높다. 개론 강의의 절반 이상을 시간강사들에 의존하고 있을 뿐만 아니라 영어, 외국어, 언어학 등의 경우에는 근 70퍼센트 가까이 시간강사들에 의존하고 있다.

이 같은 비용 절감 경향은 비단 비정규직 비율을 증대시켰을 뿐만 아니라, 정규직 교수들 사이에서도 비정년직의 비중을 갈수록 늘리고 있다. 일부에서는 교수라는 직업의 총체적 위축 현상이라고까지 지적하는 최근의 경향 속에서 가장 어려움을 겪는 층은 단연 비정규직 시간강사들이다. 정규직에 비해 절반도 되지 않는 봉급 수준에다 건강보험이나 생명보험, 퇴직금 같은 혜택뿐만 아니라 이메일이나 전화, 연구실 등과 같은 편의 시설 이용권까지 제한되어 있는 경우가 태반이기 때문이다.

수천 개의 대학(2006년 현재 2년제 대학이 1,694개교, 4년제 대학이 2,582개교)에 120여만 명의 교수가 있으니 경쟁력 있는 사람들만이 차지할 수 있는 정규직 정년제 교수직에는 제한이 따를 수밖에 없다. 비정년제 정규직의 비율이 늘어나는 것과 별도로, 비정규직의 비율이 갈수록 늘어난다는 것은 대학 교육의 질을 떨어트릴 수 있는 위험 요소가 된다는 것이 관심 있는 인사들에 의해 계속 지적되어 왔다. 정규직 교수들보다 보수가 열악한 것은 물론이고 연구 시설 부족, 학생 지도에 대한 지원 부족 등으로 인해 비정규직 교수들은 제대로 된 연구와 강의를 하기가 어렵다. 미국의 비정규직 교수들이 처우 개선을 위해 조직적으로 노력하고 있는 이유가 여기에 있다.

미국에는 전국적 차원에서뿐만 아니라 각 주나 각 지역 단위, 그리고 각 대학 단위로 결성된 비정규직 교수 조합들이 무수히 존재한다. 이들은 조직적인 힘을 통하여 공립학교의 경우에는 예산을 배정하는 주 의회나 대학 당국을 상대로, 사립학교들의 경우에는 대학 당국과 더 나은 처우 조건을 확보하기 위하여 교섭을 벌이고 있다. 각 주나 대학의 사정에 따라 교섭 조건이 다소 차이가 있을 수는 있겠지만 대체적으로 통일된 목표는 전임 교수들과 대등한 대우를 해 달라는 것이다. 즉 같은 자격을 갖춘 비정규직 교수들이라면 동일한 학사 업무에 대해 정규직 교수와 동일한 보수와 부수적 혜택을 지급해 달라는 것이다.

수업 시간뿐만 아니라 교재 연구와 학생 지도에 투입된 시간에 대해서도 보수가 지급되어야 하고, 연구 시설과 공간 제공, 의료보험, 연휴, 심지어 본인 및 가족들의 학자금 지원 등 정규직 교수들이 받고 있는 혜택을 "동일 노동, 동일 대우"의 원칙에 따라 비정규직에게도 지급해 달라고 요구한다. 이 같은 "동일 노동, 동일 대우"의 원칙은 비정규 교수 조합의 조직적 활동에 따라 지역 편차는 있을지언정 미국 전역의 각 주 의회나 학교 당국에게 점차 호응을 얻어 가고 있다.

미국의 비정규직 교수들은 정규직 교수, 여타의 노동조합, 지역 및 전국의 교원조합 등의 상호 협조를 받아 주 의회 의원이나 주지사, 그리고 학교 당국에 대해 지속적이고 광범위하게 편지 보내기, 전화 걸기, 로비 행위, 그리고 집단 시위 등의 적극적 의사 표시를 통해 권익 향상에 노력하고 있다. 그 결과 비정규직 교수의 처지가 전국적으로 점차 나아지고 있다. 2001년 현재 시점에서 몇 가지 사례를 보면, 워싱턴 주의 경우에는 지난 2년간 15퍼센트에서 20퍼센트의 봉급 인상이 이루어져 정규직 봉급의 50퍼센트에서 55퍼센트까지 도달하였고, 정규직 강의량의 80퍼센트 이상에 도달할 경우에만 받을 수 있었던 은퇴 후 혜택을 50퍼센트 이상만 되어도 받을 수 있게 되었으며, 정규직과 동일한 조건의 병가를 받을 수 있게 되었다. 캘리포니아 주의 경우에는 정규직 강의량의 40퍼센트 이상만 되어도 건강보험 혜택을 볼 수 있게 되었으며, 정규직 강의량의 20퍼센트 이상만 되어도 유급 학생 면담 혜택을 받을 수 있게 되었다.

한국에는 60퍼센트가 넘는 비정규직 교수가 있고 미국에도 40퍼센트가 넘는 비정규직 교수가 있으니 정도의 차이일 뿐이라고 한다면, 한국과 미국의 비정규직 교수가 처한 상황의 근본적 차이를 간과하는 것이다. 미국에서는 정규직 채용 절차와 정규직 교수들에 대한 신뢰가 존재하고 있으며, 비정규직의 권익 향상을 위한 조직적 노력이 정치적으로, 사회적으로 인정받고 있다.

미국의 대학은 여전히 세계적인 경쟁력을 자랑하고 있다. 세계 각지에서 유학생이 몰리고 있고, 세계적 학문의 중심지가 되고 있다. 이는 우수한 교수진 확보와 무관하지 않다. 한국의 대학은 우수한 교수진의 확보보다는 기존 교수의 기득권 챙기기와 인건비 절감 원칙에만 몰두하고 있다.

고질적 문제가 된 비정규직 교수 문제를 해결하려고 하기보다는 아예 이를 외면하거나 덮어 두려는 것이 정부, 대학 당국, 그리고 정규직 교수들의 자세다. 이런 분위기 아래에서 비정규직 교수들은 자신들의 문제를 해결하기 위해 조직화를 시도함으로써 자신들의 생존권을 위협하는 결과를 초래할 수도 있다. 특히 사립대학에서 노동조합을 결성하는 것은 시간강사 자리를 내놓아야 한다는 뜻이다.

지난 1980년대 대학의 규모가 전국적으로 확대되는 과정에서 교수 채용이 급작스레 늘어났다. 대부분의 지방 대학은 석사 학위만으로도 정규직 교수가 될 수 있었다. 1990년대 이후 국내외에서 생산된 박사급 전문 인력의 교수직 진출은 이들 기성 교수들의 자의적 평가에 따라 좌우되고 있다. 비정규직 시간강사들은 미국식의 공정한 평가 제도가 아직도 미흡한 상황에서 형편없는 대우(시간강사들의 연평균 소득은 4백여만 원을 조금 상회한다)를 참고 견디고 있다. 대학의 기득권자들은 "혹시나 이 대학에서 교수로 발탁될 수 있지 않을까" 하는 이들의 희망을 볼모로 잡고 있다.

미국의 경우 주 의회나 주지사가 비정규직 교원 조합과의 대화를 통해 처우 개선을 위한 입법 활동에 적극적인 데 비해 한국의 국회의원은 비정규직 문제가 초래하는 한국 대학의 병폐에 대부분 무관심하거나 무지하다.

한국 국회의원들은 대부분 비정규 교수 문제가 초래하는 한국 대학의 병폐에 무관심하거나 무지하다.

　과거 어느 때보다 능력 있는 박사급 전문 인력이 대학 바깥에서 비정규직 시간강사로 맴도는 동안 이들보다 오히려 전문성이 떨어지는 다수의 인사들이 대학 교수직을 움켜쥐고 있으면서 대외적인 낯내기에 바쁜 한국 대학의 서글픈 자화상, 이런 과정에 깊이 절망한 능력 있는 시간강사들이 그 절망을 이기지 못해 스스로 목숨을 버리는 기막힌 현실, 이런 현실에 너무나도 무감각한 이 땅의 정치인들과 대학 당국……. 과연 이런 곳에서 반듯한 나라 세우기가 가능할 것인가.

호주의 비정규 교수에 지급되는 추가 임금 제도는

신준식 | 시드니대학교 박사 과정

24

들어가며

호주에서는 공정성Equity이라는 임금 결정 원리에 따라 임시직이 처음 생겨난 1920년부터 임시직 노동자들에게 '추가 임금Casual Loading'을 지급하여 정규직과 임시직 노동자 사이의 불평등을 극소화하기로 했다. 임시직 노동자는 1920년에 금속 산업에 처음 생겼고, 이들에게는 정규직 시간당 임금의 10퍼센트를 더 지급했다. 이처럼 호주의 '추가 임금'은 긴 역사를 가지고 있고, '공정성'이란 관점에서 정규직과 임시직의 차이를 줄이는 역할을 해 왔다.

신준식은 호주 시드니대학에서 노사관계학 박사 과정에 있으며, 〈시드니 민족 교육 문화원〉의 회장이기도 하다. 시드니 동포 사회와 호주 노동계에 잘 알려진 노동·사회운동가로 활동하고 있다.

현재는 직종별, 산별마다 약간씩 차이가 나지만 임시직에 지급되는 '추가 임금'은 20퍼센트 정도다. '추가 임금'은 직종 및 산별 단체협약에 최저 비율이 정해져 있는데, 각 기업별 협약에는 사업장의 노동조합 교섭력에 따라 약간 높은 경우도 있다. 시드니대학의 시간강사와 임시직 교수는 시간당 정규직 임금의 25퍼센트를 '추가 임금'으로 더 받는다.

이렇게 '추가 임금'이 더 지급된다고 해도 변화된 사회·경제 환경 속에서 임시직이 받는 불이익을 충분히 보상할 수 없다는 것이 문제가 되기도 한다. 호주 제조업 노동조합은 정규직 임금의 41.87퍼센트에서 44.6퍼센트가 '추가 임금'으로 더 지급되어야 최소한의 공정성이 보장된다고 주장하고 있다.

고용인과 임시직의 개념

호주 통계국은 "고용인Employee"의 개념으로부터 임시직의 역사적 배경과 발전 과정을 바탕으로 "임시직Casual" 개념을 도출하고 있다. 그래서 임시직 개념을 파악하기 위해서는 먼저 고용인의 개념부터 파악해야 한다. 호주 통계국은 고용인을 "15세 이상인 사람들이 주요한 부분을 이루는 직업으로 공공의, 또는 개인의 고용주를 위해 일을 하고 그 보수로 고용주로부터 임금Wages, 봉급Salary 또는 한 번의 의뢰 요금a retainer fee, 커미션Commissions, 팁Tips, 작업당 임금Piece rates, 작업 결과에 따른 임금, 성과급 또는 물건을 받는 사람들"이라고 규정한다. 다만 물건으로만 대가를 받는 사람은 제외된다.

모든 고용인들 중 유급 연가 혹은 유급 병가를 가지지 않는 고용인을 "임시 노동자들Casual workers"로 규정하고 있다. 호주의 유급 연가는 근무 연수에 따라 정해지지 않는다. 호주의 정규직 노동자들은 일반적으로 매년 유급휴가로 4주(공휴일, 토/일요일이 포함되지 않은 20일)를 가지며, 10일의 유급 병가를 가질 수 있다. 임시직이란 개념은 역사적으로 금속 산업에서 시작되는데, 1920년 호주 노사관계 위원회의 결정에 의해 금속 산업 협약에 정규직 풀타임 노동자의 '주별 고용Weekly hire'과 다르게 '시간별 고용으로 일하는 노동자'라는 개념으로 도입되었다.

호주의 정규직과 비정규직 규모

호주 통계국에 의하면 2004년 현재, 실업자를 뺀 15세 이상의 고용된 총 노동인구는 964만 2,000명이다. 이 중 유급휴가 기준에 의해서 정규직 노동자(Owner managers of incorporated enterprises 제외)를 574만 4,000명인 60퍼센트로 보고 있다. 노동인구의 40퍼센트인 385만 6,400명이 비정규직인 것이다. 비정규직의 분류는 다소 복잡하다. 호주 통계국의 고용 형태 분류를 바탕으로 몇 개 범주로 비정규직 노동자를 나누어 보면 조금 명확해질 수 있다.

첫째, 전체 비정규직 중 법인체가 아닌 비법인 회사의 자영업자들Owner managers of unincorporated enterprises은 고용인 개념에서 빠진다. 전체 노동력 인구의 13퍼센트인 122만 700명이 이 범주에 든다. 이들은 1인 회사 또는 두세 명이 파트너십으로 자영 회사를 운영하는 사람들Sole traders이다. 이들 중 노동자를 고용하지 않는 사람은 자영 노동자Owner account worker로, 한 명 또는 그 이상의 노동자를 고용하는 사람은 고용주Employers로 분류한다.

둘째, 임시직은 자기 인식 임시직과 자기 불인식 임시직을 포함한 198만 8,900명으로 전체 노동인구의 20퍼센트다. 임시직 비율은 전체 노동력 인구 대비로는 20퍼센트지만 고용인 대비는 24퍼센트다.

셋째, 법인체의 소유 지배인(Owner managers of incorporated enterprises, 보통 a Pty Ltd 형태)으로 본인 회사의 고용인인 비정규직은 68만 7,220명으로 전체 노동인구의 7퍼센트를 차지하고 있다. 2001년 이전에는 정규직과 임시직을 구분하기 위한 고용인이 포함되었지만 이후부터 이 범주에서 빠졌다.

위와 같이 호주 통계국의 분류에 의하면 2004년 현재 실업자를 뺀 전체 노동력 인구는 994만 1,000명이다. 이 중 정규직이 60퍼센트로 574만 4,000명이고, 40퍼센트인 385만 6,400명이 비정규직이다. 비정규직의 40퍼센트 중에서, 비법인 회사의 자영업자Owner managers of unincorporated enterprises에 고용된 매니저가 13퍼센트인 122만 700명, 임시직 노동자가 20퍼센트(고용인 대비는 24퍼센트)로 198만 8,900명이고, "법인체의 소유 지배인"으로 고용된 비정규직이 7퍼센트로 68만 7,220명이다.

비정규직 보호 제도

임시 및 계약 노동자의 비율이 한 자리 숫자 미만이었던 1970년대까지만 해도 호주 노동운동은 임시 및 계약 노동자의 증가를 억제하는 정책(비정규직 철폐 운동)에 중점을 두었다. 이렇게 운동했음에도 1979년의 노동인구 대비 27퍼센트이던 비정규직(임시직이 10퍼센트, 법인체가 아닌 자영업자 15퍼센트, 그리고 본인 법인체에 고용된 자영업자 2퍼센트)이 1999년에는 40퍼센트(임시직 20퍼센트, 법인체 아닌 자영업자 14퍼센트, 그리고 본인 법인체에 고용된 자영업자 6퍼센트)로 증가했다.

이렇게 1980년 중반부터 심화된 기업과 정부의 노동시장 유연화 정책으로 임시직과 계약 노동자들은 더욱 늘어났다. 노동운동의 억제 운동(비정규직 철폐 운동)은 성공을 거두지 못한 것이다. 노동운동은 현실 상황을 인정하고, 비정규직을 적극 보호하면서, 증가를 억제하는 정책으로 전략을 수정했다.

비정규직 중 임시직을 위한 보호 정책은 크게 세 가지 방향으로 진행되었다. 첫째, 임시직을 제한하는 정책, 둘째, 임시직에게 금전으로 보상하는 정책, 셋째, 혜택 등의 조건을 추가하는 정책이다.

1. 임시직 제한 정책

임시직 제한 정책은 비정규직, 임시직, 파트타임을 직접 줄이는 방향으로 진행되었다. 몇 가지 정책이 도입되었는데, 임시직의 할당 비율을 정하고 임시직 근무 기간을 제한하는 것이 대표적이다. 호주 노사관계 위원회 전원에 의해 2000년 12월 29일 제조 업종에 있는 86개 직종별·산별 단체협약 중 50퍼센트의 협약에 임시직 고용의 최장 기간을 2주에서 4주로 제한하는 내용이 첨가되었다. 직종별·산별 단체협약 중 69퍼센트의 협약에는 고용 기간을 8주 이하로 제한하는 내용이 첨가되었다. 이런 접근은 좌파 성향의 호주 제조업 노동조합 사업장인, 남성 주도적인 사업장에서 주로 실현되었다.

2. 금전적으로 보상하는 정책

먼저 금속 직종 협약에서의 임시직 규정은 정규직 풀타임 노동자의 '주별 고용'과 다르게 '시간별 임시직'이란 개념으로 금속 임시직 업종 협약에 의해 1920년에 처음으로 도입되었다. 이 업종과 관련된 호주 제조업 노동조합은 1921년 임시직에 10퍼센트의 추가 임금이 지급되었다고 주장하고 있다.

이 금속 직종 협약의 역사에 따르면 시간별 임시직은 배를 수리하는 임시직 목공의 고용 형태로 처음 도입되었는데, 긴급하게 배를 수리해야 하는 경우 주별 고용 형태의 풀타임 노동자가 이런 일을 다 처리하지 못하는 데서 시작되었다. 그러다가 1941년 고용 안정 때문에 풀타임으로 일하는 노동자들이 시간 고용으로 일할 수 있게 되면서 '임시직 노동자'라는 새 분류가 형성되었다. 이런 개념이 1941년부터 1998년까지 변화하지 않았다. 임시직이 늘어나면서 1971년에는 특히 여성 노동자가 대부분인 '파트타임 노동자' 분류가 생겼다.

이처럼 고용 형태에 변화가 오면서 임시직에 지급되는 '추가 임금'도 큰 관심거리가 되었다. 현재 대부분의 직종별·산별 단체협약과 기업별 단체협약(Enterprise Bargaining Agreement, EBA) 조항의 '추가 임금'은 평균 20퍼센트다. 그러나 임시직의 증가를 강력하게 저지하기 위해 '추가 임금'이 50퍼센트에 이르는 직종도 있고, 청소업처럼 제2의 직업으로 인정되는 경우에는 아주 낮은 추가 임금이 적용되기도 한다. 임시직에 더 지급되는 '추가 임금'은 직종에 따라 다양하게 나타나고 있다.

임시 노동자는 금속 산업에서는 풀타임 정규 노동자 임금의 125퍼센트, 대학 시간강사 및 임시 교수직은 정규직의 123퍼센트에서 125퍼센트, 건설 산업에서는 125퍼센트를 받는다. 과거의 정책은 임시직 제한 정책에 초점을 맞추었지만, 임시직에 주는 보상 정책도 간접적으로 임시직 증가를 제한하는 역할을 해 오고 있다.

호주 제조업 노동조합의 주장—임시직에 추가로 주어야 하는 것들(2000)

종류		추가되어야 하는 비율
4주 연가	20일(4주의 월~금)	
개인 휴가(병가 등)	10일	17%
휴가비	3.5일	
공휴일	10일	
소계	43.5일	19.8%
장기근속 수당	13주(15년)	4.5~6.8%
해고 통보	연 10~15일	19.8%
새로운 직업을 찾기 위한 휴가	—	0.9~1.4%
해고 일	연 15일	6.8%
시간 손실, 직업 찾기 위한 손실 등	—	7.2%
훈련 비용		1%
합계		41.87~44.6%

호주 제조업 노동조합(AMWU)은 정규직에 비해 불이익을 보는 것들이 과거에 비해 많이 늘었다고 말한다. 이런 상황에서 임시직이 정규직과 동일 노동을 하고 있는 경우, 공정성 원리에 따라 위의 표처럼 임시직의 손실 가치가 발생한다고 비교 분석하고 있다. 이런 손실 가치를 바탕으로 정규직의 임금과 임시직 임금이 공정해지려면, 정규직

시간당 임금의 41.87퍼센트에서 44.6퍼센트에 해당하는 '추가 임금'이 임시직 노동자들에게 지급되어야 한다고 주장한다.

이 노동조합은 이외에 '산업 시민권'으로서의 비용, 즉 임시직 노동자들이 손실을 보고 있는 직업을 위해 주거를 옮기는 데 드는 비용, 부모 휴가, 무급 간병 휴가, 직업훈련 참가에 따른 비용 등은 산정되지 않았다고 주장한다.

3. 혜택으로 보상하는 정책

2004년, 빅토리아 주 법원은 임시직에게도 "장기근속 수당Long Service Leave"을 지불해야 한다는 판결을 내렸다. 이 결정은 차차 전국적으로 확산될 것으로 보인다. 장기근속 수당 지급은 각 주 정부 관할인데, 통상적으로 10년이나 15년 한 회사에 계속 근무했을 때 약 9주간 유급휴가를 갖거나 9주간의 임금에 해당하는 수당을 받는 것이다.

임시직은 이렇게 장기간 근무하는 경우가 거의 없기 때문에 혜택을 받을 수 없었다. 업종별·산별에 따라 정부의 장기근속 수당 관리 공단에 이동식 제도를 만들어 임시직에게도 장기근속 수당을 지급하는 경우는 있어도, 주 차원에서 임시직을 위한 판결을 내린 것은 이것이 처음이었다.

연방 노동당도 임시직 노동자 보호를 강화하기 위한 정책을 시도했다. 2004년 4월 18일, 당시 연방 야당이었던 노동당 정책의 골자는 첫째, 비정규 노동자는 6개월 근무 후부터 정규 노동자가 될 수 있다, 둘째, 1년 근무 후에는 정규직을 요구할 수 있다, 셋째, 호주 노사관계위원회(AIRC)에 비정규직 관련 분쟁에 대한 조정 및 강제권을 주는 등 노사관계가 분권화되면서 약화된 권한을 다시 부여하여 중앙 중재 제도를 강화하겠다는 것이다. 그리고 비정규 노동자에게도 병가나 연가를 준다는 것이다.

이 노동당 정책들은 보수당인 자유·국민연합이 1996년부터 2007년까지 정권을 잡았기 때문에 정부 정책으로 확정되지는 않았다. 하지만 2007년 11월 24일 연방 총선에서 노동당이 승리해 연방정부를 구성하면서 실현 가능성이 높아졌다. 2008년 9월 현재, 아직 노동 관련 정책들이 새롭게 정비되지는 않았지만, 노동당 정부 아래서 임시직을 포함한 비정규직 보호 정책들이 차츰 강화될 것으로 보인다.

시간강사와 임시직 교수의 임금 조건과 노동조건

2006년부터 2008년의 시드니대학 단체협약 내용을 바탕으로 시간강사 및 임시직 교수들의 임금 및 노동조건을 살펴보자. 시드니대학의 시간강사와 임시직 교수들을 위한 노동조합이 따로 존재하는 것이 아니고, 그들 또한 〈전국 대학 노동조합〉의 조합원이 될 수 있다. 각 주별로 지부가 있고, 각 대학은 지부에 소속되어 있다. 이 〈전국 대학 노동조합〉은 대학의 교수 요원과 행정 요원을 조합원으로 하고 있는데, 빅토리아 주의 경우 전문학교 교수 요원과 행정 요원들까지 조합원이 될 수 있다.

전국 조직은 전국 사용자 단체와 산별 단체교섭을 통해 산별 단체협약을 만든다. 이 산별협약은 최저임금과 노동조건을 담은, 법적 효력이 있는 문서가 된다. 이 산별 단체협약을 바탕으로 각 대학 노동조합은 대학 당국과 교섭을 통해 대학별 단체협약을 맺는다. 이 단체협

강사에게 임금 문제는 생존권 문제다.

약은 산별 단체협약보다 약간 높은 임금과 노동조건을 담은 것이 일반적이다.

시드니대학 교수 요원의 단체협약을 보면 임시직 교수 요원은 시간별·학기별로 고용된다고 규정하고 있다. 시간강사와 임시직 교수의 시간당 임금은 정규직 교수 요원의 시간당 임금보다 25퍼센트가 많은 금액이다.

연방 퇴직연금법 규정에 의해, 대학 당국은 한 달에 450호주 달러 이상의 임금을 받는 시간강사와 임시직 교수들에게 총 임금의 9퍼센트에 해당하는 금액의 퇴직연금을 달마다 관련 퇴직연금 회사에 적립해 주어야 한다. 또한 뉴사우스웨일스 주의 산업재해 보상법에 의해

시간강사와 임시직 교수의 시간당 최저 강의료(호주 달러, 1호주 달러=약 936원)

	2005년 11월	2008년 3월	2008년 9월
		2.00 % 증가	2.00% 증가
뛰어난 방문학자	216.40	243.69	248.56
중요한 책임	173.12	194.95	198.85
발전된 강의	173.12	194.95	198.85
표준 강의	129.84	146.23	149.15
반복 강의	86.56	97.48	99.43

시간강사와 임시직 교수들의 직업과 관련된 산업재해와 출퇴근길의 사고는 산업재해 보상의 대상이 된다.

시드니대학 교수 요원 단체협약은 각 강의의 내용과 강의료를 위와 같이 규정하고 있다. 뛰어난 방문학자의 강의료는 작은 그룹 강사들을 위한 강의와 특별 강의에 지급된다. 위의 표대로, 시간당 강의료는 한 시간 강의와 최대 네 시간까지 준비하는 시간을 포함하는 금액이다. 중요한 책임 강의료는 강의를 위한 특별한 계획과 코스의 발전을 가정하는 강의에 지급된다. 이 시간당 강의료는 한 시간 강의에 준비 시간 세 시간을 포함하는 것이다.

표준 강의료는 한 시간 강의 시간과 두 시간 준비 시간을 포함한 것이다. 그리고 반복 강의료는 7일 이내에 같은 내용의 강의를 다른 그룹 학생들에게 할 경우에 지급되는 금액을 말한다. 이 시간당 강의료는 한 시간 준비 시간을 포함하고 있다.

한국의 대학 강사는 공정한 임금을 받지 못하는 약자 중의 약자다.

맺는 말

호주의 노동조합과 정부는 임시직을 포함한 비정규직 보호 정책을 비교적 양호한 정도로 개발하고 실천해 오고 있다. 그 역사는 임시직이 처음 발생한 1920년부터 시작되었다. 보호 정책은 1970년까지는 주로 비정규직 철폐 정책에 초점을 맞추었다. 이런 비정규직 철폐 정책이 심화되는 기업의 다운사이징, 하청 또는 아웃 소싱 등으로 1980년대 중반부터 실효를 거두지 못하자, 노동운동은 비정규직 억제 정책의 방편으로 비정규직 보호 정책을 개발해 산별 단체협약과 기업별 단체협약에 포함시켜 구체적으로 실천하고 있다.

이러한 정책은 각종 법과 제도들을 활용해서 개발했고, 산별·직종별 단체협약과 기업별 단체협약에 조항으로 첨부되어 있다. 연방법으로 강제하는 퇴직연금법(사용자는 총 임금의 9퍼센트 이상을 모든 노동자를 위해 적립해야 하는 강제 제도), 각 주의 산업재해 보상법(업무 관련 출퇴근 때 상해를 당한 모든 노동자에게 적용), 산별 단체협약의 기준인 '추가 임금'과 장기근속 수당법 등을 활용했다.

이런 법과 제도의 활용을 통해 정규직과 비정규직의 임금 및 노동조건은 공정성을 담보하는 방향으로 진행되었다. 또한 공정성도 시대 상황에 따라 달리 해석되고 있는데, 예로 호주 제조업 노동조합은 1920년대에는 임시직에게 지급되었던 '추가 임금' 10퍼센트가 공정했다면, 현재는 41.87퍼센트에서 44.6퍼센트가 추가로 지급되어야 공정하다고 주장한다. 노사관계 위원회는 25퍼센트가 적정하다는 결정을 내렸다. 이런 결정은 2007년 12월 이전의 보수적인 자유·국민 연합당 정부 아래서 내려진 결정이다.

〈전국 교수 노동조합〉도 공정성이란 관점에서 각종 법과 제도를 활용하고, 교수 요원들의 독특한 근무 상황을 고려해서 시간강사와 임시 교수들의 임금 및 노동조건을 향상시켜 왔다. 이제 연방정부가 바뀐 상황에서, 〈전국 교수 노동조합〉을 포함한 각 노동조합들은 연방 노동당 정부 아래에서 임시직에 적용되는 '추가 임금'을 포함한 비정규직 노동자들의 임금 및 노동조건 향상을 위한 정책들을 공정성 관점에서 개발할 것이다. 또한 노사관계 이해 당사자들 간의 논쟁과 함께 정부 기관의 새로운 결정도 기대할 수 있다고 본다.

25

멀기만 한 고등교육 정상화

김봉억 | 교수신문 기자

교육과학기술부와 대학이 시간강사 처우 개선에 난색을 표하고 있는 가장 큰 이유는 바로 재정 부담 때문이다. 시간강사 제도 개선 방안을 제시한 국회의원들과 강사들은 무엇보다 정부와 대학의 인식 전환과 정부의 재정 지원 확대가 선결 과제라고 입을 모은다.

시간강사 처우 실태는 물론이고 개선 방안까지 이미 공론화돼 있는 마당이다. 구체적인 세부 실행 방안을 위한 재정 확보가 관건이다. 대학 교육 정상화를 위한 결단이 필요한 시점이다. 그런데도 현실은 반대다. 시간강사 문제에는 공감하면서도 재정 투자는 늘 우선순위에서 밀린다.

김봉억은 2003년 『교수신문』에 입사해 교수 임용 조사, 시간강사/비정년 트랙 교수 관련 현안, 대학 운영 등을 취재했다. 현재는 교육과학기술부를 출입하며 고등교육 정책과 교수 사회 쟁점을 탐구하고 있다.

한나라당은 지난 12월 13일, 2009년 정부 예산안을 강행 처리하면서 시간강사 문제를 또 외면했다. 국회 교육과학기술위원회가 2009년 교육과학기술부 예산안에 시간강사 처우 개선을 위해 1,500억 원을 신설했다가 국회 예산결산특위와 본회의를 거치면서 전액 삭감해 없던 일이 됐다. 1,500억 원 신설을 주장했던 황우여(한나라당) 의원은 "현재 시간강사의 연구 보조비를 포함한 평균 단가는 4만 3천 원으로 주당 9시간 근무 시 연봉 추정액이 1천 161만 원이어서 연 2천만 원 수준으로 끌어올리기 위한 1단계로 강의 준비와 연구 활동비로 1,500억 원의 예산 편성을 요구하게 된 것"이라 밝힌 바 있다.

국회의 예산 확정 과정이 아쉽지만, 시간강사 처우 개선 논의는 한 단계 진전되어 있다. 이전까지만 해도 시간강사 처우 개선을 위한 예산 확보는 "현실적으로 어렵다"는 입장만 되풀이돼 왔고 국회도 정부 탓만 해 왔으나 이제는 구체적인 재정 추계가 제시돼 세부적인 논의가 가능해졌으며 '우선순위'를 결정하는 단계까지 온 것이다.

시간강사가 교원 지위를 회복할 경우 신분보장과 함께 보수 현실화, 4대 보험 보장 등 후속 조치가 마련돼야 한다. 〈한국비정규직교수노동조합 교원법적지위쟁취특별위원회〉는 교원 지위 회복이 최우선이고, 나머지는 '단계적'으로 해결하자고 요구한다.

시간강사 처우 개선을 위해서는 어느 정도의 비용이 더 필요할까? 급여의 1차 목표는 전임강사 연간 급여액의 50퍼센트 수준을 잡고 있다. 대략 2천만 원 수준이다. 전체 시간강사 수, 주당 9시간 이상 강의를 맡는 '전업 강사' 환산 인원, 4대 보험 산정 기준, 퇴직금 지급 여부, 급여 수준 등에 따라 추가 재정 소요는 달라진다.

전임강사 연간 급여액의 50퍼센트 수준을 기준으로 하면 최소

5,781억 원에서 최대 7,353억 원까지 추가 비용이 들어가는 것으로 재정 추계 결과가 나와 있다. 시간강사 처우 개선을 위한 구체적인 재정 추계를 제시한 것은 이주호 전 의원이다. 이명박 정부 초대 청와대 교육과학문화 수석을 맡았고 현 교과부 차관인 이주호 의원은 지난 2007년, 시간강사에게 교원 지위를 인정하는 법안을 발의하면서 '비용 추계서'를 처음 제시했다. 이에 따라 시간강사 처우 개선 논의가 본격화되기 시작했다.

이 전 의원은 정부나 대학에서 가장 난색을 표하고 있는 인건비 지원에 대해서는 국공립대 강사는 100퍼센트 국가가 지원하고, 사립대 강사 채용 시에는 국가와 대학이 부담을 나눠 갖는 '매칭 펀드 방식'을 제안했다. 사립대에서 강사를 채용할 때 국고를 50퍼센트 지원하면 예산이 4,617억 원이 소요되고, 국고를 40퍼센트 지원하면 4,070억 원, 국고 30퍼센트 지원할 때 3,523억 원이 소요될 것으로 추정했다. 이는 전국 4년제 대학과 전문대를 포함한 금액이다. 이 같은 추산은 교원의 법정 강의 시수 1주당 9시간을 충족하는 '필요 전업 강사' 수를 약 5만 2,780명으로 집계한 결과다.

'필요 전업 강사'의 대우는 국공립대 전임강사 평균 연봉 대비 최소 50퍼센트 수준을 기준으로 급여를 보장하고, 교원 지위에 걸맞게 4대 보험 보장에 소요되는 경비를 포함한 인건비를 추계했다.

지난 2005년 국공립대 전임강사 평균 연봉은 약 4,500만 원으로 이의 50퍼센트 수준인 최소 2,250만 원을 '필요 전업 강사'에게 지급한다는 계산에 따른 것이다. 여기에 4대 보험에 소요되는 사용자 부담액을 추가해 총 인건비를 추계하면 약 1조 2,913억 원이다.

2005년 현재 전국 4년제와 2년제 대학에서 부담하고 있는 강의료와 사회보험료는 총 5,560억 원으로 추산돼 총 인건비에서 이 금액을 뺀 7,353억 원이 추가로 투입이 돼야 한다. 사립대에 국고를 얼마나 지원하느냐에 따라 국고 지원액이 달라질 수 있다.

이 전 의원이 이 같은 방안을 내놓자 〈한국비정규교수노동조합〉 측에서는 전임강사 연간 급여의 3분의 2 수준인 3,056만 원을 기준으로 하고, 이 전 의원은 포함시키지 않았던 퇴직금을 포함해 9,387억 원이 더 필요하다고 제시했다.

최근에는 민주노동당 권영길 의원이 시간강사 관련 법안을 준비하면서 〈한국대학교육연구소〉에 의뢰해 시간강사 처우 실태 조사와 함께 제도 개선 방안을 마련했다. 시간강사 인건비 재정 추계를 보면, 전임강사 연간 급여의 50퍼센트를 대우할 경우에 5,781억 원이 추가로 필요하다고 밝히고 있다. 이 전 의원보다 재정이 적게 든다는 결과가 나온 것은 '전업 강사' 환산 인원을 5만 708명으로 계산했기 때문이고, 전문대학 시간강사의 강의료를 4년제 대학의 80퍼센트 수준으로 산정해 현실성을 고려한 때문이다.

전임강사 연간 급여의 50퍼센트 수준으로 시간강사 처우를 개선할 때 대략 5천억 원에서 7천억 원가량의 재정이 더 필요하다. 궁극적인 재정 소요액이 아니라 단계적 처우 개선에 따른 1차 추가 비용이 이 정도다. 그렇다면 재원은 어디서 어떻게 마련해야 할까?

이 전 의원은 "정상적인 교육을 위해 필요한 전업 강사 수를 파악하고, 이들에 대한 교육부와 사학재단, 대학의 재정 지원 확대가 필요하다"는 입장을 밝힌 바 있다. 이 전 의원은 〈한국학술진흥재단〉의 예산을 활용하고 고등교육 부문의 교육부 예산 비중 확대, 일부 낭비 예산과 부처 간 중복 예산을 파악해 국가 전체 예산에서 고등교육 부문 투자 확대 등을 통해 재원을 마련할 수 있다고 했다. 이 전 의원은 또 불필요한 대학 재정 지원 사업 예산이나 비효율적인 예산을 정리해 정부가 국립대와 사립대에 보조금을 주는 방안으로 재정 문제를 접근하면 해결 실마리를 찾을 수 있다고 제안했다. 대학도 건물 신증축이나 과도한 이월·적립금 축적을 지양하고 예산을 배정할 때 전임교원 신규 임용과 시간강사 처우 개선에 우선 배정해 교육 여건을 개선해야 한다고 이 전 의원은 지적했다.

이해 당사자들은 이 같은 재정 해결 방안에 대해 어떤 입장을 갖고 있을까?

"시간 강의료 현실화는 가능하다. 하지만 교원 법적 지위 확보와 4대 보험 보장은 어렵다. 전임교원과 동일한 법적 지위를 부여하면 건물 신축 등 인프라 제공, 부대 비용 등 대단위 투입 비용이 예상된다. 교원 지위 인정에 따른 발생 비용을 각 대학에 강제 부담하면 등록금 인상이 불가피하다."(대학 관계자)

"현실적으로 어렵다. 일률적으로 교원 지위와 신분을 보장하고 전임교원에 상응하는 보수를 지원하는 문제는 현 단계에서는 굉장히 어렵다."(교육과학기술부)

"정부 공교육비를 선진국 수준으로 확보해야 한다. 시간강사 문제 해결을 위한 정부의 전향적인 지원이 반드시 필요하다."(한국대학교육협의회)

역시 가장 큰 걸림돌은 정부의 교육 재정 문제다. 2008년 현재 국민총생산 대비 교육 재정 규모는 5.15퍼센트, 언젠가는 상환해야 할 부채인 민간자본유치사업(BTL)을 제외하면 4.86퍼센트에 불과하다. 참여정부는 국민총생산 대비 6퍼센트 확보를 공약했지만 달성하지 못했고, 이명박 정부도 대선 공약으로 국민총생산 대비 6퍼센트를 공약했다. 48조 8천억 원인 2008년 교육 재정 규모와 비교하면 11조 478억 원이 더 늘어나야 국민총생산 대비 6퍼센트가 된다.

문제는 고등교육 예산이다. 2005년 OECD 국가의 국민총생산 대비 고등교육 부문 공공 재원 평균 비율은 1.1퍼센트인 데 반해 한국은 0.48퍼센트에 불과해 정부의 고등교육 재정 확대가 절실한 상황이다. 한국의 고등교육 민간 재원 비율은 75.4퍼센트로 OECD 평균인 29.6퍼센트를 훨씬 상회하고 있다. 더 이상 학생 등록금에 의존하지 않으려면 정부 지원이 대폭 확대돼야 한다.

그러나 국가 예산을 통제하고 있는 기획재정부는 당분간 고등교육 예산 증액에 별 의지가 없어 보인다. 기획재정부가 제시한 2008년부터 2012년까지의 국가 재정 운용 계획을 보면 이렇다.

향후 5년간 정부 중기 재정 투자 계획   단위: 억 원

구분	2008년	2009년	2010년	2011년	2012년
GDP(추정치)	9,620,000	10,260,000	11,020,000	11,860,000	12,750,000
고등교육 예산	41,811	41,840	45,471	49,426	51,937
비율(%)	0.43	0.41	0.41	0.42	0.41
GDP 1% 확보 추정치	96,200	102,600	110,200	118,600	127,500

출처 : 기획재정부, 2008~2012 국가 재정 운용 계획, 2008.

기획재정부는 국민총생산 대비 고등교육 예산 규모를 0.41퍼센트에서 0.43퍼센트 수준으로 계획하고 있다.(〈한국대학교육연구소〉 조사) 돈 줄을 잡고 있는 기획재정부는 특단의 조치가 없는 한 고등교육 예

산을 늘릴 생각이 없는 것이다. 참여정부 때 재정경제부 장관과 교육부장관을 지낸 김진표 민주당 의원은 "재정 문제와 관련해 교과부가 제일 힘이 없는 것도 안다. 기획재정부 입장에서는 교육 투자 효과는 늦게 나타나니까 제일 먼저 교육 예산부터 줄이려고 한다"고 말했다.

정부가 고등교육 재정을 국민총생산 대비 1퍼센트 수준으로 증액하기 위해서는 2012년까지 최소 9조 6,200억 원에서 최대 12조 7,500억 원을 추가로 확보해야 한다. 2009년 예산 가운데 고등교육 예산은 4조 7천억 원이다. 두 배 이상은 더 늘어나야 한다는 얘기다.

정부의 재정 지원이 확충되지 않으면 대학은 등록금 인상이 불가피하다고 밝히고 있고, 시간강사 문제도 근본적으로 해결하기 힘들다. 고등교육 예산이 현재보다 10조 원가량은 더 늘어나야 그나마 OECD 국가의 평균 수준이 될 수 있다.

시간강사에게 교원 지위를 부여하고, 그에 따른 후속 조치를 위한 재정 투자는 이처럼 '고등교육 재정 확충'이라는 핵심 과제와 맞물려 있다. 현재 〈한국대학교육협의회〉를 중심으로 교육계는 정부의 고등교육 재정 지원을 국제적인 수준으로 늘리기 위해 '고등교육 재정 지원법' 제정을 촉구하고 있다.

한 가지 우려스러운 사실은 고등교육 재정이 확보되면 시간강사 문제도 저절로 해결될 것이라는 주장도 있다는 점이다. 현행 시간강사 제도를 유지하면서 '전임교원'을 더 많이 임용하는 방식으로 시간강사 문제를 해결하자는 입장인데 선뜻 동의하기는 힘들다. 시간강사들의 궁극적인 지향과 목표는 '전임교원'이 되는 것이지만 현재의 시간강사 제도를 존속시키는 방안은 한계가 분명하고, 특히 대학별로 '알아서' 해결할 수 있는 문제가 아니기 때문이다.

현재의 대학 강사 제도를 그대로 존속시키면서 '시간강사' 문제를 해결할 수는 없다.

시간강사 문제의 핵심은 시간강사가 실제 '교원'의 역할을 하고 있으면서도 그 지위나 대우를 제대로 인정받지 못하는 현실에 있다. 따라서 시간강사 문제 해결의 목적은 시간강사에게 '먹고살 만한' 생계비 걱정을 덜어 주는 '복지' 혜택을 늘리는 게 아니라 대학 교육의 정상화, 학문 후속 세대 육성 등 고등교육의 질적 전환을 이뤄 내는 것이다. 정부 재정 확보와 분배도 이 같은 관점에서 접근해야 한다. 고등교육 예산 확충과 함께 시간강사 처우 개선을 위한 별도의 예산 확보가 필요한 것은 이 때문이다.

4부
벼랑 끝 32년, 희망을 다시 쓰자

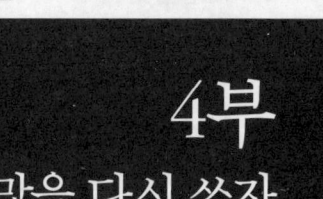

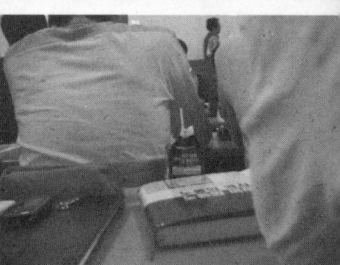

26

무너진 강의실,
대학 민주화가 희망이다

김영곤 | 고려대학교 비정규 교수

나는 나이가 꽤 많지만, 이제 5년차 시간강사다. 사회운동을 하다가 그 경험을 정리·반추하고 싶어 책을 썼고 그 연장선에서 강단에 섰다. 그러나 강의를 하면서 '세상에 이런 엉터리 구석이 있었나' 하고 놀랐다. 비정규 교수들의 오늘을 이야기하는 동안 '희망 없는 강의실'이라는 문구가 머리 속을 떠나지 않았다. 나는 오늘도 묻는다. 대학 사회에서 창의적 집단 지성을 키울 수 있나? 우리 사회는 지속 가능한 지식 사회에서 삶의 질을 유지시키고 향상시킬 희망이 있는가?

강의실에서 만나는 학생들은 이렇다. 학생 열 명 가운데 아홉 명이

김영곤은 한국비정규교수노동조합 고려대 분회장이다. 전국노동운동단체협의회 의장과 APWSL 한국 지부 코디네이터를 지냈다. 지은 책으로 『한국 노동사와 미래』와 『노동의 역사 노동의 미래』가 있다.

대학을 졸업한 뒤 기업의 최고경영자가 되겠다고 한다. 사실은 99명이 노동자가 되고 자본가나 경영자가 될 학생은 1퍼센트밖에 안 된다. 1퍼센트도 이미 부와 교육이 세습되는 사회구조 속에서 정해져 있다. 그런데 학생들은 이런 사실을 모르거나 아니면 각 학교에서 배운 대로 자신만은 예외일 것이라고 믿는다.

지난해 봄 광우병 쇠고기 사태가 났을 때 여중생, 고 3생도 촛불을 들었는데 대학생은 별로 나서지 않았다. 지난 겨울 MB 악법 반대 촛불도 마찬가지다. 오늘의 대학생은 과거 중학생일 때 또래 효순이와 미선이를 추모하는 촛불을 들었던 이들이다. 그러나 지금은 취직에 필요한 학점 경쟁 때문에 겨를이 없다. 학점이나 토익의 고득점을 통해 스펙 경쟁에서 이겨야 정규직으로 갈 수 있기 때문이다.

그러나 제한된 일자리를 놓고 경쟁한다고 해서 일자리가 늘지는 않는다. 갈수록 노동자 일인당 생산성이 높아지기 때문에 일자리는 절대적으로 줄어드는 추세다. 청년들은 노동시간을 줄여 일자리를 늘리고 공공 부문 일자리를 늘리라고 요구해야 한다. 좁은 병목에 머리를 박을 것이 아니라 병목을 넓히라고 해야 한다. 학점에서 해방돼 현실을 헤쳐 나가는 지혜를 터득해야 한다. 고등교육을 개혁하라는 프랑스의 대학생, 대학 등록금을 신설하지 말라는 그리스 대학생에게 배워야 한다.

학생들은 비정규직 취업을 하거나 청년 실업자가 되기를 원하지 않는다. 그렇다고 일자리 나누기를 원하는 것도 아니다. 쌀 99가마를 가진 부자는 쌀 한 가마를 가진 가난한 이의 것을 빼앗아 백 가마를 채우고 싶어한다. 학생들에게 몇 가마를 가졌으면 좋겠냐고 물어보았다. 놀랍게도 120가마를 갖고 싶다고 했다. 이들은 내가 빼앗긴 것이상으로 다른 사람 것을 빼앗으면 되지 않느냐고 되묻는다. 이들에게 성선설은 현실이 아니다.

학생들은 수업 시간에 학점을 걸지 않는 한 질문에 대답하기를 꺼리며, 질문도 하지 않는다. 지난 학기 내 강의 시간에 단 한 명의 학생도 질문을 하지 않았다면 믿으시겠는가? 더욱이 학생 스스로 질의 응답하는 토론은 기대할 수 없다. 간혹 수업이 끝난 뒤 개별적으로 질문하는 학생이 있다. 그것도 연구실이 없기 때문에 잠시 서서 이야기할 뿐이다. 다른 대학의 학생과 교수에게 거기도 그러하냐고 물었더니 그렇다고 했다. 외국에서 공부하다 들어온 학생이나 강의하던 교수들도 귀국하면 곧 동화한다.

왜 그러냐고 학생들에게 물어보았다. 초등학교 고학년 이래 주입식 교육을 받아 온 환경도 작용하지만 '깝치다'(깝죽거리다)가 왕따 당하면 오히려 손해라는 것이다. 이것은 쓸 데 못 쓰고 빚 얻어 연 천만 원을 쥐어 대학에 보낸 자녀가 집에 와서까지 밤새워 리포트를 쓰는 모습을 보고 뿌듯하게 생각하는 학부모 생각과는 거리가 먼 모습이다. 학생들은 자신의 생각을 표현하지 않을 뿐더러 실천하지도 않는다. 학생들에게 사고와 표현, 그리고 실천은 순환하지 않는다. 실천하지 않으면 그것은 사고의 정체로 되돌아온다.

이런 대학생을 보면 마치 1970년대에 공장에서 품질 관리(QC)한 제품을 보는 것 같다. 마치 『수호지』에 나오는 장면처럼, 키가 큰 사람을 독재의 잣대에 맞추어 길이를 잘라 줄인 모습 같다.

이런 사고와 행동은 미국이나 일본에서 OEM(주문자 상표)으로 주문한 상품을 장시간 저임으로 생산하던 20세기 산업사회에는 통했다. 그러나 21세기 지식 사회에서는 통하지 않는다. 한국형 지식인을 자체 생산하지 않으면 안 된다. 앞으로 인구가 줄고, 유학생 수가 줄고 귀국을 기피하는 현상이 계속된다면, 선진국이 타국의 전문직을 흡인하는 정책도 고려해야 한다. 이런 환경에서 5년에서 8년 정도 세월을 보낸 학생들이 사회에 나가 자기 삶을 윤택하게 하고 한국 사회라는 공동체를 살리고 지속 가능한 지구 사회를 이끌 수 있을까 의문이다. 한국이 장차 필리핀이나 아르헨티나나 인도처럼 생각과 사람이 순환하지 않는 사회가 되지 않을까 걱정한다.

무너진 강의실

왜 대학생은 현실과 괴리된 생각을 가지고 있을까? 왜 대학생이 이렇게 되었을까? 그것은 학생들이 현실을 배우거나 고민할 기회가 적었기 때문이다. 여러 요인이 있겠지만 가장 큰 원인은 대학 강사들이 현실을 가르치지 않기 때문이다. 아니 가르칠 수 없기 때문이다. 대학 강사들은 신분 지위 계약이 없는 상태에서 현실을 말하는 순간 강의에서 잘리고 전임 임용 가능성은 무산된다. 마흔 살 전후에 교수 노동 시장에 나온 박사들에게 강의 박탈은 곧 '죽음'을 의미한다. 마흔 살은 다른 노동시장에서는 제2의 노동 생애를 시작해야 할 나이다.

이들에게는 학문의 자유가 없다. 이들은 끊임없이 자기 검열을 해야 하며 이러한 검열은 학생에게 바로 영향을 미친다. 학교에 책상 하나 없이 전공 책도 사 보지 못하며 강의 배낭을 메고 이리 뛰고 저리 뛰는 시간강사와 기껏해야 프로젝트 논문을 주문 생산하는 비정년 트랙에게, 생애를 걸고 다양한 연구를 해 주기를 기대할 수는 없다. 전임 교수 역시 강의와 연구에서, 비정규직 교수라는 천적이 없어진 대학 생태계에서, 현실을 가르칠 필요를 크게 느끼지 않는다. 전임 교수들은 대체로 임용된 지 5년 정도가 지나면 현실에 안주하게 돼 학문적인 자극을 상실한다고 한다.

그뿐 아니다. 전문직을 원하는 학생들은 학문의 길보다 치·의학 전문 대학원이나 법학 전문 대학원에 간다. 미안한 말이지만 그 직업의 속성상 질병과 사회적 갈등을 치유하는 기능적인 전문직일 뿐 창의적이고 생산적인 전문직이 아닌데도 말이다. 학생들은 취직이 안돼서, 또는 학력 세탁을 목적으로 대학원에 가는 경우는 많지만 학문 자체를 목적으로 대학원에 가지 않는다.

2007년 10월 중순부터 10주 동안 주말에 권철현 국회 교육위원장의 부산 사상 지구당사 앞에서 노숙하면서 일인 시위를 하는 동안 본 일이다. 덕포 시장에서 만난 상인들은 아무개네 아들이 서울대 대학원 전자공학과 석사를 마쳐 아버지는 박사 과정 진학을 원했는데, 아

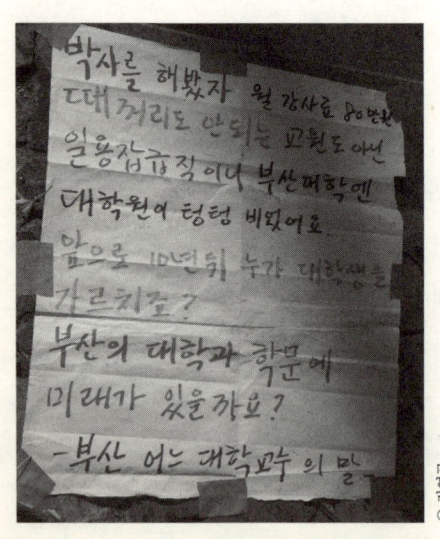

장래 없는 박사 과정이 대한민국의 미래라면?

들은 모 전자 회사에 들어갔다면서 부산의 인재를 잃었다고 아쉬워했다. 아들 입장에서 보면 신분도 생계도 장래도 없는 박사 과정을 굳이 갈 이유가 없었을 것이다.

다음 선거에서 권철현 의원은 낙천되었다. 서울대학교 학생이 비정규 교수, 학부모와 함께 일인 시위한 서울 관악갑의 유기홍 의원(교육위 법안심사소위 위원장)은 2천 표 차이로 낙선됐다.

그러면 왜 대학은 대학 강사의 교원 지위 회복을 한사코 반대하는가? "돈이 없어서"라고 한다. 거짓말이다. 대학은 등록금도 있고 기부금도 있고 적립금도 많고 국고 지원도 있고 땅도 넓고 아파트도 많고 건물도 많이 짓는다.

18대 국회 교과위 김춘진 의원은 2008년 12월 12일 대학 강사의 처우 개선을 말하는 국회 교과위 공청회에서 "어느 대학 이사장이 돈이 많이 남는다고 자랑했다"면서, 박승철 〈전국 교무처장 협의회〉 회장(성균관대 교수)에게 "어떻게 생각하느냐?" 하고 물었다.

어느 전직 총장에 따르면 대학 등록금만으로도 대학 강사 처우를 개선할 수 있다고 한다. 다른 전직 총장은 대학 총장 회의에서 방학 중에 시간강사에게 강의료를 주자고 했더니 다른 대학 총장들이 벌떼같이 일어나 반대해 어쩔 수 없이 포기했다고 한다. 또 다른 총장은 비정규 교수 문제는 고쳐야 하지만 대학 총장 한 사람만으로는 아무것도 할 수 있는 일이 없다고 했다. 대학들은 대학 교육의 정상화를 거부하여 불공정 거래 행위를 하는 카르텔을 운영한다.

17대 국회에서 이주호(한나라당) 의원은 대학 강사에게 교원 지위를 부여하고 거기 들어가는 예산을 국고에서 상당 부분 부담하도록 하는 고등교육법 개정안을 대표 발의했다. 그러나 〈한국대학교육협의회〉

와 〈한국기독교총연합회〉가 압력을 넣고 낙선 운동을 하겠다고 협박하여 이는 저지되었고, 교육위원들은 짐짓 교육부에 떠미는 방식으로 이를 폐기했다. 교육부는 대학과 교육부 사이에 회전문 인사가 이루어지는데 굳이 대학의 비위를 건드릴 필요가 없다는 태도로 모르쇠했다. 〈국가인권위원회〉의 시간강사 제도 개선 권고안도 무시했다.

이주호 의원의 입법 취지는 한국 사회가 이미 지식 사회로 진입했는데 생산력을 높이려면 대학 교육을 더 이상 방치할 수 없다는 데 있었다. 그러나 자본 일반의 의사를 반영하는 이런 주장도 천민적인 대학 자본 앞에서는 별 수가 없었다. 몇 개의 거대한 재벌이 저마다 대학을 소유하고 있어 이를 능가할 자본 일반의 의사는 사실상 존재하지 않기 때문이다.

이 부분의 원죄는 32년 전 대학 강사의 교원 지위를 박탈하고 '현실을 말하는 양화'를 구축하고 '악화'를 확대 재생산하는 근거를 마련한 박정희 유신독재정권에게 있다. 그러나 변화시킬 책임이 있는 김대중 정권, 노무현 정권이 과연 비정규 교수의 교원 지위 회복을 비정규 교수나 학생, 그리고 학부모의 입장에 서서 가슴으로 이해했는가, 또 비정규 교수 문제에 대한 비천한 인식이 재집권을 실패하게 하지 않았나, 되씹어 볼 필요가 있다. 18대 국회에서 어느 정도나 변할지 궁금하다.

대학은 민주화가 싫다

대학이 대학 강사의 교원 지위 회복을 반대하는 근본적인 원인은 무엇인가? 역사적으로 보아 대학은 일제 강점기에는 친일 지주에 의해 운영되었으며, 8·15 해방 공간에서는 친일파 청산을 저지하고 농지 개혁 대상 농지의 절반을 면탈해 대학의 소유 구조를 유지해 온 자본가에 의해 운영되었다. 이들은 1950년대의 우골탑을 거쳐 군사독재와 결합해 산업 노동자를 공급하고, 대학 강사의 교원 지위 박탈을 통한 이득을 누렸으며, 신자유주의 유연 노동의 혜택을 누렸다. 그러면서 지금은 용케도 변화와 책임을 피해 '강사탑'을 쌓고 있다.

지금 이들의 머리에는 "대학은 노다지요, 대학 강사는 공짜!"라는 인식이 박혀 있다. 고등교육의 질 향상이나 '같은 노동 같은 임금' 같은 비정규 교수의 노동 인권은 안중에 없다. 적절한 가격을 보장해 재생산이 가능하도록 하는 시장의 질서도 작동하지 않는다. 아프리카 정글에서도 통용되는, 사자가 늙고 병들거나 새끼 영양을 먹잇감으로 골라 솎아 내는 생태 유지의 지혜도 없다. 대학 교육이 무너져도 대학 강사를 공짜로 부려 얻는 부와 권력을 허물고 싶지 않을 뿐이다.

비정규 교수가 교원 지위를 회복하면 대학에서 가르치는 자 사이의 의사 결정 구조는 "전임 교수 6만 명 대 비정규 교수 0"에서 "전임 교수 6만 명 대 비정규 교수 13만 5천 명(중복된 수를 빼면 약간 줄 것)"으로 역전된다. 비정규 교수의 비율이 3분의 2가 되는 것이다. 또 여기에 초중등학교 운영위원회처럼 학부모와 주민이 대학 운영에 참여할 경우 대학은 민주화하고 학문 자유는 더 커질 것이다.

전임교원의 임용도 인맥과 학맥, 돈이 작용하는 관행에서 벗어나 연구, 강의, 학생 지도, 공동체 연결에 충실한 비정규 교수가 승진하는 쪽으로 바뀔 것이다. 대학 강사의 자살이 1998년 이래 밝혀진 것만 해도 한경선 박사를 비롯해 일곱 명인데, 이런 대학 강사의 희생도 막을 수 있다.

또 대학을 민주화하여 재정을 공개하고 대학 운영을 하드웨어에서 소프트웨어 중심으로 전환할 경우 등록금 인하의 성과도 나타날 것이다. 등록금은 원래 대학 졸업생을 고용하는 기업과 정부, 그리고 사회가 내야 한다. 상품을 살 때 소비자가 제조 유통 원가를 지불하는 것과 마찬가지 이치다. 핀란드나 스웨덴은 대학 교육이 무상이다. 프랑스와 독일 등의 등록금은 연간 150만 원을 넘지 않고, 영국 등은 등록금 상한제가 있는데 그 금액마저 나중에 돈 벌어서 내는 후불제다.

대학은 대학의 주인인 대학생을 대학에서 변화시키고 싶지 않다. 대학은 길게는 외국이 이 땅에 군대를 주둔시켜 결과적으로 한국의 학문에 간섭한 지 121년, 짧게는 지식인 탄압 정책으로 대학 강사가 교원 지위를 상실해 대학 강사를 '공짜'로 부리게 된 32년 동안 누려온 기득권을 놓치고 싶지 않다. 수능 점수가 높은 강남 학생을 뽑아 학생을 선발하고 치·의학이나 법학 전문 대학원을 중심으로 운영하면서 사회에서 이룩한 학벌의 기득권을 흩트리고 싶지 않다. 대학의 의사 결정 구조를 바꾸는 비정규 교수의 교원 지위 회복이 싫을 뿐이다. 그러나 우리는 비정규 교수의 교원 지위를 회복하여 대학을 민주화하고 무너진 강의실에 희망의 불빛을 밝혀야 한다.

이제 우리에게
'교원'의 이름을 달라!

이경숙 | 경북대학교 비정규 교수

27

이 땅의 7만여 대학 교육 전문가는 전화 한 통에 생계가 이어지거나 끊어진다. 학기 초 또는 학기 말에 조교에게 걸려오는 전화 한 통, 그것이 다음 학기 계약 사실을 알려 주는 유일한 통로다. 한 번 끊어진 전화 한 통은 다음 해 봄날이 와도 다시는 오지 않는다. 정규직 교수들에게야 한 학기 폐강이나 휴식이 안락함이지만, 비정규 교수들에게는 한 번 끊어진 일자리는 좀처럼 그 기회가 돌아오지 않는다. 전화가 오지 않는 이유는 알 수 없다. 개설 강좌가 없어진 건지, 전화통 뒤에 숨은 정규직 교수가 변심하여 강의를 주기 싫은 건지, 다만 전화가 없었다는 사실만 알 뿐이다. 〈한국비정규교수노동조합〉 분회가 있어

이경숙은 현재 경북대학교에서 교육학 강의를 하고 있다. 10년가량 대구, 경북 영주, 부산 등지에서 비정규 교수를 하면서 현재의 대학 강사 제도는 노예를 만드는 제도임을 체험하였다. 〈한국비정규교수노동조합〉을 만나면서, 비로소 자기 노동의 사회적 의미를 알게 되었다.

계약 해지 사실을 미리 알리게 되어 있는 학교에서조차도 "학교 사정 으로 강의가 없습니다"라는 메일 한 통이 전부다. 기약 없는 전화 한 통에 생계가 걸린 전문가, 그들이 우리나라 대학 교육의 절반을 담당 하는 비정규 교수들이다. 생존을 위협하는 비정규 교수들의 열악한 임금과 노동환경이야 익히 알려져 있는 사실이다. 지금 비정규 교수 들은당장 시간당 임금을 더 올리고 계약을 연장해 달라는 절박한 문 제만이 아니라 더욱 거창한 화두, 가르치는 자라면 당연히 가져야 할 화두를 들고 길고 긴 싸움에 들어갔다. 바로 '교원' 지위 확보를 위한 투쟁에 나선 것이다. 가르치는 자로서, 연구하는 자로서 우리를 '교 원'이라고 불러 달라는 것이다. 그리고 그에 합당한 교원 지위를 달 라는 투쟁이다.

떠돌이 교원, 그들의 전문성

1998년 3월 1일부터 시행된 '교육기본법'은 우리나라 교육에 대한 기본적인 사항들을 규정한 법률이다. 교육기본법에는 '교원'에 대한 정의가 없다. 대신 교육기본법 시행 전까지 교육기본법 역할을 했던 '교육법'은 "(제73조) 교원이라 함은 각 학교에서 원아, 학생을 직접 지도 교육하는 자를 말한다."고 규정하고 있었다. 교육법의 폐지와 함께 이 규정이 사라지기는 하였지만, 새로운 규정이 없는 걸로 보아 서 우리나라에서는 통상 교원을 "학생을 직접 지도 교육하는 자"로 생각하고 있다는 점을 알 수 있다. 이는 국어사전의 정의와도 다르지 않다. 헌법과 교육기본법에는 교원에 관한 정의가 없지만, '고등교육 법'에 따르면 적어도 고등교육기관에서는 교원을 어떤 존재로 규정하는지 알 수 있다.

고등교육법 제15조 ②
교원은 학생을 교육 · 지도하고 학문을 연구하되, 학문 연구만을 전담
할 수 있다.

고등교육법에서는 대학의 목적에 따라 학문 연구의 항목만 추가되었을 뿐, 학생을 교육 지도하는 자가 교원이라는 정의는 다르지 않다. 그렇다면 이른바 '시간강사'들도 고등교육 기관에서 근무하는 자로서, 고등교육법에서 규정한 교원과 동일한 업무를 하고 있는 자들이다. 비정규 교수들도 강의를 담당하여 학생들 교육과 함께 학문 연구를 주로 하는 사람들이다. 간혹 대학들은 비정규 교수들에게 학문 연구를 요구한 적 없고 시간 강의만 요구하였으므로, 시간 강의에 대한 대가만 지불하면 된다고 주장한다. 그런 애먼 소리를 하는 사람들도 비정규 교수들이 학문 연구를 할 수밖에 없음을 잘 알고 있다. 우선 일부 대학과 학과에서는 비정규 교수를 임용할 때 내규로 연구 논문을 요구하기도 한다. 더구나 비정규 교수들이 증가하는 현 추세에서는 이 내규가 점차 확대되는 실정이다. 그리고 이 내규가 없다 해도, 비정규 교수들이 학문을 안정적으로 지속할 수 있는 방법은 정규직 교수가 되는 길이고 정규직 교수가 되기 위해서는 연구 논문을 써야 한다.

학생 교육과 학문 연구를 함에도 '교원'이 되지 못하는 이유는 '고등교육법 제17조'에서 '시간강사'를 '교원 외'로 두도록 규정하고 있기 때문이다. 그러나 제17조는 '시간강사'들이 교원과 동일하게

교육, 또는 연구를 담당한다는 사실을 적시하고 있다.

> 고등교육법 제17조 (겸임교원 등)
> 학교에는 대통령령이 정하는 바에 의하여 제14조제2항의 교원 외에 겸임교원·명예교수 및 시간강사 등을 두어 교육 또는 연구를 담당하게 할 수 있다.

'교원 외'로 두도록 되어 있다는 사실 외에 비정규 교수들의 일은 '교원'과 동일하다. '교원'이라 불리지 못하는 교원인 셈이다. 학생들에게 선생님, 때로는 교수님이라 불려도 법률적 '교원'은 될 수 없는 이들이다. 고등교육법 제17조 덕에 대학들은 대학 교육의 절반을 담당하는 자들을 '교원 외'로 내팽개쳐 둘 수 있는 길을 텄다.

그러나 교원이 아닌데도 비정규 교수들은 교원으로서 교육 전문성만큼은 철저히 발휘해야 한다. 교원의 전문성이란 교육 내용에 대한 전문성, 교육 내용을 기획할 수 있는 전문성, 교육 평가권을 가질 수 있는 전문성을 포함한다. 현재 비정규 교수들에게는 이 전문성이 다 인정되고 있다. 대부분 강의가 주어지면, 비정규 교수들은 강의계획서를 짜고, 강의 내용과 방법을 결정하고, 강의 결과 학생들에게 학점을 준다. 비정규 교수들이 하는 강의라고, 비정규 교수들이 주는 학점이라고, 학교와 학생, 사회, 기업들은 거부하지 않는다. 즉 사회 전체가 비정규 교수들의 교육 전문성을 인정하고 있다는 의미다. 심지어는 박사 학위 소지 비정규직들을 정규직 전환 대상자에서 제외하기 위한 조항이기는 하지만, '기간제 및 단시간 근로자 보호 등에 관한 법률 시행령'에서조차 "(제3조) 전문적 지식·기술의 활용이 필요한 경우”로 박사 학위 소지자들을 적시한다. 물론 모두는 아니지만, 현재 비정규 교수들의 약 40퍼센트가 박사 학위 소지자들이다. 이 시행령에서도 박사 학위 소지자들의 경우 전문적 지식, 기술을 활용하는 전문가로 인정하고 있다.

전문성이라는 것은 결국 당사자가 하는 일과 그에 따른 책임에 기인한다. 교육 관련법에서 교원들에게 사회경제적 지위와 신분을 보장하는 것도 교원들의 일과 책임이라는 전문성에서 나온다. ‘교육공무원법’ 제1조에서도 “교육을 통하여 국민 전체에 봉사하는 교육 공무원의 직무와 책임의 특수성” 때문에 교원에게 보수 우대, 연수 기회 균등, 신분보장 등을 한다고 명시하고 있다. 전문성을 발휘하는 터전을 법적으로 마련해 주는 것이다. 그렇다면 비정규 교수들도 교원과 동일한 역할을 하고 전문성을 발휘하기 때문에 교원으로서 합당한 지위를 보장받아야 한다. 그러나 현재 고등교육법은 비정규 교수들에게 교육 전문성은 요구하되 합당한 지위를 주는 것이 싫어, 교원이 교육 연구하도록 한 법을 스스로 위법하도록 커다란 구멍을 뚫어 놓은 꼴이다. 그럼으로써 비정규 교수들은 신분 안정은 고사하고, 최소한의 밥벌이도 못할 형편이며, 혹여나 전화를 못 받아 강의를 놓치는 참사가 없도록 잠시도 전화를 끄지 못하고, 밥벌이를 위해 전국 방방곡곡 품팔이 나서는 떠돌이가 되었다.

대학 교육의 질 개선, 약자를 더욱 위협하라

대학들은 점수 높은 학생 선발에만 열을 올리고 정작 대학 내 교육의 질 개선에는 무관심하다는 비판을 줄곧 받아 왔다. 그나마 요즘은 대학 교육의 질 개선을 위해 각 대학은 교수 학습 센터를 열고 강의 개선에 관심을 두고 있다. 대학의 존재 이유가 학문 연구와 교육이기에, 강의 개선은 대학 교육 질 개선에 있어서 중요한 항목임에 틀림없다.

　그런데 강의 개선 노력이 비정규 교수들에게는 숨통을 조이는 듯한 느낌을 지울 수 없다. 물론 강의를 잘 하면 된다. 많은 경우 비정규 교수들의 강의 결과는 오히려 정규직 교수들보다 더 낫거나 비슷하다. 그런데도 이런 위기감이 드는 까닭은 무엇일까. 최근 부산 지역 대학들이 강의 개선을 위해 강의 평가 성적 하위 30퍼센트에게는 그 결과를 통보하고, 연속 2회 3.5(5점 만점) 이하일 경우에는 2년간 같은 과목 강의를 맡기지 않겠다는 발표를 하였다. 그리고 경북대학교에서는 2학기 연속 상대평가 규정을 어겼을 경우, 다음 한 학기는 강의를 주지 못하도록 규정하고 있다. 어떤 이유에서든 한 번 잘리면 다시 강의하기 어렵다. 이 규정들이 정규직 교수들과 비정규 교수들에게 다가오는 느낌이 다른 이유는 우리 사회의 수많은 비정규직들이 겪는 어려움과 아픔을 비정규 교수 처지가 아니면 실감하기 어렵기 때문이다. 우리 사회의 비정규직은 잉여 존재다. 필요하면 끌어다 쓰고, 조금이라도 귀찮을 때는 가차 없이 버릴 수 있는 존재들이다. 애초에 지배자들은 비정규직도 사회적 존재로, 생계를 유지하고 자식 키우고 사회 발전에 도움이 된다는 생각을 하지 않는다. 그러니 언제든 불필요하면 버리면 되고, 다음에 또 필요하면 다른 잉여 인간을 끌어들이면 된다.

　강의 경력 10년인 나는 강의 평가 결과를 되도록 강의에 반영하려고 노력한다. 그럼에도 강의 평가 결과로 학교 측에서 제공하는 평균 점수(5점 만점)에 대해서는 초연해지려고 한다. 평균 3점 이상이라면 몇 점이든 초연하고, 서술 평가에 관심을 둔다. 개인적인 경험이지만 이런 경험이 있다.

2002년, 2003년 즈음으로 기억한다. 동아대학교에서 강의할 때였는데, 교육사회학 강의를 세 강좌 맡게 되었다. 분반에 따라 약간의 분위기 차이는 있지만 동일한 강의를 했고, 학기가 끝나고 강의 평가 결과표를 받아들었다. 당시 동아대학교는 강의 평가 결과 평균 점수와 전체 강좌에서의 내 석차를 표기해 주었다. 강의 평가 결과표의 석차는 나에게는 충격이었다. 한 강좌는 상위 30퍼센트인데 다른 한 강좌는 거의 하위 30퍼센트 정도였다. 아니, 이게 뭔가. 어떻게 이렇게 차이가 나는가. 충격에 한동안 결과표를 접고 있다 다시 표를 펴들었다. 천천히 그 표를 보면서 더욱 놀라웠던 것은 평균 점수였다. 강의 평가 결과 평균 점수는 0.3점에서 0.4점 정도의 차이였다. 그런데 대학 내 모든 개설 강좌를 기준으로 석차를 내니 그렇게 어마어마한 차이가 났던 것이다. 따지고 보면 학생들은 특별히 강의를 못 하지 않는다면 3점 또는 4점을 기준으로 평가하게 되어 있고, 대부분 평균은 이 점수대에 쏠려 있기 마련이다. 그러니 단 1, 2점에 석차는 크게 차이가 날 수밖에 없다. 이 허약한 평가가 사람 자르는 기준이 된다니.

강의 평가 점수를 잘 받아도 웃지 못할 일이 벌어지기도 한다. 물론 비정규 교수를 늘 자신의 노예쯤으로 부리는 또는 한없이 속 좁은 정규직 교수들에 의해 저질러지는 일이기는 하지만……. 어떤 비정규 교수의 강의 평가 결과가 매우 좋았다. 그러자 강의를 배정해 준 정규직 교수가 누구는 강의 평가가 매우 좋더라, 한마디 하고는 다음 학기에 그 강의에서 그 비정규 교수를 배제해 버렸다. 그래서 자조 섞인 말로 너무 잘해도 문제, 너무 못 해도 문제라고 한다.

또한 대부분 교양 강의는 비정규 교수들이, 전공 강의는 정규직 교수들이 담당하고 있는 구조에 대해서도 반드시 고려해 봐야 한다. 전공 강의는 적은 수의 학생들과 교수가 활발하게 소통하면서 수업을 진행할 수 있다. 설령 강의 초반에 학생들과 맞지 않아 문제가 있었다 해도 얼마든지 조정하면서 한 학기 동안 수업의 질을 향상해 나갈 수 있다. 그러나 대규모 강좌인 교양 강좌들은 학생들과 소통도 어렵고, 많은 인원의 학점을 상대평가로 내려면 더욱이 여러 제약을 받을 수밖에 없다. 그래서 대체로 전공보다 교양과목 강의 평가 결과가 낮다. 그런데도 강의 평가 결과 점수는 전공이든 교양이든 정규직이든 비정규직이든 동일하게 비교하고, 더구나 비정규직은 한 번 해촉되면 그 대학과 안녕을 고해야 한다.

비정규 교수는 정규직 교수의 절반에 훨씬 못 미치는 임금을 받고, 학기마다 고용 불안에 시달려야 하는데도, 지금까지 정규 교수들과 비교하여 강의의 질이 더 나쁘다고 할 수 없었다. 이건 순전히 비정규 교수들의 목숨 값이다. 잘리지 않기 위해, 또 한편으로 더 나은 교육을 위해 그들의 목숨을 건 노동 값이다. 그럼에도 대학은 손쉽게 비정규 교수들을 위협하는 방법을 잘 알고 있다. 권리를 누리는 자들부터 그 책임을 져야 하지만, 권리를 누리는 자 따로, 위협당하는 자 따로 있다.

교육 전문가, 그들에게 교원 지위를

그럼 학생들이 좋은 강의를 수강할 권리는 어쩔 것인가. 비정규 교수들의 생계를 위해서 학생들은 질 나쁜 강의를 참고 수강하란 말인

가. 그렇지 않다. 절대 그래서도 안 된다. 학생들은 최고의 강의를 요구할 권리가 있다. 다만 학생들이 최고의 강의를 듣기 위해서는 사회와 대학들도 정당한 대가를 지불해야 한다는 것이다. 비정규 교수들에게 교원 지위를 주고, 그들이 더 교육을 잘할 수 있도록 터를 닦아야 한다는 것이다.

한때 대학생들이 리포트 돌려받기 운동을 벌였다. 대구 지역 학생들도 그렇게 했다. 나는 강의에서 때로 "리포트를 돌려주지 않는 수업이라면, 리포트를 제출하지도 말라"고 한 적도 있다. 그러나 단서가 붙는다. 인원이 50명이 넘어가면 어렵다는 점이다. 학생들이 교육을 통해 성장하는 데는 자신의 성장을 확인해 주고 이끌어 주는 행위가 꼭 필요하다. 그러려면 리포트든 시험이든 피드백을 해 줘야 한다. 실제로 교수와 학생이 소통하면서 작성하는 리포트나 수업에는 학생과 교수 모두 성취감이 높다. 성취감만이 아니라, 실제로 교육력도 높아진다. 그런데 비정규 교수들이 담당하는 교양 강좌에는 대체로 한 강좌에 70명에서 80명이다. 과연 할 수 있겠는가. 더구나 3만 원 정도의 시간 급여로 최소한 밥 먹고 자식 키우고 살려면 일주일에 20시간 정도는 강의해야 하는 비정규 교수들에게 그 일이 언감생심 가능한 일이겠는가.

개인의 경험이지만, 최근 프로젝트에 참여하면서 나는 최소한의 생계비를 벌고 학내 연구 공간을 얻게 되었다. 이에 따라 내 수업에는 확연한 변화가 생겼다. 수업이 5시간 정도로 줄었고, 이전에는 상상도 할 수 없었던 리포트 피드백이 가능해졌다. 연구 공간이 생기면서, 학생들은 언제든지 리포트와 문제를 들고 나를 찾아오고 수업 성과를 책으로 묶을 수도 있었다. 이 모든 일은 '시간강사'로서는 상상도 할 수 없던 일이다. 연구 공간과 최소한의 임금이 가능하게 해 준 변화다. 지금 '교원 외' 교원들에게 교원 지위를 준다면, 직접 수업을 받는 학생들은 물론, 대학, 그리고 사회는 교육과 학문 영역에서 더 많은 혜택을 누리게 될 것이다.

우리 사회에서 교원은 이른바 '철밥통' 이라는 말이 상징하듯이, 많은 권한과 대가를 소유하고 있다. 교육공무원법, 교원 지위 향상을 위한 특별법, 교원 예우에 관한 규정 등을 통해 교원의 지위는 촘촘히 보장되고 있다. 이 법률들은 교원 지위 향상을 위한 특별법에서 규정하듯이 '교육 발전을 도모' 하기 위한 것이다. 즉 '교육 발전' 은 교원의 지위와 무관할 수 없다. 교원 지위는 또한 돈 문제와 무관할 수 없다. 교원 지위를 보장한다면 국가와 대학들은 4대 보험을 보장해야 한다. 여태 지불하지 않던 돈을 지불해야 한다. 이 돈 때문에 교원 지위가 된다, 안 된다 말들도 있다. 그러나 초중등학교에 있는 영양교사, 보건교사가 원래는 교원이 아니었으나 교원 지위를 얻게 되었다는 사실을 염두에 둘 필요가 있다. 그리고 교육공무원법 제32조에 규정된 기간제 교원의 경우, 비록 우선 임용이나 몇몇 조항이 적용에서 제외되기는 하지만, 교육공무원법의 적용을 받고 있다는 점을 상기할 필요가 있다.

기본적으로 대학은 교원에게 교육과 연구를 허해야 한다. 고등교육법에 큰 구멍을 뚫어 놓아 입맛 당기는 대로 편법을 쓸 노릇이 아니다. 대학 교육의 절반을 차지하는 교육 전문가, 그들을 더 이상 허허벌판에 던져 놓고 알아서 교육하라고 강요하지 말라. 그들에게 교육할 수 있는 최소한의 이름을 주라. 나에게 가르치는 자로서, 연구하는 자로서 '교원' 의 이름을 달라.

대학생들이 집단소송을 하자

박종주 | 서울대학교 학생

28

2005년 대학에 입학해서 4년간 학교를 다녔다. 2월이면 드디어 졸업을 하게 된다. 졸업 학점이 130학점인데, 131학점을 들었으니 딱 졸업할 만큼만 겨우 채운 셈이다. 그렇다고는 해도, 수업으로 계산하면 적지만은 않은 수다. 개수로 치자면 무려 46개의 강의를 들은 것이다. 졸업 기준을 딱 맞춘 전공 수업이 10개, 교양 수업이나 다른 과 전공 수업이 36개다. 그중 한 개는 '사회봉사'라는 이름 아래 수업이 아닌 자원 활동으로 학점을 얻은 것이고 두 명의 교수님 수업을 두 번씩 들은 적이 있으니 4년 동안 나는 43명에게 수업을 들은 셈이다.

학교에서는 수업을 하는 사람의 직급을 가리지 않고 "선생님"이라

박종주는 서울대학교 〈대학생사람연대〉의 대표였다. 〈대학생사람연대〉의 회원으로서 비정규교수와 함께 했고, 2009년 2월에 졸업했다. 문학을 공부하는 학생으로서, 사회당의 당원으로서, 사람이 사람으로 사는 세상을 그리며 살고 있다.

는 호칭으로 부른다. 굳이 알아 보지 않는다면 내게 강의를 하는 사람이 교수인지 강사인지, 교수라면 정교수인지 부교수인지, 강사라면 전임강사인지 시간강사인지를 알 수 없다는 뜻이다. 애초에 시간강사가 전공 수업을 맡는 경우도 있고 정교수가 교양 수업을 맡는 경우도 있는데다가, 수업의 질이 딱히 다르거나 하지 않으니 굳이 알 필요조차 없다. 그저 나이가 너무 젊어 보이거나 하면 시간강사려니, 하고 생각해 볼 뿐이다.

25!

내가 수업에서 만난 '시간강사' 숫자다. 대학 4년 동안 내가 들은 수업의 54퍼센트가 시간강사의 것이었고, 내가 만난 '선생님' 의 58퍼센트가 시간강사였던 셈이다. 내가 대학에서 들은 교양 강의의 7할이 시간강사 선생님들의 공이다. 대학원에서 전공 공부를 계속하지는 않을 테고, 전공인 국문학을 살려 직업을 구할 가능성도 크지는 않으니 앞으로 내 삶의 많은 부분은 아마도 그 교양 강의들에 빚을 지게 될 것이다. 과장되게 말하면, 내 인생에서 사용할 지식의 7할쯤은 시간강사 선생님들에게 얻은 셈이다.

내 교양의 7할이 시간강사에게서 얻은 것이라고 말하고 보면 어딘가 찝찝하다. 시간강사 선생님들 역시 대학을 졸업한 후 대학원에서 박사 학위까지 딴, 자기 분야에서 일가를 이룬 사람들이니 그들에게 받은 지식에 부족함이 있을 리 만무한데도 왠지 제대로 못 배운 것 같은 느낌이 든다. 어떻게 보면 '덜 배운 것 같은 느낌' 이고, 어떻게 보면 등록금을 헛 쓴 것 같은 기분이다. 아무튼 뭔가 부족한데, 그건 분명 '시간강사' 들의 문제는 아니다. 그들은 공부도 할 만큼 했고, 수업도 할 만큼 했으니까.

'시간강사'라서 못 한 일이 아주 없는 것은 아니다. 교수실이 없으니 찾아가 질문할 수가 없었고, 박봉에 쪼들려서 변변한 책거리 역시 몇 번 해 본 적이 없으니 말이다. 교수님들은 한 학기에 서너 번씩도 휴강을 하고 이런저런 대체 수업들을 하는데 강사님들은 그렇지 않은 점도 차이라면 차이다. 하고 싶은 게 있는데도 마음껏 할 수 없을 때면 강사님들은, 학과 사무실 눈치를 봐야 한다며 객쩍은 웃음을 짓곤 했다. 따지고 보면 덜 배운 것 같은 느낌이 아주 근거 없는 것은 아닌 셈이다. 같은 등록금을 내고도 덜 배웠으니 등록금을 헛되이 썼다는 것도 틀린 것은 아니다.

내 교양의 7할이 이렇게 '덜 배운' 것이 된 것은 시간강사에게 교수실이 없고, 봉급 역시 적기 때문이다. 한편으로는 학과 사무실 눈치를 봐야 해서 자기가 강의할 커리큘럼을 온전히 자기 뜻대로 짜지 못하기 때문이기도 하다. 이제까지 여러 번 언급되었듯이, 시간강사들이 이렇게 '덜 가르칠' 수밖에 없는 것은 바로 교원 지위가 인정되지 않기 때문이다. 좀 더 정확히 말하면, 고등교육법과 대학이 그들을 교원으로 인정하지 않기 때문이다.

내가 다니는 학교에는 '장기 발전 계획'이라는 것이 있다. 2025년까지를 내다보고 수립한, 말 그대로의 장기적인 발전 계획이다. 그 '수행 과제' 중에 '교육 방식의 획기적인 변화 추진'이라는 것이 있는데, 그 핵심 내용이 바로 '교수와 학생의 면대면 맞춤식 교육 강화'다. 열두 개의 구체적인 목표 중 세 번째가 바로 '세계 최고 수준의 교수진 확보'인데 그것은 크게 외국인 교수 임용과 국내 교수진의 세계적 학자 양성으로 구성되어 있다. 학교는 그런 계획들을 가지고 학교를 홍보해 좋은 학생과 교수들을 끌어들이고 있다.

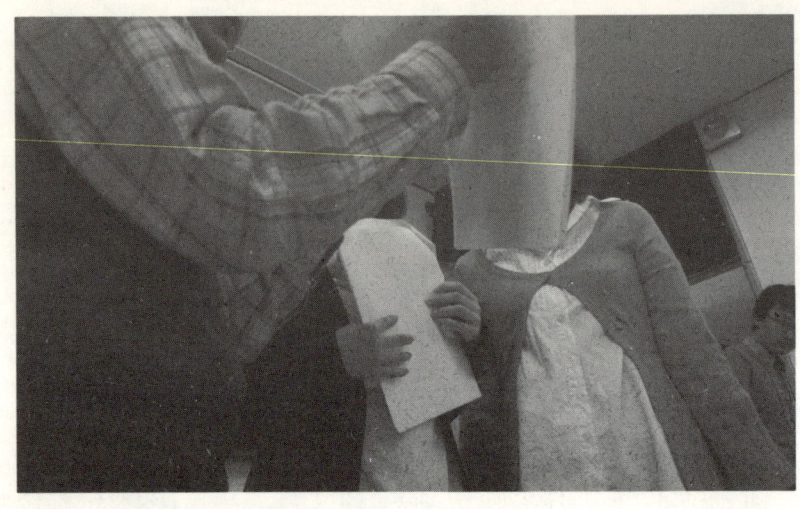

연구실조차 없는 대학 강사를 두면서 세계 최고 수준의 교수진 확보 운운한다는 것은 어불성설이다.

하지만 아무리 생각해도 그것은 거짓말이다. 면대면 맞춤식 교육을 강화하고 국내 교수진을 세계적 학자로 양성하려면 시간강사 지원을 아껴서는 안 된다. 아니 애초에 학생들을 가르치고 자기 연구를 진행할 교수실도 없는 '시간강사'를 학교에 둔다는 것 자체가 어불성설이다. 제대로 연구하고 제대로 교육하고자 한다면 교육과 연구를 위한 충분한 조건을 갖춘 '교원'을 두어야 할 테니 말이다.

대한민국 대학들의 죄목

시간강사에게 교원 지위를 되돌려 주는 일도 중요하지만, 그보다 더 중요한 것은 시간강사 형태로 교수진을 무한정 고용해, 교육과 연구 양쪽 모두에서 자기 본분을 망각하고 있는 대학의 관습 자체를 뜯어 고치는 일이다. 학생들이 자신이 공부하는 학교에서 그 일을 시작하기 위한 힌트가, 앞 단락에 있다. 시간강사로 전체 교수진의 절반 가까이를 채우고 있으면서 저런 식의 홍보를 한다는 것은 명백한 과장 광고다. 꼭 저런 구체적인 계획을 내놓지 않더라도 '뛰어난 교수진' 운운하는 대학 광고들 모두가 그러할 것이다.

대한민국 대학들의 죄목은 비단 과장 광고만이 아니다. 간과할 수 없는 몇 가지를 읊어 보자면 다음과 같다.

1. 교원도 아닌 시간강사로 교수진 절반을 채우면서 '최고의 교수진'이라는 과장 광고를 행한 죄
2. '최고의 교수진'을 약속하고서는 교원 지위가 없어 수업을 제대로 할 수 없는 시간강사를 대거 고용함으로써 학생과의 계약을 어긴 죄
3. 시간강사에게 교수실 등 필요한 지원을 해 주지 않아 학생들의 충분한 공부를 원천적으로 막은 죄
4. 어떤 수업은 교원에게, 또 어떤 수업은 교원이 아닌 시간강사에게 맡겨 학생들이 평등하게 수업을 누리지 못하도록 한 죄
5. 시간강사를 고용해 비정규직을 양산하는 반사회적인 일을 저지르면서, 수업을 들을 수밖에 없는 학생들을 그 볼모로 삼은 죄

죄목은 충분하다. 그렇다면 남은 것은 처벌이다. '과장 광고', '계약 불이행', '학습권 침해', '평등권 침해' 등 어느 법정에서라도 꿀리지 않을 만큼 굵직굵직한 죄들을 대한민국 대학들은 저지르고 있으니, 이에 대한 소송을 하면 될 일이다. 대학과 직접 '계약'을 맺은 당

'과장 광고', '계약 불이행', '학습권 침해', '평등권 침해' ……. 대한민국 대학들의 죄목.

사자들인 학생들이 대학을 상대로 소송을 거는 것이다.

올해 서울대학교 학생들은 학교를 상대로 '법인화 위원회 활동 중지 가처분 신청'을 법원에 제출한 바 있다. 미국 예일대학교에서는 학생들이 대학을 상대로 유색인종, 빈민층 등 사회적 소외 계층에 대한 교육 평등의 의무를 다할 것을 요구하며 법원에 소송을 제기하기도 했다. 시간강사 문제와 관련해서도 그와 같은 법적 소송을 벌이는 것이다.

허위 광고, 과대광고를 처벌하는 법은 방문판매나 식품 판매 등의 영역에만 적용된다. 전반적인 과대광고를 처벌하는 규정은 '경범죄 처벌법'에만 있다. 경범죄 처벌법의 1조 11항은 "(허위 광고) 여러 사람에 대하여 물품을 팔거나 나누어 주거나 또는 일을 해 줌에 있어서 다른 사람을 속이거나 잘못 알게 할 만한 사실을 들어 광고한 사람"을 경범죄자로 분류하고 있지만, 이 법이 규정하고 있는 처벌 수준은 "10만 원 이하의 벌금, 혹은 구류나 과료"에 그친다. 말 그대로 '경범 죄'로 다루어질 뿐, 실질적인 처벌 규정은 못 되는 셈이다.

대학을 상대로 학생들이 할 수 있는 소송은 민사소송이 될 것이다. 과대광고로 학생들을 현혹하고는, 우수 교수진 채용이라는 계약 사항을 지키지 않음으로써 학생들의 학습권을 침해한 것에 대한 손해배상이나 위자료를 청구하는 것이다. 소위 '선진국'이라 불리는 몇몇 나라들에서는 '교육 과오'라는 이름으로, 학생이나 학부모들이 교육 당국이나 기관을 대상으로 부실한 교육에 대한 손해배상을 청구하는 제도가 꽤 오래전부터 정착되어 있다.

등록금에 맞는 교육 서비스를 확보하자

부실한 교육에 대해 배상을 청구하는 일은 물론 한국에서도 가능하다. 1995년에 설립된 모 산업대학은 총장과 이사진 등의 방만한 재정 운영과 공식적으로는 운영권이 없던 설립자의 공금횡령 등으로 인해 실습실, 실험 기자재, 전공 도서 등을 충분히 마련하지 못하는 상황에 놓였다. 자연히 관련 시설을 필요로 하는 학과 학생들은 재학 중에 충분한 교육을 받지 못했고, 결국 해당 학과의 재학생 및 졸업생 20명이 대학 설립자와 총장, 학원 재단을 상대로 손해배상 청구 소송을 제기했다.

이 건을 맡은 지방법원에서는 설립자와 총장, 학원 재단의 잘못 때문에 원고인 학생들이 정상적인 학습을 받지 못했으므로 피고들이 정신적 고통을 위자할 의무가 있다고 판결했다. 법원은 피고에게, 원고 중 졸업생에게 오백 만 원, 재학생에게 450만 원, 편입생에게 300만 원씩의 위자료를 각각 지급하라고 판시했다. 거의 십 년이 다 된 판결이니, 지금의 일이었다면 액수는 훨씬 더 커졌을 것이다.

이 판례에서는 설립자의 공금횡령이라는 불법 요소가 부각되기는 했지만, 시간강사 문제도 크게 다르지는 않다. 워낙에 만연한 일이라 문제의식 없이 받아들여지고 있지만, 애초 '시간강사'는 '불가피하게 필요한 경우'에만 채용하도록 되어 있는 것이니 우리나라 대학의 시간강사 고용 현황 자체가 불법이기 때문이다. 실습실이 부족하든, 교원이 부족하든 학생들이 피해를 보기는 마찬가지다.

한편 이런 식의 소송이 지나치게 '소비자 권리'에 치중해, 대학 교육 문제의 본질을 간과할 것이라 우려하는 사람들도 있을 것이다. 하지만 그 역시 크게 걱정할 문제는 아니다. 교수진의 절반 이상을 비교원인 시간강사로 구성해 질 낮은 교육을 제공하고 있는 대학들에 경종을 울린다면, 해결책은 자연스레 시간강사의 교원 지위 회복으로 이어질 것이다. 어쩌면 법 개정이 이루어지기도 전에, 시간강사의 '교권'을 되찾는 성과를 교육 현장인 대학에서 먼저 거둘 수 있을지도 모른다.

시간이 나면 여의도에 있는 〈비정규교수노동조합〉의 농성장을 찾아가 보자. 그들의 이야기를 들은 후 방학 동안 교육과학기술부 앞에서 시간강사의 교원 지위 회복을 촉구하는 일인 시위를 벌이자. 그런 다음 봄이 오면 캠퍼스에서 대학을 상대로 집단소송을 걸 발기인들을 모아 보는 게 어떨까. 혼자 하기에 힘이 부족하다면, 총학생회를 찾아도 좋을 것이다.

학생들이 학교를 상대로 벌이는 소송은 등록금에 걸맞은 교육 서비스를 확보하는 일인 동시에 시간강사들의 노동권을 되찾는 일이기도 하다. 충분히 연구하고 충분히 가르칠 수 있는 '교원'에게 수업을 받을 수 있는 학교를 만들기 위한 학생들의 집단소송, 걸어 볼 만한 싸움이 아닐까?

29

대학이 돈이 없다고?

김용섭 | 한국비정규교수노동조합 부위원장

대학은 지칠 줄 모르고 공사 중

우리나라 대학에는 돈이 없단다. 이 말은 대학 강사들의 교원 지위 부여나 강의료 현실화, 강사 처우 개선 문제가 제기될 때마다 대학이 이구동성으로 하는 말이다. 돈이 없다, 그런데도 우리나라 대학은 국공립, 사립을 불문하고 어디에서나 공사 중이며 지칠 줄 모르는 건축 공사가 진행 중이다. 그런데도 늘 돈이 없다고 한다. 그리하여 매년 물가 상승률을 웃도는 비율로 학생 등록금을 인상하여 왔고 그럼에도 재정은 항상 열악하다고 한다.

또한 국가의 교육 예산에서 고등교육 부분이 차지하는 비율 또한 OECD 국가 중 최하위를 달리고 있다.(2005년 OECD 국가의 국민총생산 대

김용섭은 〈한국비정규교수노동조합〉영남대 분회장을 맡고 있다. 철학 박사.

비 고등교육 부문 공공 재원 평균 비율은 1.1퍼센트, 한국은 0.48퍼센트에 불과하다.) 고등교육이 국가 발전에 차지하는 중요성을 다시 논할 필요가 있겠는가. 그런데도 왜 정책 집행은 거북이 걸음인지 이해할 수가 없다. 그러면서 인재 강국, 아니 국제 경쟁력을 갖춘 인재를 어디에서 기르며 세계의 젊은 인재들과 경쟁할 수 있는 뛰어난 젊은이들을 어디에서 가르칠 것인가 반문하고 싶다. 고등교육, 즉 대학 교육이 중요하다는 것은 아무리 강조해도 지나치지 않지만 우리 현실은 그렇지 못하니 안타까울 따름이다. 대학에 입학하는 학생들은 자신을 가르치는 교수들의 절반이 시간강사라는 사실을 모르고 입학하며 그것도 3학년, 4학년 정도가 되어야 어렴풋이 정규직 교수와 시간강사를 구분할 수 있을 뿐이다. 그것은 교육의 질로는 구분이 안 되고 주로 연구실이 어디 있느냐, 어느 건물 몇 호인지를 물을 때 자동차 번호를 이야기하게 되면 '아, 이분은 정규직 교수가 아니고 시간강사구나' 하고 알아차리는 정도다. 이미 여러 번 시간강사의 현실에 대해 문제 제기해 왔고 현실 상황도 소개가 되었기에 구차하게 더 나열할 필요는 없을 것 같다.

여기서 한 가지 예만 더 들어 보자. 4년제 일반 대학의 경우 엄청난 수의 컴퓨터를 보유하고 있다. 규모가 큰 대학의 경우 8천 대 이상의 컴퓨터를 보유하고 있다고 한다. 한 대 평균 백만 원으로 산정해 보면 80억 원이며 이를 유지 관리하는 데 드는 비용은 또 얼마가 소요되는가? 더 나아가 컴퓨터 한 대가 차지하는 면적이 6.6㎡(2평) 정도라고 하면 52,800㎡(16,000평)이 필요하게 된다. 그런데 시간강사들이 연구할 수 있는 공간은 대학에 따라 천차만별이지만 아예 없는 곳도 있고, 6백 명 정도의 시간강사가 있는 대학의 경우 그들이 사용할 수 있는 공동 연구 공간으로 고작 99㎡(30평) 정도를 주는 대학도 있다. 학생들 교육용이라는 이유로, 그리고 업무상 필요에 의한 것이라는 이유로 컴퓨터 놓을 자리는 있어도, 그리고 거기에 막대한 재원까지 소요하면서도 대학은 돈이 없다며 강사 처우 개선은 나 몰라라 한다.

따라서 재정 문제와 관련하여 대학 시간강사 문제를 살펴보고자 한다. 대학 시간강사들에게 교원 지위를 부여해 달라고 하면 반드시 따라붙게 되는 것이 물적 급부를 어떻게 보장하느냐의 문제다. 즉 헌법에 명시되어 있는 교원 지위 법정주의에 따라 교원 신분을 부여하게 되면 교원 지위 향상을 위한 특별법 등의 적용을 받게 되고, 따라서 엄청난 재정이 소요되기 때문에 교원 신분을 부여할 수 없다는 것이 지금까지 정부와 대학이 보여 준 태도다.

그러면 입장을 바꿔 학생들 편에서 생각을 해 보자. 대한민국 교육기관에서 교원 아닌 사람이 학생들을 가르치는 교육기관이 대학 이외에 어디에 있는가 말이다. 교원 신분을 갖지 못한 시간강사들로 하여금 대학 교육의 절반을 담당하게 해 놓고 온갖 편법과 굴절된 형태로 대학의 입맛에 맞게끔 법을 개정해 온 정부와 국회는 대학을 졸업한 사람들뿐만 아니라 현재 재학 중인 대학생들에게 이러한 대학 교육 현실에 대해 이제 진실로 양심 고백을 해야 할 시점이라고 본다. 우리나라 젊은이들이 다른 나라 젊은이들보다 그렇게 인내심이 강한 것 같지는 않다. 불의와 불편에 대해서, 사회정치적 민주화를 위해서 몸과 마음을 바칠 줄 아는, 그리고 목숨을 바칠 줄 아는 그런 사람들이 아니었던가.

그런 젊은이들에게 양질의 교육을 제공해 줄 의무가 국가와 대학에 있지 않은가? 양질의 교육을 제공하고 나서 일자리를 논하는 것이

순서상 맞지 않는가 말이다. 혹자는 이런 이야기를 한다. 현재의 대학 교육은 예전의 고등학교 수준이라고. 맞는 말이기는 하지만 씁쓸함을 금할 수 없다. 사회변화가 급격하게 이루어지는 데 반해 교육이 그것을 앞질러 가지는 못할지언정 뒷북을 치기 때문이 아니겠는가 생각해 본다.

교육은 위촉하되 교권은 부여하지 않는 기이한 현상

교육은 위촉을 하되 교권은 부여하지 않는 기이한 현상, 즉 교원 지위를 부여하지 않기 때문에 발생하는 극심한 차별은 그 정도를 넘어선 지 오래다. 힘이 없는 대학 강사들이 결사체를 구성하여 끊임없이 교원 지위를 부여해 달라고 외쳤지만 아직도 무소식이다. 현재 대학 교육의 절반 가까이를 대학 시간강사들이 담당하고 있지만 이들의 처우는 비명을 지를 정도로 열악한 수준에 머물러 있다. 이러한 사태를 초래한 정부나 국회, 대학마저 무관심으로 일관하며 30여 년을 유지해 왔다.

교원 지위 부여와 직결되는 것이 바로 재정 문제이기 때문에 정부도 대학도 이 문제를 방기해 왔던 것이다. 또한 교과부나 그 어느 기관에서도 정확하게 현재의 대학 강사 수를 말하지 않고 있고, 추정치만을 이야기한다.

중복되는 숫자를 가감해도 순수 전업 강사는 5만 명 선으로 보는 것이 타당할 것이다. 정확한 숫자가 파악되어야 법적 신분의 변화에 따르는 재정 문제를 논할 수 있을 것이다.

대학 강사에게 교원 지위를 부여해 달라고 하면 교과부나 대학 측이 난색을 표명하는 첫 번째 문제는 재정이다. 교원 지위 법정주의에 의해 교원 지위를 부여하면 이에 따른 물적 급부까지 보장해야 한다는 것이다.

따라서 이 문제가 나오면 대학은 돈이 없다는 식으로, 교과부는 예산 편성권을 가진 부처로 떠넘기는 식으로 일관해 왔다. 돈이 없다고? 대학도 없고 정부도 없다면, 그러면 폐업을 하는 것이 순리가 아닌가? 그런데도 IMF 때 부실 기업을 정리한다면서 투입한 공적 자금은 얼마며, 대학이 소유한 자산 규모는 얼마이며, 주요 사립대학 누적 이월금은 또한 얼마인가? 사립대학의 누적 이월 적립금은 2002년부터 4년간 총 1조 6천억 원이 증가해 2006년 총 155개 대학 누적 이월금은 31.9퍼센트 증가한 6조 8,503억 원에 달한다고 했다.

정부나 대학은 돈이 없어서 매년 물가 상승률을 웃도는 등록금 인상률을 학부모와 학생들에게 전가해 왔다는 것인가? 이는 말도 안 된다. 고등교육이 국가 발전에 어떤 역할을 해 왔는가? 대학에서 키운 인재가 국가 발전에 걸림돌이 되어 온 적이 있는가 말이다.

대학 강사 처우 개선 문제와 등록금 인상은 전혀 별개의 문제라는 것을 다시 한 번 강조하고자 한다. 어느 대학이건 시간강사들의 강의료 예산은 대학 전체 예산에서 차지하는 비율이 2퍼센트 정도에 불과하다. 그 이하인 대학도 있고 그것을 조금 넘는 대학이 있는 정도다.

대학 시간강사들이 교원 신분으로 학생들을 가르칠 수 있게 해 달라는 것이 핵심 요구 사항인데, 이를 과도하게 확대해석하여 모든 물적 급부까지 보장해야 한다고 요구하는 것처럼 멋대로 과장하더니 돈이 없어 곤란하다고 한다.

국가 발전과 인재 육성에 중대한 고등교육, 그 고등교육의 절반을 담당하는 대학 시간강사들이 교원 신분이 아니라 지식 전달의 매개체 역할에 그친다는 것이 말이 되느냐는 것이다. 왜 시간강사는 교원이 되어서는 안 되는가? 이는 고등교육법이 대한민국 헌법을 정면으로 위반하고 있는 것이다. 대학 시간강사들의 어려움은 바로 여기서 시작되는 것이다.

한국에는 교원들의 지위를 보호하고 안정적으로 유지시켜 주는 법들이 많이 있다. 예를 들면 "교원 예우에 관한 규정", "교원 지위 향상을 위한 특별법", "교원 지위 향상을 위한 교섭 협의에 관한 규정", "교원 징계 처분 등의 재심에 관한 규정", "대한교원공제회" 등이다.

그러나 대학 교육의 절반을 담당하는 대학 강사들은 그러한 법들과 전혀 무관한 "시간제 노동자"에 불과하다는 사실을 우리는 분명히 알아야 한다. 바로 이 점에 주목할 필요가 있다. 시간강사가 교원이 아니기 때문에 받는 불이익을 교원 지위 회복과 동시에 없애고, 모든 혜택을 보장하라는 것이 아니다.

한편 법적 장치가 얼마나 간단하게 대학 강사들을 제외시킬 수 있는지는 법조문 자체를 보면 누구나 쉽게 알 수 있다. 그 법조문의 제일 끝에 괄호로 '대학 시간강사 제외'라고 표기하면 그것으로 대학 시간강사들은 그 법에서 간단히 제외되는 존재인 것이다.

법적·제도적 차원에서 볼 때 완전히 법의 사각지대에 방치되고 있는 대학 강사 문제는 이제 국가 차원에서 해결을 모색해야 할 차례가 되었다고 본다. 참여정부는 대학이 살아야 나라가 산다고 떠들어 댔다. 또 인재 강국이 5대 국정 지표에 있는 현 정부와 교육과학기술부는 이 문제에 어떻게 답할 것인가? 지난해 교과부가 대학 자율화 2단계 방안을 내놓았을 때도 대학 강사 문제 해결을 위한 구체적 안은 하나도 없었다.

현재 대학 정규직 교수 사회와 대학 운영자들은 이대로의 방식을 내심 원하고 있다고 본다. 말로는 시간강사들의 처우 개선 운운하지만 자신들의 파이가 깎일 것을 우려하며, 경영 측면에서 과도한 인건비 지출 및 경상비 증액을 원치 않기 때문이다. 따라서 〈한국대학교육협의회〉 등을 통하여 끊임없이 입법 저지 로비를 하고 있다고 판단된다. 하지만 한국 대학들이 지금과 같은 양적 팽창과 발전(?)을 이루기 위해 수많은 시간강사를 착취해 왔음을 누구도 부인할 수 없을 것이다.

교원 지위 부여에 단 한 푼의 추가 재정도 필요 없다

위와 같은 사항을 총체적으로 고려할 때 시간강사들이 교원 신분으로 학생들을 가르칠 수 있도록 해야 한다는 것이 핵심 사안이다. 법을 개정하여 명실상부하게 교원 신분으로 학생들을 가르칠 수 있게 해 달라는 것, 자긍심을 가지고 교육자로서 교육에 임하게 해 달라는 것이다. 과연 법을 개정하는 데도 엄청난 재원이 소요될까? 어불성설이다. 교원 신분을 부여하는 데는 단 한 푼의 재정도 필요치 않다.

그렇다면 우리나라 대학들이 과연 그렇게 규정을 준수하고 엄격한 법 논리대로만 대학을 운영해 왔는가 묻고 싶다. 정부와 국회 또한 법을 준수하여 대학을 통제해 왔는가? 아니다. 30여 년 이상 누적된 문제를 단번에 해결한다는 것은 무리라는 것을 알기에 작금의 대학 현실에서 재정 문제를 넘어 학생들을 생각하여 그들이 교원에게 교육을 받을 수 있도록 하자는 것이며, 그 밖의 문제는 부차적인 문제로 본다. 지금 현재의 정규직 교수 사회가 누리는 모든 혜택을 다 보장해 달라는 것이 아니다. 사안마다 세밀한 정책 검토가 따라야 할 문제들 이기 때문에 이런 주장을 하는 것이다. 앞에서도 밝혔지만 교원 지위 법정주의에 따라 물적 급부를 보장하라는 것이 아니기 때문에 최소한 의 강의(교육)와 연구 조건을 갖추어 달라는 것이다.("교원 지위 향상을 위한 특별법"에 따라 교원 지위 회복과 동시에 이 법의 적용을 받는 문제도 1년에서 2년 정도 경과를 보면서 세밀한 검토가 필요하다고 본다.)

4대 보험 보장도 마찬가지로 재정 문제가 따르기에 정책적 검토를 거쳐 최소 1년에서 2년의 심의 과정을 거쳐 단계적으로 시행하는 것 도 생각해 볼 문제다. 그리고 대학들이 우려하는 연구 공간 문제도 개 별 연구 공간보다 학과(부), 또는 계열별로 공동 연구 공간을 보장하는

눈 내리는 국회 앞의 마네킹 박사

식으로 문제를 해결해 나가면 별 무리가 없을 것이다. 끝으로 고등교육 부분에 "특별 교부금법"을 제정하여 대학을 지원하면 시간강사 문제를 어느 정도는 해결할 수 있다고 판단된다. 우리나라의 대학 진학률은 80퍼센트를 훌쩍 넘어섰다. 하지만 국내총생산 대비 고등교육 예산은 0.6퍼센트에 불과하다. OECD 회원국 평균인 1.3퍼센트만큼 예산을 증액시키려면 1년에 7조 원 정도가 필요하다. 이는 대학원생을 포함한 모든 고등교육 기관 재학생 등록금 총액의 절반이 넘는 액수다.

한 가지 남은 문제는 시간강사들에게 교원 지위를 부여함과 동시에 그들을 전임교원 확보율 산정에 포함하느냐 하는 것이다. 이 문제는 또 다른 별도의 법적 장치가 마련되어야 한다. 이는 대학마다 사정이 다르며, 대학 강사들의 처지도 마찬가지로 개별적 사정이 상이함을 고려한 것이다.

총체적인 고등교육 부실이 계속된다면 결국 국가 장래를 기약할 수 없게 될 것이다. 교육 효과는 백 년 후에 나타난다고 한다. 그러니 이러한 문제를 해결하기 위한 심도 있는 논의가 요구된다. 왜 한국은 교육 문제에 대한 접근에서 교육 행정가와 실제 교육자의 관점 사이에 괴리가 발생하는가? 문제는 여기에서도 생긴다. 대학 강사 문제 해결을 시장 메커니즘에만 맡겨서는 해결하기 어려우며 정부 개입이 필요하다. 이는 국가 폭력 때문에 강사들의 교원 지위가 박탈되었다고 보기 때문이다. 두 가지 방식의 개입으로 첫째, 법률적 지위나 급여 개선에 있어서는 대학에 대한 규제라는 형태의 개입이 요구되며 둘째, 교육(강의)과 연구 여건 개선을 위해서는 지원을 통한 개입이 절실히 요구된다. 이명박 대통령은 대통령이 되면 등록금을 반으로 줄이겠다고 공약한 바 있다. 국가가 대학 등록금의 절반을 부담하고 나머지 절반을 정부 지원 학자금 융자 제도나 후불제로 부담하게 하면 공약도 실천할 수 있고, 고등교육에 대한 지원을 통해 5대 국정 지표 중의 하나인 '인재 강국'이라는 국정 목표도 달성할 수 있으리라 본다. 그 길에 바로 대학 시간강사 문제의 해결이란 과제가 놓여 있다.

'교수'와 '강사', 그 차별의 시작과 숨겨진 음모

30

노용석 | 영남대학교 비정규 교수

사례 1

"교수님이 어제 강의 시간에 이렇게 말씀하셨는데……."
"야, 그 사람 교수 아니고 강사야."
"엥? 그래?"

사례 2

"이런 데 힘 빼고 다니니 교수가 못 되고 강사밖에 안 되는 것 아니요?"

위의 사례들은 필자가 대학에서 강의를 하고 있던 시절, 대학에서 학생들 사이의 대화 및 강의 평가 란에 기재된 평가들이었다. 특히

'사례 2'의 의견은 필자가 노무현 대통령 탄핵 이후 이에 대한 내용을 수업했다고 해서 한 학생이 적어 놓은 것이었다. 이 사례들에서 아주 많은 문제들을 제기할 수 있지만, 무엇보다 지적하고 싶은 것은 '불러 주는 이름'이 다른 까닭으로 한 사람의 인격 및 지식 정도가 깡그리 무시되고 있다는 것이다.

"교수"와 "강사", 이것은 우리 사회에서 "귀족"과 "천민"의 또 다른 이름이다. 많은 영화나 소설에서 별 볼일 없고 힘없는 캐릭터의 전형이 "강사", 즉 비정규직 교수였다면 내용과 실재적 측면을 따지지 않고 모든 여론 형성 공간 및 학계에서 "교수"는 범인凡人들이 함부로 넘볼 수 있는 사람들이 아니다. 이와 같이 우리 사회에서 "교수"와 "강사"는 첨예한 종속 관계를 형성한다.

ⓒ이광수

"교수"와 "강사"는 첨예한 종속 관계를 형성한다. 그리고 "교수"와 "강사" 사이에 우리 학문의 미래가 있다.

그렇다면 이와 같은 종속 관계는 과연 어디에서 기인하는 것인가? 여기에 대해 비정규직 교수를 비롯한 사회 각계각층에서 많은 의견들을 내놓고 있지만, 역시 가장 중요한 원인은 '교권의 존재 여부' 에 있다고 할 수 있을 것이다. 즉 우리 사회에서 "강사" 는 학생들에게 자신의 지식을 전달해 주는 사람이기는 하지만, '교권' 을 가진 '교원' 의 신분이 아니라 상대방에게 일방적으로 지식만을 전달하는 컴퓨터 기계와 같은 존재라는 것이다.

그렇다면 왜 "강사" 에게는 교원 자격이 부여되지 않는가? 이를 파악해 보기 위해 잠시나마 '가까운 과거' 로 시간 여행을 떠나 보기로 하자.

대한민국은 '교육법' 에서 교원 자격을 규정하고 있다. 특히 대한민국의 '고등교육법' 은 제2장 제2절에서 교직원의 구분을 다음과 같이 명시하고 있다.

① 대학, 산업 대학, 교육대학 및 원격 대학에는 학교의 장으로서 총장 또는 학장을 두며, 전문대학 및 기술대학에는 학장을 둔다. (개정 2007년 10월 17일)

② 학교에 두는 교원은 제1항의 규정에 의한 총장 및 학장 외에 교수, 부교수, 조교수 및 전임강사로 구분한다.

③ 학교에는 학교 운영에 필요한 행정 직원 등 직원과 조교를 둔다.

④ 각종 학교에는 제1항 내지 제3항의 규정에 준하여 필요한 교원, 직원 및 조교(이하 "교직원" 이라 한다)를 둔다.

위의 법률만을 볼 때 대학 교원은 교수, 부교수, 조교수, 전임강사이며, 이들은 학생을 지도, 교육하고 학문을 연구한다(고등교육법 제2장 제2절 제15조 2항. 고등교육법은 기존의 교육법을 교육기본법, 고등교육법 등으로 분화하면서, 1997년 12월 13일 제정되었다. 법률 제5439호). 그러나 이 법률에서 대학 교육의 절반 이상을 담당하고 있는 "강사"에 대해서는 어떠한 조문도 찾아볼 수 없다. 그러나 교육법 조문에 "강사"가 이전부터 존재하지 않았던 것은 아니다. 1976년 12월 일부 개정된 교육법(법률 제2980호)은 다음 내용을 포함하고 있었다.

> 제75조 각 학교의 교원 또는 사무 직원과 그 임무는 다음과 같다.
> 1. 생략
> 2. 대학, 교육대학, 사범대학, 실업고등전문학교와 전문학교에는 학장
>   (대학교에는 총장, 실업고등전문학교와 전문학교에는 교장), 교수, 부교수, 조교
>   수, 강사와 조교를 둔다. (…) 교수, 부교수, 조교수와 강사는 학생을
>   교수, 연구, 지도하되, 연구 및 지도에만 종사할 수 있다

위의 1976년 12월 교육법 조문을 볼 때 "강사"는 엄연히 교원 범주에 포함되어 있었다. 하지만 32년이 지난 지금, 법조문에서는 "강사"라는 말을 찾아볼 수 없다. 그렇다면 언제부터 "강사"는 법조문에서 자취를 감추게 된 것일까? 이 문제의 발단은 1977년 10월 제9대 국회에서 "교육법중개정법률안"이 상정되면서부터다.

박정희 정권은 1977년 10월 24일 "초급 대학교, 전문학교 및 실업고등전문학교를 전문대학으로 개편하고, 대학 입학 예비고사 면제자 범위를 조정하며, 방송통신대학을 이수한 자에 대하여 대학 졸업 학력을 인정할 수 있도록 하기 위하여" 교육법을 개정하고자 정부안으

로 '교육법중개정법률안'을 국회에 상정하게 된다.

여기에서 법 개정의 주요 골자는 전문대학 개편과 방송통신대학의 4년제 학력 인정, 그리고 예비고사 면제자 범위 등을 조정하는 것에 맞추어져 있다고 되어 있지만, 실제 법률의 개정안에는 이와 더불어 '대학, 교육대학, 사범대학, 전문대학의 교원'의 범주에서 강사를 제외하는 안이 명시화되어 있다. 즉 교원 지위에서 "강사"를 제외했다.

이후 이 법률안은 1977년 12월 6일 문교공보위원회에 상정되어 12월 7일에 의결되었고, 이후 12월 13일 법사위에서도 의결되었으며, 이튿날인 12월 14일에 본회의에 상정되자마자 이론 없이 의결되어 1977년 12월 31일 공포되었다.

1977년에 발생한 위 과정들을 바라보면서, 몇 가지 점들을 지적하지 않을 수 없다. 가장 중요한 지점으로는 1977년 10월 정부안으로 제안된 '교육법중개정법률안'의 주요 목적이 전문대학 개편이나 방송통신대학, 혹은 예비고사 면제자의 범위를 조정하는 데 있었다는데, 왜 교원의 범위까지 조정했느냐 하는 것이다. 또한 만약 교원의 범주를 조정하고자 했다면 확대된 대학의 범주(전문대학의 신설 등)에 따라 교원 수를 늘려야 했지만, 조정된 교원 범위는 확대된 대학의 범주에 걸맞지 않게 그 범주가 구체화되고 세분화되어 오히려 교원 수를 축소시킬 가능성을 내포하고 있었다. 즉 초급대학 및 전문학교, 실업고 등 전문학교를 전문대학으로 개편하고, 방송통신대학의 4년제 학력까지 인정하는 마당에, 오히려 교원은 강사에서 더욱 세분화된 '전임강사'로 제한시킴으로서 그 수가 줄어들게 된 것이다.

상식적으로 볼 때, 대학 혹은 4년제 대학에 준하는 기관이 늘었다면, 늘어난 학생들에 대한 연구 지도를 담당해야 할 교원의 범위 역시 확대되어야 하는 것이 당연하다. 그러므로 이를 위해서는 당시 '강사'라는 교원의 범주에 있었던 이들의 대부분이 '전임강사'로 이동했어야 마땅할 것이다. 그러나 이러한 이동은 일어나지 않았고, 이 때문에 당시 대부분의 강사들은 오히려 교원 자격을 잃어버리고 말았다. 현재 대한민국의 대부분 대학이 법적인 전임교원 충원율을 충족시키지 못하고 있다는 사실은 이 부분과 상당한 연관성을 가지고 있다고 볼 수 있다.

이렇듯 비상식적인 행위를 설명하기 위해 당시 박정희 정권이 처해 있던 시국 및 정세 상황을 살펴볼 필요가 있다. 1977년은 박정희 독재정권이 최후의 발악을 하던 시기로, 사회 곳곳에서 일어나는 반정부 시위와 저항에 직면한 시기다. 노동 진영을 비롯한 민주운동 진영에서는 최소한의 민주주의조차 구현하기 힘든 정세에 맞서 다양한 형태의 파업 및 동맹 휴업을 조직하였고, 특히 학원가는 민청학련 사건을 비롯한 다양한 진보 운동의 온상이 되어 있었다.

이러한 상황에서 박정희 정권은 '학원 안정화'라는 구실 아래 여러 형태의 저항운동에 대한 탄압을 실시했으며, 유신헌법 제정 이후 계속해서 공포된 긴급조치 역시 이러한 탄압의 유형 중 하나라 할 수 있다. 이 과정에서 박정희 정권은 학원 안정화를 위해 유신정권에 부정적인 견해를 밝히며 학생들을 선동하는 진보적 강사를 일순위 처벌 대상으로 여겼을 것이고, 이들에 대한 정비 및 자격 조건 제한을 생각했을 것이다. 결국 1977년 교육법 개정의 중요한 의미 중 하나는 대학 교단에서 교원 자격을 가진 사람을 '전임강사' 이상이라는 상당히 제한적인 자격에 한정시킴으로써, 대학 내 진보적 학자 세력 및 비판적 지식 계층을 약화시키고, 대학 사회 내의 반정부 비판 기류를 잠재우는 데 있었음을 부정할 수 없다. 이 과정에서 '강사'는 교권을 잃어버렸으며, 정부는 '전임강사' 이상의 한정된 인력에 대한 통제만으로도 대학 사회에 대한 일반적인 통제를 실시할 수 있게 되었다. 박정희 정권은 이러한 통제를 대학 교원, 즉 전임강사 이상에 대한 '교수 재임용' 방식을 통해 달성하고자 하였다.

위와 같은 설명은 교육법 개정과 관련한 또 다른 의구심, 즉 어떻게 법률안이 그토록 빠른 시간 내에 국회 의결을 받을 수 있었을까 하는 의구심에 대해 답변이 될 수 있다. 정부안으로 제출된 교육법 개정안은 정부 제안으로부터(1977년 10월 24일) 불과 2개월 만에 일사천리로 통과되었다. 1977년 당시 급격하게 돌아가고 있던 시국 상황을 고려할 때 이러한 일사천리 의사 일정은 충분히 납득할 만하다.

결론적으로 대학에서 강사의 교원 지위가 상실된 이력은 순수한 대학 교육의 발전과 방법론의 변화에서 기인했다기보다는 독재정권의 필요와 요구에 의해 진행되었다는 것을 알 수 있다. 또한 이러한 과정이 국가기구인 국회의 법적인 활동 영역에 의해 공식화되었다는 점도 명확하다. 하지만 당시의 이러한 결정이 현재 대학 교육의 50퍼센트 이상을 담당하는 강사들에게 교원 지위를 부여할 수 없게 만들고 있고, 대학 구조의 기형화를 더욱 증폭시키고 있다는 점에서 큰 문제가 아닐 수 없다. 즉 국가기구의 잘못된 결정에 의해 대학 강사뿐만 아니라 대학생과 이들의 학부모, 대학 당국, 그리고 넓게는 사회 전체가 크나큰 고통 비용을 치르고 있는 것이다. 이것은 국가 폭력과 다름없다.

1977년 당시에는 독재정권의 이해 때문에 교육법을 과감하게 2개월여 만에 개정하였다. 하지만 2009년 현재, 국가는 다양한 부조리와 모순이 점철된 비정규직 교수 문제를 풀기 위한 고등교육법 개정을 수십 년간 유예시키고 있다. 이 순간 우리 사회에 필요한 것은 단순히 고등교육법의 개정에 있는 것이 아니라, 1977년 당시 유신정권이 가지고 있던 독재정권의 정신을 우리 사회에서 없애는 것이다. 즉 강사의 교원 지위 획득은 단순히 고등교육법을 개정하는 것이 아니라 1970년대 독재정권의 이해에 의해 형성되었던 국가 폭력의 결과를 올바른 방향으로 되돌려 놓는 작업이다.

31

비정규 교수들의
노동조합 운동사

윤병태 | 한국비정규교수노동조합 전 위원장

희망과 절망의 상황에서 반성하는 심정으로

학생운동, 민주 청년회, 시민 모임을 거쳐 현재의 노동운동까지 합치면 25년이라는 짧지 않은 시간을 운동판에서 보냈다. 하지만 또다시 파시즘 정책을 노골적으로 내놓는 한나라당이 정권을 장악하여 국민을 마음대로 우롱하는 세월이 오리라고는 상상도 못 했다. 나아가 '내부의 적'이라는 말을 숱하게 들어 봤지만, 2007년 하반기에 20년 변혁 운동의 성과를 깡그리 깔아뭉개는 분열적 상황이 변혁 운동 진영 내부에서 일어나리라고는 더더욱 상상하지 못했다.

나는 순진하게도 '종북주의 혹은 맑스 · 레닌 교조주의나 사민주의

윤병태는 영남대학교 문화인류학과 박사 과정을 수료했으며, 〈한국비정규교수노동조합〉영남대 분회 정책기획실장이다.

에 좀 치우치면 안 되는 건가, 나는 이해할 수 있을 것 같은데, 동지라고 생각했고 그래서 지금까지 함께 했는데, 왜 꼭 군부독재 시절 안기부 관점으로 몰아붙여야 할까' 도저히 이해할 수가 없었다. 마찬가지로 다른 노조에 비해 초가삼간에 지나지 않는 〈한국비정규교수노동조합〉 운동에 최근처럼 희망과 절망이 엇갈리는 상황이 오리라고는 생각지 못했다. 이전투구하는 듯한 지금의 혼란을 수습하기 위해서 반성하는 심정으로 〈한국비정규교수노동조합〉 활동을 돌아보고자 한다.

사회변혁 운동가들은 사회변혁의 실천적 무기로서 다양한 유형의 조직을 건설했다. 투쟁과 희생, 그리고 성과 속에서 그 유용성이 검증된 조직은 지금도 푸른 생명력을 가지고 현실운동 속에 살아 있지만, 그렇지 못한 경우는 활자라는 화석 속에 남아 있거나 지식인의 유희 자료로 존재할 뿐이다. 그러한 조직 형태 중 노동조합은 다양한 노동자들을 가장 폭넓게 담을 수 있는 조직으로, 자본주의와 거의 비슷한 역사를 가지고 있을 만큼 강한 생명력을 가지고 있다. 이처럼 노동조합은 노동자뿐만 아니라 노동자와 다른 입장을 가진 쪽에서도 탐을 낼 만큼 엄청나게 많은 장점을 지니고 있지만, 그 조직 운영은 쉽지 않다. 한국 사회의 비정규 교수들 또한 노동조합을 건설했고, 계획했던 목표를 위해 다양한 활동을 해 왔지만 목표 지점은 여전히 멀기만 하다. 그 이유는 내외적 측면 모두에서 원인을 찾을 수 있다. 번듯해 보이는 한국 사회 구석구석에 찰거머리처럼 붙어 있는 봉건성 때문이기도 하지만, 주체적 역량에도 분명한 한계가 있었기 때문이다.

정규직이 아닌 다양한 형태의 비정규직 교수들은 일반적으로 '노동자'라는 말에 적잖이 혼란스러워한다. 이는 자신의 사회적 존재가 노동자임에도, 노동자로 인식할 수 없게 하는 한국 사회의 성격에 일 차적 원인이 있다. 지식인이 가진 소시민적 정서 때문이기도 하다. 굳이 사회과학적으로 분석하지 않아도 비정규직 교수는 기회주의 속성을 가진 노동자인 것은 분명하다. 교육, 연구, 강의 준비, 강의 등 노동의 특성상 개별 분산적이며, 자아도취적인 성향을 보이기도 한다. 비정규직 교수의 노동 가치의 생산은 정규직과 동일하지만, 노동력의 가격 책정과 사회문화적 대우는 현대판 노예제도 속에나 찾을 수 있는 수준임에도 스스로 최소한 노동자가 아닌 다른 존재로 대우받고 싶어하는 데서도 그 혼란의 요인을 찾을 수 있다.

한편 정규직 교수의 무관심과 대학 교육에 대한 책임 방기 또한 기본 원인이다. 대학 교육을 함께 책임지고 있는 동반자지만, 그들은 섭섭하게도 동조적일 때보다는 방해자 역할을 할 때가 많다. 사회의 지극히 특정 부분에만 자본주의 옷을 입혀 놓은 한국 사회에서 운 좋게도 그 근사한 옷을 걸치게 된 사람들은 결코 우리 사회의 부조리한 구석을 애써 인식하려 하지 않는다. 사회 진리를 탐구하는 지식인 위상에 관해 생각해 본다면, 정규직이 되지 못하여 노동조합을 건설하게 되었고, 그 활동을 통해서 자신의 내부를 변화 발전시켰을 뿐만 아니라 한국 대학 교육사와 변혁 운동에도 실천과 인식을 통일시켜 나가야 하는 비정규직 교수의 위상은 오히려 긍정적인 측면도 있다.

비정규 교수 노동조합의 연혁과 주요 사건

구조를 살펴보기 위한 지름길로 연혁과 주요 사건을 살펴보기로 한다. 해방 직후, 한국 사회의 변혁성을 띤 대중조직과 활동가들은 미군정 3년을 거치면서 거덜이 났고, 그나마 남아 있던 지하조직과 자생적 활동가들도 4·19 이후 박정희 독재정권을 거치면서 완전히 와해되었다. 1980년 광주항쟁을 통해 피를 흠뻑 마셨던 민주화 운동은 마침내 1987년 6월 전민 항쟁을 일구어 냈다. 그 성과는 노동자, 농민을 비롯한 전 민중의 의식화와 조직화 쟁취로 이어졌다. 즉 식민지 파시즘적 독재의 거대한 허상이 민중들 앞에 무릎을 꿇었고, 부문별로 바쁘게 대중조직을 건설했다. 현대판 노예 상태에 다름 아닌 비정규 교수들도 이 틈새를 놓치지 않고 1987년에서 1990년 초반 무렵에 걸쳐 〈전국대학강사협의회〉와 노동조합을 건설하였다.

1987년 11월 27일 서울대학교 강사협의회가 창립되었으며, 같은 해 12월 18일 성균관대학교 강사협의회, 1988년 3월 31일 영남대학교 강사협의회, 5월 31일 서울대학교 노동조합 창립, 이어 전남대학교, 연세대학교, 부산대학교, 그리고 고려대학교가 같은 해 11월 18일에 강사 노동조합을 창립했다. 이와 같은 성과를 모아 우선 1988년 8월 3일 고려대학교 강당에 집결하여 '대학 강사의 처우 개선 및 사회와 교육 민주화'라는 취지로 〈전국대학강사협의회〉를 정식으로 발족하고 운영위원장으로 진영종 교수를 선출했다. 한국 사회에서 이 시기는 6월 항쟁의 힘을 받아 소위 7·8월 노동자 대투쟁을 계기로 너나 할 것 없이 전국적으로 민주 노동조합을 활발하게 건설하던 때다. 비정규 교수들도 이 흐름을 놓치지 않고 강사 협의회, 혹은 노동조합 조직을 건설했다.

어느 의사 선생님 말처럼 원자폭탄이 떨어져도 자기 집만 아니면 전혀 신경 쓰지 않는 게 의사 집단이라고 하지만, 교수 집단, 지식인 집단의 이기심 또한 이보다 더했으면 더했지, 결코 덜하지 않다. 이들을 대상으로 노동조합을 건설하고 운영하는 데는 대단한 인내와 신념, 그리고 노력이 필요하다. 1991년 서울대 분회장을 맡았던 권성우 교수의 인사말 속에는 그런 어려움이 잘 나타나 있다.

"전국강사노조 분회장이라는 자리를 맡은 지 어언 두 달, 그 시간들은 인간이란 어떤 존재인가, 역사는 과연 발전하는가, 인간의 욕망이란 무엇인가 등의 근원적인 질문을 떠올리게 했습니다. 그러한 물음과 관계하여 몇 번이나 전화를 걸어도 아리송한 이유로 계속 노조 회의에 불참하는 선생님들, 아무도 분회장을 맡을 사람이 없는 상황……. 이와 같은 풍경들에는 인간의 개인적 욕망과 더불어 역사라는 빛나는 성좌를 향한 고귀한 희생정신이 혼재되어 있습니다. 1988년, 1989년 그 활기찬 활동이 어쩌다 이토록 비참한 상태로 전락하였는지요? 그 원인을 성실하게 파고들면서 역사와 인간의 욕망에 대한 깊이 있는 성찰의 시간을 가지고자 합니다."

한편 대학 강사의 정서를 고려할 때, 노동조합보다는 강사협의회가 더 적합한 조직 형식이라는 주장은 지금까지도 이어지고 있다. 강사협의회를 주장하는 사람들은 대중성 획득이라는 측면에 중심을 두고 있다. 그러나 막상 강사협의회 형식으로 조직 운영을 해도 대중성 획득이 어렵기는 마찬가지였다. 자신의 존재를 노동자로 인정하기가 쉽지 않은 대학 강사의 의식 수준 때문에 강사 협의회에서 노동조합으로의 조직 전환은 쉽지 않았다. 1991년 전국강사노동조합 2대(~3대) 위원장을 지냈던 한면희 교수가 펼치고 있는, 주장이라기보다는 설득으로 볼 수 있는 이와 관련된 두 단계 조직 발전론에서도 이러한 고충을 엿볼 수 있다.

"대학 강사 노동조합 운동은, 대학 강사가 스스로 노동자로 규정지을
수밖에 없는 물리적 여건 속에서 자주적으로 자기 현실을 개혁하기 위
해 내린 결단이므로 노동운동임이 분명합니다. 다만 협의회 운동에서
노동운동으로 전환이 너무 성급했다는 지적이 있습니다."

〈비정규교수노동조합〉활동 경험이 있는 사람이면, 〈강사협의회〉
조직으로는 교육과 연구에서 굳이 필요하지 않은, 식은 밥 같은 성과
는 구걸하여 얻을 수 있을지 모르지만 동일 가치를 생산한 대가를 요
구할 권리와, 동일한 교육 연구 조건을 쟁취하는 데는 한계가 있다는
것을, 거기에는 노동조합 조직이 더 적합하다는 사실을 알고 있다.
　대학은 한국 사회 그 어떤 집단보다 정규직과 비정규직 간의 차별
이 가혹하게 존재하는 곳이다. 강의와 이론 속에서 인간 평등론이 있
을 수 있지만, 대학 현실 속에는 불평등론만이 존재한다. 비록 교수들
간이지만 노사 입장에서 한 치의 양보도 없는 팽팽한 줄다리기에서
승리하기 위해서는 한계가 선명하지만 법과 제도가 보장하는 투쟁 조
직이 유효한 것은 지극히 당연하다.
　이와 같은 내외적 혼란 속에서 1990년 4월 28일 서울대학교에 26개
교에서 105명이 참석해 〈전국강사노동조합〉을 결성했다. 성균관대,
서울대, 영남대, 전남대에 전국강사노동조합 분회가 건설되었으며,
고려대, 연세대, 서강대, 건국대, 덕성여대, 외대, 한양대, 이화여대,
부산대, 전북대, 강원대 등에 분회 준비위가 건설되었다. 비정규 교수
들이 해방 직후의 산별 노동조합이 와해된 이후 최초로 전국 단일 노

동조합을 건설한 것이다. 내용에서 한계가 있다고 하더라도 한국 노동조합 운동사에서 그 의의는 자못 높다고 평가할 수 있다. 〈전국대학강사노동조합 준비위원회〉는, 이를 위해 사전에 일목요연하게 준비 작업을 했다. 「전국 단일 노조의 결의」라는 문건 속에 제시된 조직의 진로는 지금도 그 의미가 퇴색하지 않았다. 요약해서 살펴보자.

> "1988년 8월 〈전국대학강사협의회〉를 건설하여 11개 대학이 가입되어 있다. 부분적으로 강의료 인상, 학교 부대시설 이용 등의 개선이 이루어졌으나, 우리의 근본적 요구라 할 수 있는 6개월 강의료 지급, 최저생계비 지급, 교권 인정 등의 요구는 무시되고 있으며, 결국 사학 비리의 총알받이 그 이상이 아니다. 우리가 대학 교육 주체로 서기 위해서는 결국 우리 스스로 노예 사슬을 끊어야 하며, 그 조직 방도는 바로 전국 단일 노동조합 건설 및 그 합법성 쟁취다. 이를 위해 다음과 같이 결의한다.
>
> 하나, 우리 강사들은 가지고 있는 힘을 다해 총집결하여 빠른 시일 내에 전국대학강사노동조합을 건설한다.
>
> 하나, 민족·민주 교육의 실현을 위해 투쟁하고 있는 민주 제 단체와 협력하여 현행 교육 모순을 타파한다.
>
> 하나, 교육 주체로서의 대학 강사의 자기실현을 가로막고 있는 법적·제도적 장치를 개폐하는 데 우리 강사들은 적극 노력한다."

그러나 노동부는 1990년 5월 25일 '전국대학강사노동조합 설립 신고서'를 반려한다. 납득할 만한 법적·사회적 이유라든가 근거는 없었다. 굳이 찾아본다면, 노동 및 교육 관계 관련자의 무지와 횡포였다고나 할까. 중요한 건 지금도 그 무지와 횡포가 자행되고 있다는 것이다. 그러나 막막한 사회적 한계가 있다고 해도 노동조합을 건설했다는 의미 그 자체가 희석될 수는 없다. 지금 이 시점에서 분명히 알 수 있는 바는, 당시 노동조합의 절실한 과제는 전국 단일 조직화였으며, 합법성 쟁취였다는 것이다. 결코 쉽지 않은 문제였다. 정부의 교묘한 탄압과 대학 당국의 얼토당토 않는 비논리, 반논리, 일방적 부정과 탄압 속에서도 마침내 〈전국대학강사협의회〉는 〈전국대학강사노동조합〉으로 전환되었으며, 1994년에 합법성도 쟁취했다.

합법성 쟁취에서 절망의 현장으로

1994년에 합법성을 쟁취했으나 이는 어디까지나 법적 · 형식적 차원의 성과일 뿐이었다. 노동조합이라는 그릇 속에 채워 넣어야 할 내용은 여전히 거대한 산처럼 현실 과제로 남아 있었다. 노사 간의 승패는 힘과 논리의 역관계 속에서 결정된다. 말이 필요가 없다. 즉 힘없는 노동조합은 있으나 마나다. 힘없는 노동조합에게 그 어떤 맘 고운 사용자가 단협을 안겨 줄 것이며, 투쟁하지 않는 노동조합에게 그 어떤 성과를 줄 것인가. 전국 단일 노동조합이기는 하나, 실제로는 기업별 노동조합들의 연맹체 수준도 되지 않았다. 협의체 수준이었을 뿐만 아니라, 개별 분회 그 어느 곳에도 제대로 된 단체협약 하나 쟁취한 곳이 없었다. 성균관대학 분회가 그나마 노사 합의서 정도를 체결한 수준이었다. 1998년에도 성균관대학 분회는 29일간의 천막 농성을 전개했지만, 1998년에 이어 '강의료 동결' 등 핵심 사안이었던 개악된 '강사 임용 규정'을 철회하지는 못했다. 적이 강해서가 아니라,

아가 몹시 허약했던 시절이었다.

내적 동력보다는 객관적 조건에 힘입어 건설했던 조직의 한계로 1990년대 중반을 넘어서자 조직은 가파르게 내리막길을 걷기 시작했다. 1997년을 넘어갈 무렵 전국 대부분의 분회가 유명무실해지거나, 자연 소멸되었다. 최소한의 실천 투쟁으로 단련된 성균관대학 분회와 영남대 분회만이 노동조합으로서의 최소한의 면모를 유지하고 있었다. 이곳에서 희망을 찾을 수 없다고 판단한 활동가들은 다른 현장을 찾아 한두 명씩 떠나가고 있었다. 노동운동으로서는 절망의 현장으로 전락하고 있었던 것이다.

2000년 새로운 희망이 희미하게 천천히 떠오르기 시작했다. 작아 보이던 그 희망은 "대중투쟁은 반드시 승리하라"는 실천 투쟁의 기본 원칙에 입각하여, 30일이 훨씬 넘는 투쟁을 승리로 이끌어 냈다. 대중 조합원은 노동조합 간부들의 희생적인 활동에 감동하지만, 투쟁에서 승리할 때면 더욱 큰 신뢰로 화답한다. 이어 2001년 더욱 세련된 투쟁을 전개하여 마침내 〈한국비정규교수노동조합〉이 건설된 지 11년 만에 처음으로 그럴싸한 단체협약을 체결했다. 바로 영남대 분회 투쟁이었다. 1998년 성균관대학 본부가 강사 노예 족쇄로 창안했던 '강사 임용 규정안'을 영남대학 본부가 그대로 도입하여 시행하려는 찰나 기다렸다는 듯이 실천 투쟁으로 맞받아쳐서 승리한 것이다. 이어 "모범을 창출하고 이를 보편화하라"는 투쟁 원칙에 기반하여 대구경북 지역에 분회 및 지부가 건설되었으며, 이후 광주, 부산, 서울 등에서도 분회들이 재건되기 시작했다.

어리석은 지도자보다 더 무서운 적은 없다

운동은 다양한 요소를 갖추어야, 살아 있는 생물이 성장하듯 세포 분열하며 발전한다. 단결과 연대, 그리고 실천 정신에 입각하여 활동한다든지, 사상성, 조직성, 대중성이라는 요소를 잘 배합해야만 조합주의, 즉 자기 조직 이기주의에 빠지지 않고 변혁 운동의 대의에 복무하며 조직을 발전시킬 수 있다. 노동조합 투쟁사를 훑어 보면 숱한 조직이 와해되고, 패배하고, 분열하고 좌절한다. 하지만 간혹 절대로 불가능해 보이는 목표를 성취하는 경우도 있다. 그 우여곡절의 노동조합사가 바로 〈한국비정규교수노동조합〉의 역사다.

〈한국비정규교수노동조합〉은, 1980년대 말 강사협의회로 출발하여, 1990년대 노동조합으로 조직 전환을 했으며, 1990년대 중반 조직 소멸 위기를 극복한 뒤 2000년 명실상부한 노동조합으로 재탄생하였다. 그러나 2000년 중반을 거치면서 다소 혼란스러운 분열 상황에 접어들었다. 그 과정을 돌아보면 우리는 많은 교훈을 얻는다. 지금 비정규 교수 노동조합 운동은 단순한 노동조합 운동이 아니라, 한국 사회의 지식인 운동이며, 교육 연구 노동운동이라는 것이다. 지식인이라 해서 모두가 지식인이 아니다. 이 활동 과정 속에서, 처절한 실천 투쟁 과정 속에서 선과 악을 정확하게 구분할 수 있을 때, 그렇게 검증된 지식인만을 우리는 "시대정신을 갖춘 지식인"이라 부를 수 있다.

우리 노동조합 운동의 궁극적인 목표가 올바른 교육을 할 수 있는 사회 개혁, 혹은 사회구조 혁신이라면 이를 위해 진실해야 한다. 좀 더 잘하고 못하고는 두 번째 문제다. 험난했던 시기를 힘들게 헤쳐 왔던 과거를 돌아봐야 한다. 분열도 있었다. 원인은 분명했다. 독단과

〈한국비정규교수노동조합〉은 다시 한 번 교육자로서, 노동자로서 자신의 존재를 겸허하게 돌아봐야 할 것이다.

이기심이었다. 분열은 누군가의 이기심, 욕심 및 무지에서 오는 것이었다.

　외부의 적보다는 내부의 적이 훨씬 심각한 지금, 〈한국비정규교수노동조합〉은 다시 한 번 교육자로서, 노동자로서 자신의 존재를 겸허하게 돌아봐야 할 것이다. 당면한 교원 지위 쟁취와 척박한 대학 교육 현실의 개혁을 위해 자신의 이기심을 심각하게 반성해야 한다. 실천하지 않고 투쟁하지 않고 입으로, 손가락으로 투쟁하는 자들은 혹한 속에서 실천하며, 투쟁하는 동지들에게 최소한의 지적 양심을 보여주어야 하며, 반대로 좀 더 앞선 동지들은 그렇지 않은 동지들을 사심 없이 포용해 주어야 할 것이다. 마지막으로 좀 더 자랑스러운 투쟁을 열어 가지 못하는 〈한국비정규교수노동조합〉 전체 간부들은 "어리석은 지도자보다 더 무서운 적은 없다"는 경구를 조용히 새겨 봤으면 한다. 투쟁!

32

국가 폭력 32년, 국가가 결자해지하고 대학이 참회해야

김동애 ┃ 전 한국비정규교수노동조합 교원법적지위쟁취특별위원회 위원장

비정규 교수는 교원이고 교수 노동자여야

〈한국비정규교수노동조합 교원법적지위쟁취특별위원회〉의 국회 앞 천막 농성 510여 일째, 이제 또 해가 바뀌었으니 햇수로는 3년차 장기 농성인 셈이다. 고등교육법 개정을 통한 비정규 교수의 교원 지위 회복을 위해 지난 2006년부터 국회 앞에서 일인 시위를 해 왔다. 2007년 9월 7일, 대선과 총선을 앞둔 시점에서 17대 국회 마지막 본회의가 더할 수 없는 기회라는 생각으로 천막 농성에 돌입했다.

당시 최순영 의원(2004년, 민주노동당), 이상민 의원(2006, 열린우리당)은 법안 발의를 이미 했고, 2007년 5월 이주호 의원(한나라당)도 법안을 발

김동애는 중국 근현대사를 전공했으며 숙명여대 사학과 석사, 국립대만사범대학 박사(중국 현대 사회운동사)다. 전 한성대 대우교수. 옮긴 책으로 『중국사학사』가 있다.

의하면서 세 당의 법안이 모두 교원 지위 회복을 내용으로 담고 있어 가능하리라 생각했다.

더구나 2007년, 이주호 의원은 노동경제학을 전공한 학자로서 자신의 양심을 걸고 더 이상 이 문제를 두고 볼 수 없다며 의원직을 걸고서라도 반드시 통과시키겠다고 했다. 이례적으로 최순영(민노당) 의원도 이주호 의원 발의안에 힘을 싣기 위해 공동 발의자로 서명했다. 노조도 한나라당에 의구심이 있었지만, '진정성'을 거듭 말하는 이주호 의원과 정책 토론회도 함께 했다. 교육위 간사였던 유기홍(열린우리당) 의원은 늦어도 2007년 총선 전 임시국회에서라도 해결하겠다고 했다. 그러나 결과적으로 이주호 의원은 정치권에서 교육정책 실력자(?)라는 '개인 입지'를 굳히는 데 성공했을 뿐이다. 2006년 11월과 2007년 8월 〈비정규교수노동조합〉에게 장담했던 '진정성'이 교육과학기술부 차관이 된 지금도 아직 유효한지, 말이 아니라 실제로 보여 줘야 할 때다.

17대 국회 정치권 누구도 다르지 않았다. 표와 돈만 따르며, 자신의 이익에 따라 합종연횡만 일삼고 대학 교육의 핵심 사안인 이 문제의 당위성을 요란하게 빈말만 나누다가 후순위로 밀어 놓는가 싶더니 결국 폐기했다. 국회가 입법하는 곳이라는 말이 무색하기만 했다. 2008년 2월 15일 17대 국회 교육위원회 법안 심사 소위에서 약식 공청회라며 노조 대표(김용섭 영남대 분회장)와 사용자 측 대표(박승철 성균관대 교무처장)를 한자리에 앉혀 놓고 입장 차이를 확인시킨 뒤 "양측이 서로 다른 얘기를 하니, 교육부와 입법 조사관이 다시 조사하라"고 해 놓고 폐기시켰다.

18대 국회에서는 이상민 의원(2008년, 자유선진당)이 재발의했다. 지난 2008년 12월 12일 교과위에서 '시간강사 제도 개선' 공청회를 가졌고, 2009년 고등교육 예산은 1조 원이 늘어나 약 4조 원에서 5조 원이 되었다. 교과위는 이 가운데 1,500여 억 원을 대학 강사 처우 개선을 위한 연구비 명목의 예산으로 책정했으나 예결위 계수 조정에서 삭감되었다.

요즘 우리 사회에는 어떻게 이런 일이 일어날 수 있나, 경악스러운 일들이 자주 발생하고 있다. 그리고 '소통 부재'를 얘기한다. 이 소통 부재의 근본 원인을 우리 사회에서 풀지 못한 세 가지 난제에서 찾을 수 있다. 내가 생각하기에 그 세 가지는 바로 "국가보안법 폐지, 삼성의 노조 불인정, 대학 강사 문제"다.

이 문제를 해결하지 못한 '민주 정권 10년'이란 허울뿐이었다고 비판한다. 김대중 대통령, 노무현 대통령을 거치는 동안 우리 사회의 절차적 민주주의가 상당 부분 달성됐다고 믿었으나 제도적 측면에서 국가 폭력 제어를 위해 필요한 변화는 없었다. 정치 세력을 선택하는 문제 못지않게 일상에 영향을 미치는 제도 개선도 중요하다. 그동안 민주화가 어느 정도 이루어졌다고 믿었으나 그것이 엄청난 착각이었음을 절감하고 있지 않은가! 왜 이렇게 된 것일까? 이 세 가지는 서로 연관이 없는 듯하지만 우리 사회 내부의 순환과 변화를 막는 난마로 깊이 얽혀 숨겨져 있다. 현재 한국 사회에는 도저히 납득이 안 되는 후진성이 존재한다. 이 후진성을 탈피하지 못하는 이유는 위 세 가지 문제가 엄청난 억압 기제로 작용하고 있기 때문이다. 그런데도 문제의 본질을 여전히 기피하고 호도하려 한다. 더구나 여론에 밀려 대학 강사 문제가 사회적 의제로 떠오르면 교과부와 대학은 한결같이 같은 대답만 되풀이한다.

〈한국비정규교수노동조합 교원법적지위쟁취특별위원회〉는 대학 강사의 교원 지위 회복을 위해 국회 앞에서 3년째 천막 농성을 하고 있다.

국가 폭력과 대학 담합의 연속에 대한 성찰과 반성을

그 대답이란 돈이 없어서 시간강사 문제를 해결할 수 없다는 것이다. 과연 돈이 없을까. 아니다, 돈은 있다. 대학은 매년 〈한국학술진흥재단〉, 누리사업, BK 21, HK 사업 등 명목으로 국고에서 3조 2,500여억 원의 지원금을 받는다. 대학 강사 처우 개선의 심각성이 우선이라는 인식만 있다면 그 가운데 일부만 써도 문제는 해결된다. 대학들이 경쟁적으로 수백억 원씩 투자해 짓는 건물을 한 동만 덜 짓고, 수천억 원씩 쌓여 있는 사립대학 누적 적립금에서 조금만 덜어 내 지원해도 해결할 수 있는 문제다. 재정이 파탄난다는 말은 핑계일 뿐, 이제 아무도 '양치기 소년'의 말을 믿지 않는다.

서울 어느 명문 사립대의 정규직 교수 평균 연봉은 1억 4천만 원이고 비정규직 교수의 평균 연봉은 768만 원이다. 전국적으로 강의료는 시간당 2만 원에서 5만 5천 원이다. 2008년 교과부 자료에 의하면 비정규직 교수의 평균 연봉은 주 9시간 강의 기준 999만 원이다. 전임 교수의 5분의 1 내지 10분의 1 정도다. 국민이라면 누구나 받아야 할 사회복지인 4대 보험도 극소수를 제외한 대부분 대학에서 대학 강사에게는 적용하지 않는다. 비정규 교수는 연구 공간은 말할 것 없고 휴게실조차 없어 강의실 한켠이나 교정 어디선가 서서 학생을 지도해야 한다. 무엇보다 대학은 '교원'이 아닌 비정규 교수에게 강의를 맡기는 사기 행위를 하면서 정작 비정규 교수를 학사 참정권, 총장 선출권, 교과목 개설권, 연구실 제공, 각종 복지 혜택 등에서 배제해 왔다.

대학 강사들은 종강 무렵 조교에게 전화를 받으면 다음 학기 강의가 있는 것이고, 전화가 없으면 강의가 없는 것으로 알아야 한다. 근로 계약 따위는 애초 없었으나 노조가 있는 몇 개 분회만 최근에 하고 있고, 1990년대 초반까지 위촉장을 주는 대학은 더러 있었지만 지금은 이마저 없다. 비정규직 보호 법안마저 박사는 전문가 집단으로 분류돼 보호 대상에서 빠졌다.

현실이 이러한데도 "비정규 교수 문제는 교육 문제로 접근해야지, 노동문제로 풀어서는 안 된다"고 한다. 또 "강사는 지금 수련 과정에 있을 뿐, 검증이 안 되었다"고 한다. 비정규 교수들은 이런 얘기를 접할 때마다 분노에 앞서 어이없고 참담하다. '교원'이 아닌 무자격 신분의 비정규 교수에게 거의 공짜로 대학 교육 절반을 맡기도록 한 국가 폭력과 대학의 담합을 은폐시키고 호도하려는 이야기이기 때문이다. 차라리 고등교육 현장에서 교육 주체인 대학 강사는 일회용 소모품일 뿐이며, 계속 이 제도를 영원히 온존시키고 싶을 뿐이라고 솔직히 고백하라! 여기에는 실상 교육도 노동도 인권도 없다. 우리의 대학 교육에는 인간 존중과 '공동선'의 가치는커녕 승자 독식이라는 지배 질서만이 존재한다. 우리 사회는 오직 1퍼센트만 향유할 수 있는 기득권임에도 그 유지에 방해가 되면 용산 참사처럼 '불에 태워 죽여도 된다'는 주장이 나오는 끔찍한 상황까지 가 버렸다.(가족들은 제대로 된 진상 규명을 요구하며 장례조차 치르지 못하고 있다.) 비정규 교수 문제야말로 그 표본이며 출발이다. 대학 자본과 관리자인 정규직 교수들은 철저히 '기득권의 마름'으로 이기적인 행태만을 보여 주고 가르친 책임을 면할 수 없다. 고 한경선 박사의 유서에 나온 '교수 임용의 행태', '강의 전담 교수에 가한 대학과 정규직 교수의 은폐된 횡포'에 자유로울 수 있는 대학과 정규직 교수들은 얼마나 될까. 대학과 정규직 교수들은 신분적으로 '교원' 지위가 없다는 이유로 비정규 교수들을 악용해 왔음을, 그래서 그 차별과 폭력에 가까운 횡포를 지속하고자 비정규 교수의 교원 지위 획득에 반대하는 것임을 시인해야 한다.

어떻게 하다 대학이 이 지경이 되었을까? 1949년 제정된 교육법에 따르면, 강사는 교원이었지만 그 지위는 1977년 국가 폭력에 의해 박탈되었다. 박정희 군사정권은 지식인을 길들이기 위해 저항 지식인을 제도권 밖에 두고자 했다. 1977년 10월 24일 '정부안'으로 교육법 개정안이 발의되고 법사위와 본회의를 거쳐, (이때 회의록에 보면) 한마디 논의도 없이 그해 12월 강사를 교원에서 제외시켰다. 1975년 박정희 정권은 종신 정권을 위해서 전시 입법을 만드는데 그 가운데 한 가지 조치로 '교수 재임용 제도'를 만들고, 이어서 1977년 강사의 교원 지위를 박탈한다. 저항 지식인의 제도권 진입을 거르고 막기 위한 조치였다. 이즈음 성래운, 송기숙 교수 등을 대학에서 쫓아냈다.

이어서 피를 묻히며 집권한 전두환 정권은 국보위에서 전국 대학 교수 2백여 명을 해직시키고, 졸업 정원제에 착안하여 학생 30퍼센트를 더 뽑아 학생운동 저지 방편으로 삼았다. 그 뒤 해직 교수들이 복직되었으나 "이미 대학에는 도저히 대학에 들어와서는 안 되는 지식인들이 정규직 교수로 들어와 있어, 오늘날과 같은 대학 사회가 되었다"는 해직 교수의 한탄을 들은 적이 있다. 어쨌든 정부는 대학당 전임 교수 임용 조건을 완화시켜서 강사 세 명을 전임 교수 한 명으로 인정함으로써 시간강사 위촉을 조장·확산시켰다. 군사독재 아래 지식인과 대학을 통제하기 위한 정책의 일환으로 진행된 것이다. 정당성 없는 정부의 입장에서는 정치적 반대 세력의 모체가 될 수 있는 지식 사회와 대학을 효율적으로 통제하고, 대학 입장에서는 비용을 대폭 줄이면서 수익을 극대화할 수 있는 최선의 방안을 얻은 것이다.

문민정부 이후 대학 자율화와 더불어 신자유주의의 고용 유연화 정책은 강사가 대폭 확대되는 결과를 가져왔다. 신자유주의 교육 정책과 심각해진 대학 상업화는 대학의 연구 활동과 교육 행위마저 계량적 평가의 대상과 상업적 생산물로 변질시켰다. 그러면서 무늬만 교수인 비정규 교수를 양산했다. 비정규 교수 양산 초기, 겸임 교수나 비정년 트랙의 주당 9시간 강의를 정규직 교수 한 명으로 쳐 주는 '편법 산술'이 교육부에 의해 진행되며 비정규 교수들은 더욱 늘어났다.

독재정권을 유지하기 위한 방편으로 교원 지위를 박탈한 국가 폭력 이후, 결국 32년간 정치권과 교육부가 담합하여 대학의 착취를 조장하거나 방치하면서 대학 강사는 불안한 신분에서 오는 차별을 구조적으로 혹독하게 겪어야 했다. 또 이 담합의 고리가 유지되는 데는 교육부 퇴직 관료를 대학으로 모셔 가는 회전문 인사 관행이 한몫을 했다. 현재 대학 강사는 이주 노동자 다음으로 최극빈층이고, 대학 안에서 저항과 비판이 구조적으로 어려운 무기력한 지식인이 되었다.

낙관하며 싸워야

그래도 노동운동이 활발하게 생명력을 가졌던 1980년대 말 시간강사들은 노동조합을 조직하고 전국 규모의 〈전국강사노동조합〉 등을 결성하여 여러 형태의 투쟁을 전개했다. 교원 지위 회복을 위한 입법 청원 움직임도 있었으나 1990년대 중반 노동운동이 퇴조하면서 전국 단위의 분회들이 와해된다. 대표적인 예로 '노무 관리의 귀재(?)라는 신화'를 지키는 삼성이 성균관대학교를 인수한 뒤 투쟁에 강성이었던 성균관대 분회가 여지없이 깨졌다. 노조 간부를 맡으면 어떤 사유에서든 강의에서 잘리는 불행을 보면서 자연스럽게 노조를 드나드는 인원은 한정되었다. 성균관대 분회에는 두 개의 문패가 있다. 하나는 '비정규교수노동조합 성균관대 분회', 하나는 학교 측이 주장하는 '성균관대 강사협의회'다. 그 결과는 노동조합법 내 단체협약이 아니고 법외 노사 합의로 나타났다.

삼성과 싸웠던 사람들의 가장 큰 불행은 심리적 열패감에 시달려야 한다는 점이다. 삼성은 전쟁에서나 구사할 듯한 심리전까지 조직적으로 구사한다. 현재 성균관대 분회와 성공회대 분회는 교원 특위를 부정한다. 교원 법적 지위 쟁취는 특위를 구성해서 하는 것이 아니라 노조 일상 투쟁으로 지속적으로 해야 한다고, 천막 농성과 일인 시위 같은 투쟁은 그나마 깃발만 들고 있는 미약한 투쟁 조직을 약화시킨다고 주장한다. 그러나 어쩌랴, 강의실에 들어가 수강 학생들에게 서명받는 일에 참여하는 이들은 열 명이 안 되었다.

또 하나, 정규직 교수 임용이라는 연봉 1억 원짜리 '당근'이나, 노조를 하지 않겠다는 서약을 하는 대가로 1년 단위 재계약 형태의 연봉 4천만 원에서 5천만 원짜리 비정년 트랙을 주겠다는 제안을 뿌리치며, 1년짜리 계약자들이 어떻게 감히 농성에 가담하겠는가! 비정규 교수들의 자기 검열은 오직 비정규 교수 자신들의 심약함에 있는가? 아니면 아주 대단한 '교육자'인 사용자 대학들의 구조적인 악랄함에 있는가? 대학들은 한 손에는 '당근'을, 한 발로는 '가차 없는 발길질'로 교묘히 노동조합을 짓밟는다. 더구나 더 슬픈 일은 '당근'과 '가차 없는 채찍질'에 흔들리며 피차 '치고 받고' 한다는 사실이다. 제가 비틀거리는 것이 '남의 탓'이고 '싸우는 사람'들 탓이라고 한다.

정부는 용산 참사의 원인이 철거민 손에 든 새총과 화염병과 그들을 도왔던 배후 〈전국철거민연합〉에 있다고 한다. 그러나 본질은 서민의 삶의 터전을 재개발이라는 이름으로 부수고 지어 대는 천민 재벌들의 탐욕에 있다. 철거민의 저항과 단결권을 인정하지 않는 정부는 노동자의 제3자 개입을 금지했던 전두환 정부와 무엇이 다른가! 대한민국 대통령과 경찰청장은 전 국민의 대통령이고 경찰청장이라는 본분을 망각한 몰지각을 참회해야 함에도, 여전히 요즘 말로 '개념' 없이 행동한다. 과연 대학은 "비정규 교수 문제는 교육 문제로 접근해야지 노동문제로 풀어서는 안 된다"고, "강사는 지금 수련 과정에 있을 뿐, 검증이 안 되었다"고, 그러니 교원 지위 회복은 "NO!"라고 50세, 60세 지난 만년 비정규 교수들 앞에 함부로 말할 수 있는가?

실제는 강사이면서 무늬만 교수인 비정규 교수들의 명칭만 해도 18가지가 넘는다. 2002년 〈전국강사노동조합〉은 〈한국비정규교수

노동조합)으로 명칭을 바꾸었다. 왜 민주노총 소속이면서 '한국'인가. 그것은 당시 성균관대 분회와 영남대 분회뿐이어서 '전국'이라고 하기에는 낯 뜨거웠기 때문이라고 한다. 현재는 9개 분회가 있다. 미약한 조직을 가지고 싸우면 그 조직이 와해된다는데, 영남대 분회가 전국 단위를 책임지고 있는 상황에서도 어찌된 일인지 조직이 자생적(?)으로 늘어났다. 노조는 투쟁 조직이다. 이를 통해 투쟁이 강고하면 조직이 유기적 관계 속에서 성장할 수 있다는 걸 증명했다.

2001년 교육부 앞 일인 시위를 시작으로 2006년 8월 노조는 교원 지위 회복을 위해, 〈교원법적지위쟁취특별위원회〉라는 기구를 만들었다. 현재 국회 앞 천막 농성까지 오는 동안 노조 구성원들은 퇴직금 소송, 국가인권위 진정, 관계자 면담, 일인 시위, 기자회견, 천막 농성, 집회, 정책 토론회, 관련 논문 발표, 범국민 서명 운동, 『한겨레신문』 쪽 광고 잇기, 〈프레시안〉 기획 기사 연재, 소식지 발간, 촛불 집회 참가 등의 활동을 했다. 누군가는 "더디지만 진화해 간다"고 평가했다. 〈전국강사노동조합〉부터 20여 년 동안 말없이, 또는 요란하게 지쳐 떨어지면서도 여전히 묵묵히 투쟁의 자리를 지키는 소수 비정규 교수들의 헌신과 희생이 합쳐진 것이다.

그러나 천막 농성을 시작한 지 얼마 안 되어 〈한국비정규교수노동조합〉 위원장 등 6개 분회 간부가 쉽고 '품위 있는 투쟁 방식'을 주문하며 천막 투쟁을 접었다. 기존의 교수 단체들과도 이런저런 사건 사고로 연대의 틀이 깨졌다. 천막 농성으로 '될 때까지 투쟁하겠다'는 결의는 현재의 노조 투쟁력으로 감당할 수 없다고 보았다. 그러나 2008년 5월 31일 정기 대의원 대회에서 대의원들은 〈교원법적지위쟁취특별위원회〉의 투쟁을 지지하고 천막 농성 투쟁의 정당성과 계속

외로울수록 그 투쟁은 헌신적이다. 국회 앞 농성 천막에도 봄은 올 것이다.

농성을 결의했다. 현재 영남대 분회, 대구대 분회, 고려대 분회 3개 분회와 교원 특위장 등만 남아 있지만 오히려 처음보다 더, 구도자처럼 헌신적으로 투쟁한다.

이제 내부적으로 한국노총과 민주노총만큼이나 멀리 떨어져 있는 간극을 어떻게 메우느냐가 문제이고, 또 대책위 구성 단계 또한 가늠해야 한다. 〈한국비정규교수노동조합〉은 명망가 중심이 아니라 이 운동에 시간이나 돈이나 몸이나 글을 써서 실천하고 있는 전 국민, 전 계층이 참여할 수 있는 조직이어야 한다. 교원 지위 회복 싸움을 말리는 조직이 아니라 싸움을 이기게 하고 고등교육을 살리는 조직이어야 한다. 여기에는 당사자인 비정규 교수는 물론 학생, 학부모, 정규직 교수, 언론인, 촛불 시민, 노동, 종교 단체까지 참여해야 한다.

서울대 〈대학생사람연대〉 학생들은 유기홍 의원 지구당사와 교과부 앞에서 1년 가까이 일인 시위를 했으며 이 문제를 학생운동의 주요 과제로 삼고 있다. 교원 지위 없는 비정규 교수에게 수업을 받을 수 없다고, 대학을 고발하는 일을 검토하고 있다. 고려대 학생들은 비정규 교수 농성 텐트가 재정적으로 궁지에 몰렸을 때 이틀 동안 주점 행사를 열어 지원했다. 〈참교육학부모회〉는 유기홍 의원 지구당사 앞에서 7개월 동안 일인 시위를 하면서 비정규 교수 문제의 '홍보대사'라 할 만큼 비정규 교수 문제를 가슴으로 이해해 주었다. 학부모들은 차츰 386세대를 중심으로 자녀 대학 교육의 질에 의문을 품기 시작했다. 정규직 교수들은 대체로 비정규 교수의 교원 지위 회복에 거부 반응을 나타냈으나, 소수지만 변함없이 정규직 교수들이 글과 후원금으로 생색내지 않으며 교원 지위 회복 투쟁을 뒷받침한다. 언론, 촛불 시민과 종교인들은 날짜가 지날수록 이 싸움이 우리 사회 변화의 초점이며 주요 과제라고 주목하고 장기화를 안타까워했다.

또 국제적으로도 한경선 박사의 자살을 계기로 세계 곳곳의 유학생과 교민들이 관심을 가졌다. 다른 나라의 교수와 강사들도 연대 방안을 고민하기 시작했다. 이들의 관심이 고등교육법 개정에 압력으로 작용할 수 있다. 비정규 교수 노동의 비인간성, 인권 유린을 유엔, 국제 사법재판소, ILO 등에 제기할 수 있다.

희망을 갖자. 비정규 교수들이여, 더 이상 죽지 말자! 우리 안에 깊은 상처로 남아 있는 국가가, 대학이 구조적으로 가한 모멸을 교원 지위 회복으로 한 걸음 한 걸음 치유해 내자.

민주적인 과정으로
대안을 만들자

    이 책을 위해 모두 서른두 명의 필자가 글을 보내 왔다. 꼬박꼬박 글을 받는 것이 쉽지는 않았으나 모든 필자가 문제의 심각성을 고려하여 단 한 번의 삐긋거림 없이 글을 보내 와 무사히 마칠 수 있었다.

    애초 이런 릴레이 글쓰기를 써 보자고 했던 것은 "시간강사"라는 네 글자가 한국 사회 안에서 주로 무능과 좌절, 포기, 무기력 등과 같은 주로 부정적인 이미지로 비춰지는 현실에서 이를 불식시키고, 그들의 정당한 권리와 그들이 주장한 내용을 냉철하면서도 따뜻한 글로 시민들에게 알리고 싶었기 때문이다. 그러면서 교원으로서의 정당한 권리와 노동에 대한 합당한 대우를 받아야 한다고 주장하고 싶었다.

    글을 쓰는 동안 당사자인 비정규 교수는 물론이고 또 다른 당사자인 정규직 교수, 학생, 학부모, 시민운동가, 언론인, 법조인 등 많은 관심 있는 사람들이 각기 자신이 맡고 있거나 할 수 있는 분야에서 허심탄회한 이야기들을 쏟아 냈다. 각기 내용은 달랐지만 전체가 지향하는 바는 비정규 교수가 교원으로서의 정당한 권리와 노동에 대한 합당한 대우를 받아야 한다는 것이었고, 이는 결국 관계 당국에 대한 해결책 제시 요구로 귀결되었다.

글쓴이들끼리 사전에 논의한 적도 없고, 소위 주최 측에서 어떤 방향으로 써 달라고 청탁한 적도 없는 상황에서 제시된 내용들은 참으로 다양하였다. 그 가운데는 비정규 교수들에게 결코 이롭지만은 않을 수 있는 내용도 있었고, 대안을 마련하는 데 상당한 도움이 될 수 있을 법한 것도 있었다. 전체적으로 조화로운 글도 있었으나 서로 모순을 드러낸 부분도 없지 않았다. 그리고 댓글을 통해, 때로는 이메일이나 전화를 통해, 때로는 다른 인터넷 공간을 통해 특정 글에 대한 지지와 반대, 보충 의견이 제시되기도 했다.

그 과정에서 우리의 노력이 널리 알려져 멀리 미국과 독일의 교포 사회에서 적잖은 반향이 일어나기도 했다. 이 땅의 비정규 교수가 처한 상황을 듣고서 우리 노력에 열렬한 지지를 보내는가 하면, 때로는 날카로운 비판을 가하기도 했다. 이에 관한 논의는 미국과 독일의 교포 사회에서 진행 중이기도 하고, 향후 국제적인 이슈로 제기할 수 있겠는지의 여부가 현재 논의되고 있기도 하다.

이러한 과정을 거치면서 우리 모두는 지금 이번 기획을 통해 제시된 많은 내용을 추리고 정리하고 보충하여 대안을 만들어야 할 시점에 서 있다. 물론 그 과정에서 사안을 진행시키고 최종적인 결정을 내리는 것은 교육 당국과 국회에 달려 있다. 다만 한 가지 강조해야 할 것은, 그 결정이 어떻게 나오는가와는 상관없이 그 결정으로 가는 과정에서 이해 당사자들의 의견을 충분히 듣고 고려되어야 한다는 것이다. 그 과정에서 국가를 경영하는 입장도 고려해야 할 것이고, 교육의 원칙이나 인권, 혹은 생존권 문제도 고려해야 할 것이다. 어느 누구도 상대를 쓰러뜨려야만 이길 수 있다는 힘의 논리에 지배당해서는 안 될 것이다.

이 일은 인생에서 가장 중요한 사람을 키우는 백년대계 교육에 관한 일이니만큼 성숙하고 민주적인 절차로 해결해야 한다. 혹여 요즘 우리 주변 정치판에서 흔히 볼 수 있는 "분리 통치divide & rule"라든가 회유, 협잡, 폭력 등의 방법을 사용하여 문제를 해결하려 한다면 결코 용납할 수 없다. 그리고 그 죄상은 청사에 기록되어 반드시 낱낱이 심판받게 할 것이다.

그동안 이 글을 함께 쓰고, 함께 읽은 모든 분들에게 깊은 감사를 드린다.

　－필진을 대신해
이광수 부산외국어대학교 교수

부록

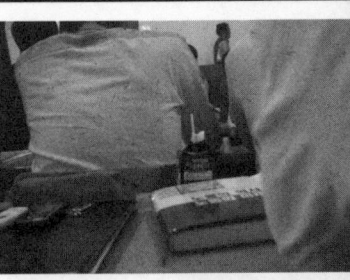

비정규 교수 교원 지위 회복 관련 일지

1949. 12. 31. 제정된 『교육법』(법률 제89호) 제75조에서 대학 교원으로 총장, 학장, 교수, 부교수, 강사, 조교를 둔다고 함. 이때 강사는 전임강사와 시간강사를 모두 아우르는 용어임.

1952. 4. 23. 제정된 『교육법시행령』(대통령령 제633호) 제43조에 강사를 둘로 구분해 놓고도 굳이 강사라고 통칭.

1953. 제정된 『교육공무원법』에도, 『교육법』에 규정된 교원을 그대로 교육공무원이라 정의하고(제2조) 총장, 학장이 임명하는 교육공무원에 해당하는 자에 특별히 한정하지 않고 강사라고 넣었으며(제13조), 대학교원 중 자격기준은 전임자 강사에 한한다는 단서를 달아 요구하였으므로(제3조),[*] 법조문의 맥락으로 보아 국·공립대학 강사는 모두 교육공무원으로 인정했다고 볼 수 있음.

1962. 제정한 「국·공립대학 및 전문대학 강사료 지급 규정」(문교부 훈령 제 399호) 제3조 2항에서 "시간강사료는 (…) 시간 강의를 담당한 자에게 실지로 강의한 시간수에 의하여 지급한다"는 강의료의 시간당 지급 근거를 설치함.

---

[*] 당시에는 비전임 강사를 극소수로 두었기 때문에 자격 기준을 굳이 정하지 않고 필요할 경우 총장, 학장이 교원으로 임명한 것으로 볼 수 있다.

1963. 전문을 개정한 『교육공무원법』에서 교육공무원에 드는 강사의 범위는 예전대로 두었지만 총장, 학장이 임면하는 강사를 전임강사로 고침.(제27조).

1972. 12. 16. 개정된 『교육공무원법』은 교육공무원의 정의에 전임강사란 단서를 담.

1975. 7. 베트남전쟁 종전 뒤 전시 4대 입법의 하나로 교육관계법령을 개정 '교수재임용제' 신설하고 국립대교수 신규 채용이 계약제로 바뀜. ~1991. 교수재임용제 완화(정교수, 부교수 적용 삭제)

1976. 2. 28. 문교부는 교수재임용제를 시행하여 전국 98개 대학에서 교수 416명 해임.

1977. 10. 24. '정부안'으로 교육법 개정안 발의, 그해 12월 지식인을 길들이고 저항 지식인을 제도권 밖에 두고자 한 박정희 정권의 요구대로 대학 교원 범주에서 시간강사를 제외.

1977. 12. 31. 개정된 『교육법』제75조의 강사를 끝내 전임강사로 바꾸어 전임자가 아닌 강사들의 교원 지위를 빼앗음.

1978. 6. 27. 성내운, 송기숙 등 대학교수들이 '우리의 교육 지표' 발표. 성내운 교수는 긴급조치 9호 위반으로 1979년 1월 체포되어 구속됨.

1980. 7. 30. 대학 졸업정원제 실시, 1987년 폐지.

1980. 10. 27. 개정 헌법에서 '교원 지위 법정주의' 도입.

1982. 〈한국대학교육협의회〉 설립.

1987. 6. 26. 〈민주화를 위한 전국교수협의회〉 창립.

1987. 11. 27. 〈서울대학교 강사협의회〉 창립.

1987. 12. 18. 〈성균관대학교 강사협의회〉 창립.

1988. 3. 31. 〈영남대학교 강사협의회〉 창립.

1988. 5. 13. 〈서울대학교 노동조합〉 창립.

1988. 6. 8. 〈전남대학교 강사협의회〉 창립.

1988. 6. 13. 〈연세대학교 강사협의회〉 창립.

1988. 7. 1. 〈부산대학교 강사협의회〉 창립.

1988. 7. 23. 〈전국대학 강사협의회 준비위〉 구성.

1988. 8. 3. '대학 강사의 처우 개선 및 사회와 교육 민주화'를 목표로 고려대 강당에서 〈전국대학강사협의회〉 발족.

1988. 8. 26. 〈한국외국어대학교 강사협의회〉 창립.

1988. 10. 10. 『대학강사신문』 창간호 발행.

1988. 10. 28. 〈강원대학교 강사협의회〉 창립.

1988. 11. 18. 전남대학교, 연세대학교, 부산대학교, 고려대학교 강사협의회 창립.

1990. 4. 28. 서울대에서 〈전국대학강사노동조합〉 창립식(26개교 105명 참석, 위원장 조재희).

1990. 5. 23. 노동부에 노동조합 설립 신고.

1990. 5. 25. 노동부에서 '전국대학강사노동조합 설립 신고서' 반려.

1990. 5. 28 서울대학교 분회 결성(분회장 권성우).

1990. 6. 20. 성균관대학교 분회 결성.

1990. 6. 22. 영남대학교 분회 결성.

1990. 6. 29. 고려대학교 분회 결성.

1990. 7 30. 『전국대학강사 노보』1호 발행.

1990. 9. 7. 전남대학교 분회 결성.

1990. 9. 8. 덕성여자대학교 분회 준비위 결성.

1991. 5. 11. 〈전국대학강사노동조합〉 대의원 대회(2기 위원장 한면희).

1992. 6. 12. 〈전국대학강사노동조합〉 대의원 대회(3기 위원장 한면희).

1992. 10. 17. '대학 강사의 교원 지위 쟁취를 위한 전국 비상 강사 대회 및 교육관계법의 민주적 개정을 위한 서명자 결의 대회' 개최.

1992. 10. 27. '교육관계법 개정과 대학강사특별법 제정 청원' 국회에 제출.

1993. 8. 20. 〈전국대학강사노동조합〉 대의원 대회(4기 위원장 진영종).

1994. 6. 10. 〈전국대학강사노동조합〉 대의원 대회(5기 위원장 전명혁).

1994. 6. 11. 〈동국대학교 강사협의회〉 창립.

1994. 7. 19. 〈전국대학강사노동조합〉 합법성 쟁취.

1995. 9. 23. 〈전국대학강사노동조합〉 대의원 대회(6기 위원장 김선경)에서 민주노총 가입 결의.

1996. 4. 15. 연세대학교 분회 결성.

1996. 4. 26. 『대학이여, 우리는 희망 없이 네 이름을 부를 수 없다』(삼신각) 출판기념회 및 '대학 강사 제도 개선 범국민 서명운동 출범식' (출판문화회관) 가짐.

1996. 〈전국대학강사노동조합〉 대의원 대회(7기 위원장 윤석수).

1997. 〈전국대학강사노동조합〉 대의원 대회(8기 공동위원장 양효식, 윤병태).

1997. 전국 대부분의 강사노동조합 분회가 유명무실해지거나, 자연 소멸.

1997. 12. 13. 교육법 폐지되고 같은 날 고등교육법 제정.

1998. 성균관대 분회에서 강사료 동결한 강사 임용 규정 철회 요구하며 29일간 천막 농성했으나 철회시키지 못함. 성균관대학교(노사합의서 체결)와 영남대학교에서만 노조 유지.

1998. 국민대학교에서 성명 미상 시간강사 자살.

1999. 경북대학교 시간강사 서보임 박사(45, 여, 철학과) 자살.

1999. 〈전국대학강사노동조합〉 대의원 대회(9기 공동위원장 윤병태, 최규진).

1999. 11. 김동애, 한성대학교를 상대로 직위 해제 및 감봉 무효 소송 제기.

2000. 〈전국대학강사노동조합〉 대의원 대회(10기 위원장 양문석).

2001. 〈전국대학강사노동조합〉 대의원 대회(11기 위원장 윤병태).

2001. 7. 2. 성균관대학교의 강사 임용 규정안을 영남대학교가 도입하자 영남대 분회가 30일 넘게 투쟁해 승리. 영남대분회가 처음으로 단체협약 체결.

2001. 12. 〈전국강사노동조합〉과 김동애, 교육부 앞 1인 시위. 강사 법적 지위 보장과 해고 예고제 도입 주장.

2001. 4. 14. 〈전국교수노동조합〉 설립.

2002. 〈전국대학강사노동조합〉 대의원 대회(12기 위원장 임성윤).

2002. 4. 27. 〈전국대학강사노동조합〉을 〈한국비정규교수노동조합〉으로 변경.

2002. 10. 1. 김동애, "교원도 노동자도 아닌 강사에게 법적 지위를 보장해 달라"고 교과부 앞 단식 농성. 한성대학교 앞 천막 농성(2003. 2. 28까지 5개월 동안)

2002. 11. 8. 성공회대학교 분회 결성.

2002. 12. 근로복지공단 "강사도 '단시간 근로자'에 해당해 '산재보험'에 가입시켜야 한다"며 각 대학에 보험료 납부 안내문 보냄.

2003. 노무현 대통령 후보 '강사 처우 개선' 대선 공약. 참여정부 12대 국정 과제 중 하나로 '학문 후속 세대 양성 대책 및 비정규직 대학교수 대책 강구' 제시.

2003. 2. 시간강사 '산재보험' 가입 논란, 근로복지공단과 대학 사이에 강사의 '노동자성'에 대한 의견차 확인.

2003. 5. 서울대학교 러시아어학과 백준희 강사 서울대 뒷산에서 자살. 시간강사 처우 개선 문제 사회 문제화.

2003. 5. 2. 〈한국비정규교수노동조합〉 대의원 대회(13기 위원장 변상출).

2003. 6. 〈한국비정규교수노동조합〉, 〈국가인권위원회〉에 "강사 제도의 불평등성에 따른 인권 유린의 요소를 살펴 시간강사의 교원성을 인정하고 교원 법정주의를 실현해야 한다"고 진정.

2003. 6. 김진균(서울대), 박영신(연세대), 성대경(성균관대) 등 교수 33명 기자회견 열고 교육부에 획기적인 강사 처우 개선책(시간강사의 법적 지위 보장, 전임 교수 확충, 정당한 노동 대가 지불) 요구.
조희연·신정완 학술단체협의회 상임대표 등 〈비정규교수노동조합〉과 교과부·기획예산처·청와대 앞에서 연대 일인 시위.

2003. 8. 13. 조선대학교 분회 결성(분회장 하방수).

2003. 9. 19. 경북대학교 분회 결성(분회장 이상헌).

2003. 10. 14. 〈국가인권위원회〉, 시간강사 현실 토론회.

2003. 10. 30. 김동애 퇴직금 고법 승소.
"강의 과목, 강의실 배정, 시간표 편성 등은 피고에 의해 지정되고, 그에 따라 업무 내용 및 근무 시간과 근무 장소가 결정되었던 사실, 업무 수행에 있어서 원고가 제3자를 고용하여 업무를 대행케 하는 것은 불가능하였던 사실, (…) 임금을 목적으로 종속적 관계에서 사용자에게 근로를 제공하므로 시간강사도 근로자다." "그 근로 시간은 원고의 1주당 통상 강의 시간의 3배(=1주당 강의 자체에 소용되는 시간+강의 준비 시간)" "원고는 단시간 근로자에 해당되지 아니 한다."

2003. 11. 박창달 한나라당 의원 외 13명 '고등교육법 개정안' 발의.
고등교육법에 "국가 및 지방자치단체는 시간강사가 학문을 연구하고 학생에 대한 교육 지도를 조장하며 그 처우를 개선하는 데 필요한 경비를 예산의 범위 안에서 학교에 대하여 지원·보조할 수 있다"는 조항 신설 제안.

2003. 11. 열린우리당 이재정 의원, "열악한 시간강사의 처우와 관련한 그간의 개선 방안은 전임교원 확보율 제고, 법적 지위 부여, 강사료 현실화 등으로 요약되지만 단기간에 목표를 달성할 수 없거나 지위 불안을 해소하지 못하는 등 한계가 많다"며 '계약 교수제' 도입 제시.

2003. 12. 국회, 시간강사 처우 개선 관련 예산 1,400여 억원과 5만여 대학강사 연계망 구축 사업비 3억 원 전액 삭감.

2003. 12. 정봉호(원광대 강사) 아내 장인 장모를 살해, 〈한국비정규교수노동조합〉에서는 비정규 교수 제도가 빚은 비극으로 보고 노조 측에서 변호사를 선임하려 했으나 가족과 친구들이 선임.

2004. 2. 고려대학교, 한양대학교 등 55개 대학은 근로복지공단이 시간강사에 대한 산재보험료를 부과하자 서울행정법원에 소송을 냄.

2004. 4. 23. 전남대학교 분회 결성.

2004. 5. 19. 대구대학교 분회 결성.

2004. 6. 22. 〈국가인권위원회〉, 교육인적자원부에게 "대학 시간강사는 전임교원과 비교해 근무조건과 신분보장, 보수 및 그 밖의 급부 등에 있어서 차별 대우를 받고 있고,

그 차별적 대우는 합리성을 잃은 것이어서 헌법상 기본권인 평등권 침해의 소지가 있으며, 결과적으로 국민의 교육을 받을 권리도 훼손될 우려가 있어 조속히 개선돼야 한다"라고 권고.

2004. 9. 최순영 의원(민노당), 학교자치법안 중에 '대학강사' 명칭으로 교원에 포함하는 내용의 고등교육법 개정안 처음으로 발의.

2004. 11. 5. 조선대학교 분회 탈퇴.

2005년경. 대학 조교의 교원지위 박탈.

2005. 9. 〈한국비정규교수노동조합〉 대의원 대회(14기 위원장 변상출)

2006. 부산대 김(혹은 남?) 아무개 독일 박사(부산대 석사)가, 74세 노모를 남기고 목매 자살.

2006. 2. 〈한국대학교육협의회〉, "시간강사 의존도 개선 시급…전임교원 늘려야" 2005년도 2주기 대학종합평가 결과 주요 특징으로 제시.

2006. 6. 16. 이상민 의원(열린우리당), 전임강사와 시간강사 묶어 '연구 교수' 명칭으로 교원에 포함하는 내용의 고등교육법 개정안 발의.

2006. 8. 25. 〈한국비정규교수노동조합 교원법적지위쟁취특별위원회〉 구성, 광화문 열린공원 기자회견.

2006. 9. 5. 〈한국비정규교수노동조합 교원법적지위쟁취특별위원회〉는, 고등교육법 개정을 통한 비정규 교수의 교원 지위 회복을 위해 국회 앞 일인 시위 시작.

2006. 10. 14. 비정규 교수의 교원 법적 지위 확보를 위한 정책 토론회.

2006. 10~2006. 11. 고등교육법 개정 의결 촉구를 위한 서명 작업.

2006. 11. 18. 시간강사 처우 및 제도 개선 방안 정책 토론회(이주호 의원 주최)

2006. 12경. 서울대학교 독문과 강사 권기록 박사, 대학 강사의 현실을 비관하며 부인을
살해하고 자신도 죽음.

2007. 3. 성균관대학교 분회 탈퇴(성균관대 교직원 노조는 그 이전에 민주노총에서 탈
퇴).

2007. 4. 〈한국비정규교수노동조합〉 대의원 대회(15기 위원장 하우영).

2007. 4. 대법원, "강의를 담당한 시간강사들은 학교 측에서 시간강사들의 위촉·재위촉
과 해촉 또는 해임, 강의시간 및 강사료, 시간강사의 권리와 의무 등에 정한 규정에 따라
위촉된다. 시간강사들은 임금을 목적으로 종속적인 관계에서 원고들에게 근로를 제공
한 근로자에 해당한다고 봄이 상당하다."라고 판결.

2007. 7. 노동부, '비정규직법' 시행령에서 기간제 특례(정규직 전환 예외) 대상에 '박
사 시간강사' 포함. 노동부 "박사 학위를 소지한 시간강사는 한 학교에서 2년 이상 강의
를 담당해도 전임교원으로 임용될 수 없다"고 규정.

2007. 5. 14. 이주호 의원(한나라당), 최순영 의원과 함께 '강사' 명칭으로 교원에 포함
하는 내용의 고등교육법 개정안 발의.

2007. 8. 23. 대학 "시간강사" 교원 법적 지위 확보를 위한 정책 토론회(〈한국비정규교
수노동조합〉과 이주호 의원 주최)

2007. 9. 7. 대선과 총선을 앞둔 시점에서 17대 국회 마지막 본회의를 앞두고 〈한국비정
규교수노동조합〉이 고등교육법 개정안 국회 통과 촉구 국회 앞 천막 농성 시작.

2007. 10. 경북대·전남대·조선대·영남대·대구대 〈한국비정규교수노동조합〉, 〈서
울지방노동위원회〉에 1년차 전임강사와 비교해 임금과 근로조건 등을 따져 '차별 시
정' 신청.(영남대, 대구대 철회) 차별 대상이 안 된다며 기각.

2007. 10. 12. 이주호·이상민 의원의 고등교육법 개정안, 국회 교육위원회 상정해 법안
심사소위 회부.

2007. 10. 유기홍, 임해규, 권철현 의원 지구당사에서 비정규 교수 학부모, 학생이 일인

시위 시작.

2007. 11. 1. 『한겨레』 쪽 광고 릴레이 시작~2008. 4. 28까지.

2007. 11. 9. 고려대학교 분회 결성(분회장 김영곤).

2007. 11. 26. 부산대학교 분회 결성(분회장 하용삼).

2007. 12. 8. 하우영 위원장 등 집행부 일부 국회 앞 천막 농성 이탈, 나머지 일부의 투쟁 계속 의지를 저지하려 시도했으나 실패.

2008. 2. 15. 국회 교육위 법안심사소위 약식 공청회(김용섭, 박승철 진술).

2008. 2. 서울대학교 불문과 시간강사인 모(여, 43세) 박사가 서울대학교 화장실에서 목을 매 스스로 목숨을 끊음.

2008. 2. 27. 건국대학교 충주캠퍼스 강의 전담 교수 한경선(여, 44) 박사가 국내 대학의 부당 대우에 좌절하여 모교인 미국 텍사스 대학교 오스틴에서 음독자살. 언론사에 유서 공개.

2008. 4. 9. 총선에서 교육위 권철현 위원장 낙천, 유기홍 의원 낙선, 임해규 의원 당선.

2008. 5. 31. 대의원 대회, 국회 앞 천막 농성 추인. 성균관대학교 분회, 조선대학교 분회 재가입 추인.

2008. 8. 이상민 의원 시간강사를 교원(연구 교수)으로 하는 고등교육법개정안 대표 발의.

2008. 9. 16. 교육과학기술부 '대학자율화 2단계 1차 추진과제' 발표.(교원 범위에서 전임강사 삭제)

2008. 10. 6~. 서울대 〈대학생사람연대〉 교과부 앞에서 고등교육법 개정 요구하여 일인 시위 시작.

2008. 10. 21~2009. 2. 6 〈프레시안〉에 '벼랑 끝 31년, 희망 없는 강의실' 31회 연재.

2008. 12. 12. 국회 교과위, '대학 강사의 처우 개선에 관한 교과위 공청회' 개최. 김용섭 부위원장, 〈전국교무처장협의회〉 회장 박승철 교수(성균관대 교무처장), 이영호 대교협 학술연구부장, 박인우 고대 고등교육연구소장 진술.

2009. 3. 6. 영남대학교 분회, 한나라당 대구시 당사(위원장 서상기 교과위원) 앞 일인 시위 시작.

2009. 3. 21. 영남대학교 · 고려대학교 분회 배제하고 감사의 재감사 통지를 받고도 반쪽 대의원 대회 강행, 위원장 선출.

2009. 4. 28. 현재, 국회 앞 텐트 농성 600여 일째. 서울대 〈대학생사람연대〉 교과부 앞 일인 시위 6개월째.

부록 2

고 한경선 비정규 교수를 추모하며

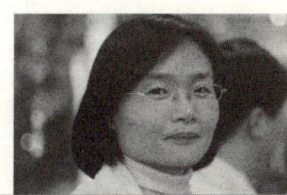

고 한경선韓京仙 비정규교수 프로필

- 1964년 8월 20일 서울 출생.
  가족, 아버지 한광걸, 어머니 강용희, 딸 1.
- 배화여고 졸업.
- 1983년 서울교대 체육교육학과 입학 및 1988년 졸업(학사학위 B. Ed.)
- 서울 미동초등학교 교사.
- 1996년 성균관대학교 교육대학원 교육학과 영어교육전공 졸업 (석사학위 M. Ed.) 초등학교 영어 교과과정 연구 = An analysis of the curriculum of elementary English in Korea.
- 대학원 재학 중에 영자신문에 수편의 에세이를 발표.
- 1998년 텍사스주립대 (UT, Austin) Foreign Language Education Program에서 박사 과정 시작.
- 2001년 봄, Henderson Foundation Scholarship in Education 수혜.
  Texas Alumni Centennial Scholarship Fund for Teachers 수혜.
- 2002년 California에서 개최된 CALICO(Computer Assisted Language Instruction Consortium) 학회에 논문 발표.
- 2003년 텍사스 주립대 Foreign Language Education (FLE) Program에서 논문 ESL learners' self-efficacy and language anxiety in computer-networked interaction 으로

Ph. D 취득.(지도교수. Dr. Diane L. Schallert and Elaine K. Horwitz)
- 2004년~2006년, 성신여대, 성균관대, 한양대, 경인교육대, 서울교육대 강사.
- 2004년 논문 5편 씀.
- 2005년 논문 1편 씀.
- 2006년 논문 1편 씀.
- 건국대 충주캠퍼스 교양학부 강의교수.(2006. 3. 1.~2008. 2. 28까지 1년 단위 계약)
  건국대를 상대로 초과수당 지급을 요구하며 노동부에 진정.
- 2008. 2. 27. 미국 텍사스주립대 오스틴캠퍼스에서 비정규 교수 제도 개선 요구하는
  유서를 쓰고 음독자살.
  오스틴 교민회 텍사스대 유학생회 등이 오스틴에서 화장을 하고 장례를 치름.
  국회 앞 비정규교수 농성장, 영남대, 고대, 서울대, 건국대 충주캠퍼스에 분향소 설치.
- 2008. 3. 17. 유골로 귀국, 경기도 고양시 하늘문추모공원에 안치.
- 2008. 4. 16. KBS 2TV 추적60분, '왜 엘리트 여강사는 죽음을 선택했는가?' 방송.
- 2008. 2. 26. 1주기를 맞아 국회 앞 비정규 교수 농성 텐트에 추모 판넬 마련.

⟨Professional Interests⟩
Kyungsun Han's research and teaching interests include the areas of computer-assistant language learning (CALL), applied psycholinguistics, curriculum design, and materials development. She has worked as a teacher, lecturer, teacher educator, and materials developer for English language. Learning projects, i.e., computer-based testing, documents digitization, e-data export that she carried out at the Learning Center of the University of Texas provided inspiring opportunities to understand the importance of technology integration, and overall digitization of educational materials. She has valuable experience and ideas on technology application to language learning and teaching. Her teaching, teacher training, and curriculum materials have been geared to the teaching of English as a second language.

⟨연구 출판⟩

박사 학위 수여 논문: Kyungsun Han: ESL learners' self-efficacy and language anxiety in computer-networked interaction(2003)
Abstract: This study explores how interaction modes, i.e., computer-networked mode versus face-to-face mode, affect ESL learners. Although a majority of studies have

illustrated the advantageous features of computer-mediated environments, little research has dealt with how learners are aware of their language skills distinct from what are the usual skills required in a regular class. Instead, they may create a new community through text-based interaction. This study tracks down why such a medium can facilitate cross-cultural communication by focusing on ESL learners.

한경선, 「Asynchronicity and English Language Learning - EFL Students' Self-efficacy in Email Discussions」『응용언어학(pp. 65~86)』, 한국응용언어학회, 2006. 12.

한경선, 「L2 Learners' Self - Efficacy Beliefs : Interactive Affects and Effects of Three Different Contexts」『Multimedia Assisted Language Learning』(pp. 53~75), 한국멀티미디어언어교육학회, 2005. 6.

한경선, 「L2 Learning Motivation1) in Technology Enhanced Instruction: A Survey from Three Perspectives」『영어어문교육 제11권 1호』(pp. 17~36), 한국영어어문교육학회, 2005. 3.

한경선, 「Exploring ESL Students' Emotional Learning Experiences in Different Interactive Contexts」, 『영어교육·English Teaching』Vol. 59, No. 4, 한국영어교육학회, 2004.

한경선, 「Interactive language use and emotional aspects of using computer for class discussions」『외국어교육 제11권 제2호』(2004 여름), pp. 21~46, 한국외국어교육학회.

한경선, 「An Analysis of Equalizing Effects of Different Interactional Contexts: From the Social Constructivist Perspective」『영어교육연구 제16권 2호』, 2004. 6, pp. 1~28(28 pages), 팬코리아영어교육학회(구 영남영어교육학회) (Pan-Korea English Teachers Association).

Han, K., & Schallert, D. 「Self-Efficacy and language anxiety: Relating two constructs through ESL learners' experience in three English language learning contexts. TESOL Quarterly」. 2004년 당시 진행 중.

Han, K. ESL students' computer-networked interaction: For the betterment of students who are considered reticent in class. Calico 2004, June.

Han, K. ESL learners' self-efficacy and anxiety in computer-networked interaction. Paper presented at the CALICO 2002.

Han, K. Computer-networked interaction and affective experiences. Paper presented at the Annual DigitalStream Conference. 2001.

〈장학금 수혜〉

Henderson Foundation Scholarship in Education (2001~2002)
Professional Development Award (Spring, 2002)

〈학회 활동〉

Computer Assisted Language Instruction Consortium (CALICO)
Teachers of English to Speakers of Other Languages (TESOL)
South Central Association for Language Learning Technology (SOCALL)
한국멀티미디어언어교육학회
한국영어교육학회
한국외국어교육학회

이 글을 받으실 때, 저는 이곳 오스틴에서 그토록 바라던 평온한 휴식을 비로소 얻게 되었으리라 생각됩니다. 2004년 공부를 마치고 귀국 후 정신없이 일하며 보냈던 처음 1년을 제외하고는, 제정신을 갖고는 결코 살아갈 수 없을 것 같았던, 어떤 보이지 않는 장애물을 넘으려 발버둥거리며 만 4년을 보낸 후 이곳 오스틴에서 비로소 갈망하던 안식을 찾을 수 있을 것입니다. 제가 삶을 마감하면서 이 글을 쓰는 것은, 더 이상은 이와 같은 비극이 일어나길 원하지 않기 때문이며, 또한 그럴듯한 구호나 정책만으로는 해결될 수 없는, 진정한 반성과 성찰 없이는 결코 극복할 수 없는 사항이라 생각하기 때문입니다.

귀국 초에는 일반적으로 생각할 수 있듯, 열심히 강의하고 논문 쓰면 학교에 자리를 잡을 수 있으리란 마음으로 하루를 쪼개어 고시원과 독서실을 전전하며 토요일이든 일요일이든 열심히 논문을 쓰며 보냈습니다. 하지만, 이곳에선 이러한 연구 업적과 강의 경력과는 다른 무언가가 이에 결정적 영향을 미치고 있음을 깨닫기 위해서 얼마간의 시간이 필요했습니다. 그것은 뜻 맞는(이해가 맞는) 몇몇 학교들끼리 연합해서 압력을 가하기 위해 한 특정인의 학교 임용을 가로막아, 그의 학문적 업적이나 발전을 저해함으로써 경쟁에서 도태되어 결국엔 그의 삶을 파탄에 이르게 하는 것입니다. 이는 부양가족을 지닌 이가 경제적 뒷받침이 없는 상태에서 다년간 시간강사로 버티기는 불가능하고, 강의 교수로 지내면서 임용에 필요한 정도의 논문을 쓰기는 사실상 거의 가능하지 않기 때문입니다.

시장의 규모가 비교적 적은 이곳에서 기업체의 불공정 단합처럼 몇몇 학교들의 이해단합이 더욱 용이하게 이루어질 수 있었던 것이며, 이는 공정한 경쟁에 기초한 상생발전의 원리를 거스르는 것으로, 개인과 학교 그리고 나아가 국가와 학문의 발전을 저해할 수 있음이 분명할 것입니다. 구체적인 예로, 본인은 서울교육대학교에서 공시한 2005년 1학기 교원 임용에 원서를 냈는데 어떤 이유에서인지 2005년 3월 말에 가서야 1차 심사에 대한 연락을 통보 받고 다시 해당 학기 중반까지 임용 과정이 지지부진하게 흐르다가, 5월 말경에 이의 결과를 학교 측으로부터 통보 받는 기이한 경험을 했습니다. 또한 이와는 다르게, 2006년 2학기 중앙대학교와 인하대학교에 응시한 교원 임용 과정에서는 1차 서류전형에서 떨어지는(연구나 강의 경력 면에서 납득되기 어려운) 결과를 경험했습니다. 그후 이러한 일들이 몇몇 학교들이 (즉 건국대, 한양대, 성균관대) 주도한 협력하에 이루어졌음을 알 수가 있었습니다. 이런 일련의 경험을 통해 이곳에선 원하던 연구 활동을 하기 힘들다는 것을 감지하여 미국 대학에도 원서를 내었으나 일은 잘 되지 않았습니다(저의 미국 비자 사본을 보시면 어떻게 그러한 결정들이 이루어졌는지 충분히 짐작할 수 있으리라 생각됩니다.)

이와 같은 일들은 건국대학교 충주 캠퍼스에서 강의 전담 교수로 있는 동안에는 그 신분상 약자인 점으로 인한 유형들로 나타나게 되었습니다. 즉, 비정규직이란 점을 악용한 고용자 측에 유리한 조건을 담은 2006년도와 2007년도 계약서에서 이를 구체적으로 확인할 수 있을 것입니다. 특히 2007년도 계약서에 굵은체로 씌어 있는 책임 학점은 이전 계약서에서 변경된 것으로, (주당 12학점(시간)에서 주당 12학점으로 변경) 현재 모든 교양 영어 과목 2시간 1학점제로 운영되고 있는 상황에서 고용자 측에 일방적으로 유리하게 변경된 조항이라 할 수 있습니다. 책임 시수를 책임 학점제로 변경하면서 초과 강사료를 주지 않으려 했던 부서장이 외국인 교수에게 출퇴근시 사고에 대한 보상을 직접 모색하던 모습에 더욱 참담한 생각이 들기까지 했습니다.

둘째, 1년 단위로 3년까지 계약이 갱신될 수 있는 상황하에서 주임 교수의(원칙과 기준이 모호한) 재임용 추천 조항은 그의 부당한 처우에 무방비로 놓이게 될 소지를 야기할 조항이라 할 수 있습니다. 구체적으로, 교재 변경 등의 이유로 부서장의 방에 한 사람씩 불러 부서장과 과목 주관 교수 합동의 심문식 면담이라든지, 외부 출강 금지 건과 관련한 동료 교수 파면, 그리고 2006년도 신입생들을 대상으로 실시된 영어 수준 평가 도구인 모의 토익 시험지의 공개 거부 등 이곳에서 지낸 만 2년이 마치 20년같이 느껴지던 일련의 사례들이었습니다.

현 체제에서 최고 교육기관이라 할 수 있는 대학에서 행하는 모순과 불공정한 처사는 같이 일하던 동료 교수의 파면을 통해 더 분명하게 나타났습니다. 그의 파면을 정당화하기 위해 내세운 학교 측의 주장들은 진실과는 거리가 멀어 보이고, 이의 행정적, 법적 절차를 위해 그들이 제시한 서류들과 주장들을 보고 전해 들으면서, 이 기관이 도대체 무엇을 하는 곳인가 의문이 들었습니다. 그동안 겪은 이러한 부조리와 모순은 열심히 연구와 강의를 하리란 초기의 순수한 열정에서 이 사회에 대한 환멸과 더불어 애초의 희망과 비전을 접게 만들었습니다. 마지막으로, 더 이상 저와 같은 이가 있지 않았으면 하는 작은 기원을 위해 두서없이 이 글을 써서 전해 드립니다.

―2008년 2월 25일
텍사스 오스틴에서 한경선 드림

* 출처 : 어스틴 한인회 포탈
  http://www.austin114.com/index.php/

내가 세상에서 제일 존경하고 사랑하는 엄마에게

엄마, 안녕. 엄마 잘 지내고 있지?
편하게 잘 지내고 있을 거라고 믿어.
난 다시 학교에서 새로운 학년이 되면서 잘 다니고 있어.

그러고 보니깐 난 엄마에 대해서 잘 알지 못했던 거 같아. 나에 대한 일만 말하고 엄마에
대해서는 별로 물어 본적이 없었던 거 같아. 너무 궁금한데……. 맨날 나중 나중으로 미
루다가 결국 이렇게 물어보지 못했네. 나중에 아주 나중에 우리 다시 만나면 다 물어볼
꺼야. 맨날 나 말 많이 하면 입 아프다고 그만 말하자고 한 것처럼 그러면 안 돼.

우리 뉴욕에서 〈시카고〉 뮤지컬을 보고 내가 영어를 이해 못해서 미안했지만, 나중에
내가 일본어를 잘 배워서 엄마랑 일본에 놀러가서 일본어로 하는 뮤지컬 본다고 했잖
아. 그리고 나 좋은 대학 가는 거 잘 봐주고 보내 준다고 했으면서……. 걱정 말고 공부
만 하라고 했으면서…….
엄마 떠나기 전 바로 전날에 엄마 학교에서 모텔로 다시 돌아오는 길에 치과 지나가면
서 "딸, 성형외과 의사 되면 엄마 성형 시켜 줄 거지?"라고 약속도 했잖아. 그리고 한국
다시 돌아올 때 서울 집에서 자고 간다고 박물관에서 얘기했으면서……. 약속한 거 이
외에도 많으면서 하나도 안 지키고…….

이번 여행에서 자꾸 한국 가고 싶다고, "왜 나 데리고 왔냐"면서 힘들다고 투정 부린 거
정말 미안해. 너무 재미있었어.
마음속에서는 재미있다고 생각하는데 왜 입 밖으로는 엄마한테 왜 자꾸 투정 부렸는지,
바보 같아. 엄마한테 무슨 철없이 자존심이나 세웠는지.
나 엄마랑 같이 한국 돌아오는 비행기에서 물어볼 것도 엄청 많았는데……. 종이에 적
어서 기억하다가 나중에 아주 나중에 만나면 얘기할 꺼야. 엄마가 나 아직 부족한 거 많
다고, 아직 세상의 볼 것도 많다고 했으면서……. 이렇게 부족한 딸을 두고 왜 혼자 간
거야.

엄마 목소리, 엄마 얼굴 다 그리워. 나 사람 얼굴이랑 목소리 기억 잘 못한단 말이야. 요
즘 따라 자꾸 엄마가 꿈에 나온다.
저번에는 엄마랑 손잡고 길을 걸어가면서, 엄마한테 커서는 한 번도 말로는 못했던 "엄

마, 사랑해."라는 말도 하고 너무 좋았어.
그리고 꿈이 너무 생생해서 진짜인 줄 알았는데, 엄마 간 지 2주 반 정도 지나가는데 아직도 꿈 같다. 실감이 나질 않아.

이제 꿈에서 깨고 싶어. 꿈에서 깨면 금요일날 엄마는 서울집에 돌아와서 방에서 텔레비전을 보고 있으면 난 방 문을 열고 "마미!"라고 외치겠지?
그날이 어서 왔으면 좋겠어.

엄마 보고 싶습니다. 사랑해요. 죄송합니다.

—엄마가 전부인 딸 올림

비정규 교수, 벼랑 끝 32년

지은이 | 김동애 외 31인
펴낸이 | 이명희
펴낸곳 | 도서출판 이후
편집 | 김은주, 신원제
마케팅 | 김우정
표지 · 본문 디자인 | Studio Bemine

첫 번째 찍은 날 | 2009년 4월 24일

ⓒ 김동애 외 31인

등록 | 1998. 2. 18(제13-828호)
주소 | 121-754 서울시 마포구 동교동 165-8 엘지팰리스 827호
전화 | 대표 02-3141-9640 편집 02-3141-9643 팩스 02-3141-9641
홈페이지 | www.ewho.co.kr
ISBN | 978-89-6157-025-1 03300

이 도서의 국립중앙도서관 출판시도서목록(CIP)은 e-CIP 홈페이지
(http://www.ni.go.kr/cip.php)에서 이용하실 수 있습니다.
(CIP 제어번호: CIP 2009001135)